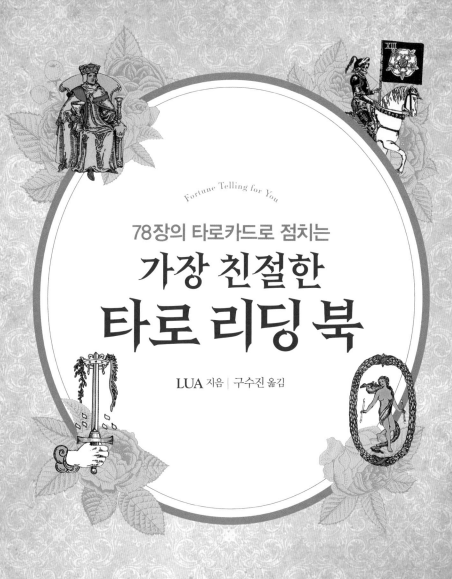

Fortune Telling for You

78장의 타로카드로 점치는

# 가장 친절한
# 타로 리딩 북

LUA 지음 | 구수진 옮김

한스미디어

# *Message from LUA*

## 행복한 삶을 위한
## 든든한 지원자, 타로

타로 감정을 할 때 자주 듣는 질문이 있다.
"저는 행복해질 수 있을까요?"
그럴 때 나는 이렇게 답한다.

"당신에게 행복이란 무엇인가요?"

출중한 외모에 재력도 있고 그 밖에 많은 것을 누리고 살면서도 항상 타인과 비교하며 '왜 저 사람이 나보다 더 행복해 보이지?'라고 푸념을 늘어놓는 사람이 있다. 한편 넉넉한 형편도 아니고 외모가 뛰어난 편도 아니지만 늘 '너무 재밌어!', '이거 맛있네'라며 즐겁게 살아가는 사람이 있다. 걸핏하면 '내 주제에…'라고 말하는 사람이 있는가 하면 어떤 역경이 닥치더라도 '그건 정말 운이 좋았어!'라며 미소 짓는 사람이 있다.
이런 태도의 차이는 대체 어디에서 생겨나는 것일까? 그것은 행복해지고 싶다는 확고한 의지를 지닌 채 매일매일 그것을 위해 결단을 내리며 살고 있느냐에 달려 있다.

결단을 내리지 않고 살아가면 어떤 일이 벌어질까?

'이 사람과 결혼한 건 잘한 일인가?', '이 회사에 들어온 게 최선이었을까?', '그때 이직을 했어야 했나?' 이렇게 스스로 확신을 갖지 못하고 끊임없이 자기 자신을 지적하게 될 것이다. 과연 이런 사람을 행복하다고 말할 수 있을까?

무언가를 결정할 때는 누구나 불안감을 느끼게 마련이다. 결정은 환경이나 주변 사람들의 의견, 그 당시 처한 상황이나 감정 등 여러 요인에 의해 좌우된다. '정말 이걸로 괜찮은 걸까?' 하고 망설여지기도 하고, 자기 자신이 진심으로 무엇을 원하고 있는지 알 수 없을 때도 있다.

그럴 때 우리에게 버팀목이 되어주는 것이 바로 '타로'다. 어떻게 해야 할지 망설여질 때 뽑아본 타로카드 한 장은 당신의 진심을 끄집어내는 계기가 되어줄 것이다.

이 책에는 처음 타로를 접하는 사람도, 이미 타로에 익숙한 사람도 타로를 통해 더 큰 즐거움을 느낄 수 있도록 다양한 아이디어를 담았나.

모티브의 의미나 비슷한 카드를 구별해내는 방법, 이미지를 넓혀가는 방법 등 타로를 읽는 새로운 힌트를 발견할 수 있을 것이다. 타로를 자유자재로 활용하기 위한 아이디어를 모은 이 책이 여러분이 타로를 즐기는 데에 많은 도움이 되길 바란다.

LUA

## *Introduction*
# 타로점의 기본

## *Chapter 1*
# 초급편

## Chapter 2
# 응용편

*Contents*

## Chapter 3
# 문제 해결편

## Chapter 4
# 상급편

## Chapter 5
# 실전편

# 타로를 더욱 재미있게 즐기자

타로와 거리를 좁히고 문제를 해결하여
타로점이 더욱 즐거워지는 아이디어를 가득 담았다.

## 타로는 자기만의 방법으로
## 자유롭게 다루면 된다

타로는 특유의 신비한 이미지 때문에 특별한 능력을 갖춘 사람만이 사용해야 한다고 여겨지곤 한다. 하지만 전혀 그렇지 않다. 이른바 영적인 힘, 초능력 같은 것은 필요하지 않다. 타로는 그저 평범한 사람이 흔하게 사용하는 아이템이다. 사용법이나 규칙을 어기면 저주받는 것이 아니냐는 사람도 있지만, 그것 역시 커다란 오해다.

누구든지 타로 한 세트만 있다면 타로를 손에 잡은 그날부터 곧바로 점칠 수 있다.

다만 독학으로 배우다 보면 분명 막히는 부분이 생기게 마련이다. 도저히 안 읽히는 카드가 생기거나 항상 같은 패턴으로 해석하게 될 때, 그런 장벽을 뛰어넘어 자유자재로 타로점을 칠 수 있도록 도와주는 아이디어를 이 책에 정리했다. 타로를 마음껏 즐기면서 하나하나 실천해보길 바란다.

일상에 타로를 들이면 긍정적인 변화가 생긴다. 먼저 그 변화를 소개한다.

# 자기 자신에 대해 잘 알게 된다

타로라고 하면 미래의 일을 정확히 맞추는 도구라는 이미지가 강할지도 모른다. 하지만 굳이 말하자면, 타로는 자신과의 대화를 이끌어주는 도구다. 카드를 뽑고 자기 나름대로 이런저런 것을 생각해보는 동안 '나는 이렇게 하고 싶다'라는 의지가 명확해진다. 그리고 그렇게 하기 위해서는 어떻게 하면 좋을지, 행동의 지침이 보이기 시작한다. 이처럼 타로는 자기 대화를 위한 최적의 도구라고 할 수 있다.

나는 어떻게 하고 싶은 걸까?

다른 해결 방법은 없을까….

# 영감을 떠올리는 데 도움을 준다

이건 이런 뜻인가 봐!

그러고 보니 저 카드에 나와 있었네!

타로를 보고 자유롭게 이미지를 떠올려보길 바란다. '이런 뜻인가?' 하고 점친 결과를 말로 표현해보자.
타로는 무언가를 느끼고 자기 방식대로 표현하는 연습이 되기도 한다. 이런 습관을 들이면 머릿속 회로가 유연해지므로 일상생활에서도 좋은 영감을 얻을 수 있다.

# 망설이지 않고 결정을 내리게 된다

점심으로 무엇을 먹을지, A안과 B안 중 어느 쪽을 선택할지 히구히루기 결평의 연스이디. 그럴 때 타로를 활용해보자.
하나부터 열까지 타로에 의지하라는 말은 아니다. '이렇게 하고 싶다'라고 생각했을 때 그것이 옳은 선택인지 확인하기 위해 혹은 생각을 정리하기 위해 타로카드를 뽑는다. 즉 의사 확인의 도구로써 활용하는 것이다. 타로는 자신 있게 '이거다!'라고 결정할 수 있도록 도와줄 것이다.

좋았어, 나는 이걸 선택하겠어!

조금 냉정하게 생각해보자.

# 이 책을 100% 활용하는 방법

기초부터 실력을 조금씩 늘리고 싶은 사람은 처음부터 순서대로,
타로를 어느 정도 익숙하게 다루는 사람은 궁금한 부분부터 각자 자신의 상황에 맞춰 사용하자.

## 순서대로 읽어보자

### *Introduction*
### 타로점의 기본

타로가 어떤 도구인지 설명한다. 타로를 처음 접하는 사람은 여기부터 읽어보자. 이미 타로가 익숙한 사람은 복습한다는 기분으로 읽는 것을 추천한다.

### *Chapter 1*
### 초급편

메이저 아르카나 22장, 마이너 아르카나 56장과 친해지기 위한 장이다. '원 오라클(p39)'만으로도 타로를 즐기는 법과 기본 질문법을 배울 수 있다.

### *Chapter 2*
### 응용편

'스프레드(p38)'를 전개하고 여러 장의 카드를 사용하여 점친다. 리딩을 더욱 능숙하게 할 수 있도록 메이저 아르카나의 이미지 확장 방법을 설명한다.

### *Chapter 3*
### 문제 해결편

점을 치다가 '이렇게 해도 될까?', '이게 맞는 걸까?' 같은 불안해지는 포인트를 모아두었다. 문제를 해결하면서 막힘없이 해석해보자.

### *Chapter 4*
### 상급편

타로를 활용하여 다양한 테마를 점쳐보자. 타인을 점치기 위한 마음가짐이나 타로 전문가로서 활약하고 싶은 사람을 위한 힌트 등이 수록되어 있다.

### *Chapter 5*
### 실전편

실제 리딩 예시와 직접 대면하며 감정할 때의 실전 상황 리포트를 수록했다. '이럴 때는 이렇게 읽으면 되는구나!' 같은 실전 참고 비법을 얻을 수 있다.

## 막히는 부분부터 읽어보자

카드의 의미를 외우지 못했을 때

➡ **2** 무턱대고 외우는 건 너무 어렵다. 한 장 한 장 이해하며 외우고 싶다
········ **그림의 디테일에 주목하자(p58)**

➡ **3** 비슷하게 생긴 메이저 아르카나 카드를 구별하기가 어렵다
········ **의미의 차이를 이해하자(p64)**

➡ **4** 이름이 없는 마이너 아르카나는 그 의미를 잘 모르겠다
········ **'슈트와 숫자'로 생각하자(p70)**

➡ **6** 잘 외워지지 않는 카드를 외우는 방법은?
········ **별명을 붙여보자(p82)**

## 시간을 들여 스프레드를 전개할 여유가 없을 때

➡ **1** 빨리 카드에 익숙해져서 막힘없이 점칠 수 있게 되었으면
……… **데일리 원 오라클을 추천한다**(p48)

➡ **11** 사사로운 문제가 많이 발생하는 인간관계를 간단하게 점칠 수 없을까?
……… **코트 카드 16장만으로 점칠 수 있다**(p97)

## 점치지 않아도 알 수 있을 만큼 뻔한 답만 떠오를 때

➡ **9** 그림을 보는 것만으로 해석의 힌트를 발견할 수 있을까?
……… **색깔·사람·슈트에 주목하자**(p88)

➡ **14** 카드 중에 중요한 조합이 있는가?
……… **11 카드에 주목하자**(p112)

➡ **15** 스프레드 카드의 의미를 하나로 연결 지을 수 없다
……… **'눈에 보이지 않는 끈'을 발견하자**(p116)

➡ **21** 마이너 아르카나의 해석이 전부 비슷해진다
……… **비슷한 카드를 비교하면서 정리하자**(p136)

➡ **26** 점친 결과에서 새로운 의문이 생긴다면 어떻게 해야 할까?
……… **스프레드를 조합해보자**(p162)

➡ **28** 결과의 정확도를 높이는 비법은 없을까?
……… **타로와 점성술을 조합해보자**(p170)

## 점치는 방법이 매너리즘에 빠졌을 때

➡ **25** 사랑, 일, 돈에 대해 더욱 분명한 답을 원한다
……… **핍 카드를 활용하자**(p152)

➡ **27** 질문에 딱 맞는 점을 치고 싶다
……… **자기만의 스프레드를 만들어보자**(p168)

➡ **30** 타인을 점칠 때 주의해야 할 점은?
……… **'반드시 맞추겠다'라고 생각하지 않는 것이 중요하다**(p178)

POINT

### 타로 습득을 위한 비결을 알려준다!

몰라도 점칠 수는 있지만 알아두면 도움이 될 만한, 전문가의 비법이라고 부를 만한 것들을 이 책의 POINT에 가득 실어두었다.
리딩을 하다가 잘 풀리지 않을 때 가벼운 마음으로 책을 펼쳐보길 바란다. 운 좋게 힌트를 발견하게 될지도 모른다. 실제 감정을 해설한 'Chapter 5 실전편(p183)'의 POINT에는 해석 비법이 가득하다.

*Introduction*

# 타로점의
# 기본

카드 사용법과 종류, 스프레드 등
타로점의 기본을 이해하자.

# 타로로
# 점친다는 것은?

## 답을 알고 있는 것은 카드가 아니라
## 바로 당신이다

타로에는 여러 가지 신비한 모티브가 그려져 있다. 그 때문에 타로를 마치 불가사의한 힘이 깃든 카드라고 생각해, 미래나 사람의 마음을 꿰뚫어 보는 마법의 도구쯤으로 여기는 사람이 있다.

물론 타로가 놀랄 만한 적중률을 보일 때도 있지만 그것은 카드 자체에 힘이 깃들어 있기 때문이 아니다.

사실은 당신이 그 카드를 보고 떠올린 무언가가 맞아떨어졌기 때문에 그런 것이다. '카드=답'이 아니라 카드를 통해 '당신의 마음속에서 나온 무언가=답'이라고 할 수 있다.

같은 카드라도 사람마다 각기 다른 것을 느끼고 그때그때 기분에 따라서 느낌이 달라지기도 한다. 꺼림칙한 기분이 들 때 〈악마〉를 뽑으면 카드 속 악마가 나 자신으로 보일 것이다. 어떠한 불안도 없는 상태에서 뽑았다면 검은손이 다가오고 있다, 미래에 마가 낄지도 모른다 등 다른 해석이 나올 수 있다. 이처럼 타로는 자기 자신의 마음 상태를 드러낸다.

우리는 종종 어떻게 해야 할지 몰라 당황하거나 자신이 정말 무엇을 원하는지 깨닫지 못할 때가 있다. 그럴 때 카드를 뽑고 자기 자신과 대화를 나눠보자. 타로는 좀처럼 해결될 기미가 보이지 않는 고민에 지친 당신에게 새로운 시점에서 힌트를 건네는 믿음직한 친구가 되어줄 것이다.

타로는 당신이 다양한 방면에서 더 나은 삶을 살 수 있도록 힘이 되어주는 도구다.

# 타로점은 왜 좋은가?

## 고민에 대한 답을 스스로 찾아낸다

타로는 자문자답을 도와주는 도구다.

카드를 뽑으면 '왜 이 카드가 나왔을까?' 하고 생각한다. 사실 이런 행위 자체가 답을 발견하는 실마리가 된다. 이리저리 생각하고 있으면 '이거구나!'라고 깨닫는 순간이 온다. 이것을 반복하다 보면 점차 고민하는 시간이 줄어드는 것을 실감할 수 있다.

또한, 점치기 전에 질문을 만드는 단계에서 지금 자신이 원하는 것은 무엇인지, 어떻게 하고 싶은지를 깊이 생각하게 된다. 따라서 자신의 의지나 염원을 명확하게 하는 데에도 도움을 준다.

## 미처 몰랐던 속마음이 보인다

우리는 때로 자신의 진짜 속내를 모르고 지낼 때가 있다. 가령 정말 마음껏 놀고 싶었는데 해야 할 일이 마음에 걸려 충분히 즐기지 못했다면, 사실은 마음속 깊은 곳에서 놀면 안 된다고 생각하고 있었을지도 모른다. 이별 후에 상처를 많이 받았다고 생각했지만, 사실은 따뜻하게 대해주는 주변 사람들에게 응석을 부리고 있던 것이었을지도 모른다.

그럴 때 타로는 '정말 그렇게 생각하는가?'라고 질문하며 당신의 진심을 확인시켜줄 것이다. 카드를 뒤집었을 때 느껴지는 감정에 주목하자. 가슴이 철렁하거나 안심하거나 오싹하거나 화가 날 수도 있다. 그런 감정의 움직임이 당신의 속마음을 알려주는 중요한 힌트가 될 것이다.

## 자신의 맹점을 깨닫고 새로운 시선으로 바라본다

긍정적이지만 무른 사람, 신중하지만 자신을 비하하는 사람, 타인의 언동을 나쁘게 받아들이는 사람 등 누구나 특유의 사고방식이 있다. 이 때문에 시야가 좁아지거나 맹점이 생기게 마련이다.

타로는 이를테면 78종류의 사고방식을 나타낸다고 할 수 있다. 카드를 한 장 뽑으며 자신과 다른 새로운 사고방식을 접할 수 있기 때문에 혼자서는 생각해내지 못했던 답을 이끌어내는 것이 가능하다. 타로는 사고의 폭을 넓혀주고 미처 깨닫지 못했던 것을 지적해준다. 새로운 아이디어가 필요할 때 꼭 한번 활용해보길 바란다.

## 툭 하고 말을 건네는 타로라는 친구

고민을 할 때도 무언가 깨달음이나 답이 떠오를 때까지 오랜 시간 기다리지 않아도 된다. 그저 타로를 한 장 뒤집기만 하면 된다.

무심코 한 장, '혹시나…' 하는 마음에 한 장, 망설여질 때 확인 차 한 장. 가벼운 마음으로 카드를 뽑아보자.

고민하고 있을 때 '이건 어떻게 생각해?'라고 질문해오는 친구가 생겼다고 여기면 된다.

게다가 그런 친구가 78명, 역방향을 포함하면 156명에 이른다. 그들이 각자의 시점에서 조언해준다. 이보다 더 든든한 친구가 있을까.

# 타로 습득의 '벽'을
# 뛰어넘으려면

## 무턱대고 암기하거나 규칙에 연연하지 말고
## 자유롭게 타로와 대화를 나눈다

타로를 한 번쯤 시도해봤지만 '결과가 잘 안 맞아', '무슨 뜻인지 모르겠어' 라며 재미를 느끼지 못하고 손에서 놓아버리는 사람이 많다. 이들이 앞으로 나아가지 못하게 방해하는 벽은 대체 무엇일까?

그것은 어쩌면 카드를 뽑고 해설서의 키워드를 읽으며 대충 알 것 같은 기분으로 끝내버리는 패턴을 반복하고 있기 때문일지도 모른다.

좋은 카드가 나오면 기뻐하고 나쁜 카드가 나오면 없었던 일로 해버리지는 않는가? 이런 식으로는 발전 없이 틀에 박힌 해석만 하게 된다. 따라서 자신의 인생에도 아무런 도움이 되지 않고, 그저 자기 위안이나 심심풀이가 될 뿐이다.

'믿고 안 믿고'의 관점이 아니라 '고민에 대한 답을 발견하는 힌트로 사용할 수 있는가'라는 관점에서 생각해보자.

타로는 자기 힘으로 생각하기 위한 도구다. 책에 실려 있는 키워드에 얽매이지 말고 자유롭게 카드와 대화하는 감각을 익힌다면 단 한 장의 카드에서도 수많은 정보를 얻을 수 있다.

카드를 믿고 그대로 행동하라는 것이 아니다. 카드가 보여준 힌트를 근거로 어떻게 행동할지 스스로 결정하는 것이 중요하다. 좋지 않은 카드가 나왔다고 체념하거나 도전을 멈추는 식으로 점친 결과를 문제로부터 도망치기 위해 이용해서는 안 된다.

주도권은 카드가 아니라 당신에게 있다. 이 점을 잊지 않는다면 타로는 당신을 지원하는 든든한 동료가 되어줄 것이다.

# 타로를 습득하기 위한 마음가짐

## 가벼운 마음으로, 우선은 포기하지 않는 것부터

당연한 이야기지만 무언가를 마스터하기 위해서는 포기하지 않는 것이 중요하다. 먼저 오늘의 운세를 하루에 한 장씩 뽑아보자. 맞추든 못 맞추든 신경 쓰지 않는다. 그렇게 지속하다 보면 '이 일은 저 카드가 나타내고 있는 것 같은데'라고 생각하는 일이 많아질 것이다. 그런 경험치는 심각한 고민을 점칠 때 많은 도움이 된다. 차츰 '맞는데'라는 느낌을 자연스레 실감하게 될 것이다.

타로가 의무나 책임처럼 느껴지기 시작하면 힘들어지므로 '이건 어떻게 될까?' 하는 편안한 마음으로, 즐겁다고 느끼는 범위 안에서 지속하는 것이 포인트다.

## 처음부터 욕심부리지 않는다

처음부터 모든 카드를 외우려고 하거나 복잡한 스프레드(p38)에 도전하면 오래지 않아 포기해버리기 쉽다. 특별한 날에만 심기일전해서 점치는 것이 아니라 일상생활에서 가벼운 마음으로 점치는 여유 있는 자세가 타로점을 지속하는 열쇠다. 그러기 위해 '데일리 원 오라클(p48)'로 점치는 습관을 들이면 좋다. '택배는 몇 시에 도착할까?', '오늘 비가 올까?', '인터넷 쇼핑으로 어떤 상품을 사야 할까?' 등에 대해 점쳐보자.

무언가 신경 쓰이는 일이 생겼을 때 바로 점칠 수 있도록 평소 손이 잘 닿는 곳에 타로를 놓아두면 좋다.

## 카드의 의미는 어렴풋이 외워두면 된다

책에 실려 있는 키워드는 하나의 예시일 뿐이다. 카드에서 끄집어낼 수 있는 단어는 무한정인 데다가 키워드를 통째로 외우면 틀에 박힌 해석만 하게 된다.

카드의 의미는 무턱대고 외우지 말고 이해하려고 노력해야 한다. 대략적인 키워드를 파악했다면 책을 덮고 머릿속에 떠오르는 단어를 중시해보자. 이것을 반복하는 동안 질문에 대해 자기 나름대로 의미를 표현하는 응용력이 길러진다. 그렇게 되면 타로점의 또 다른 재미를 느끼게 될 것이다.

## 뽑은 카드에는 무언가 의미가 있다

때로는 수긍이 가지 않는 카드, 의미를 알 수 없는 카드가 나올 때도 있다. 특히 마음속으로 '이런 카드가 나왔으면 좋겠다'라고 기대할수록 전혀 다른 카드가 나와 당황하기 일쑤다. 하지만 거기서 포기하면 같은 일이 반복될 뿐이다.

'이 카드는 무엇을 말하려는 걸까?' 하고 편견 없는 눈으로 바라보길 바란다. 뽑은 카드는 무언가 연이 닿아 당신의 눈앞에 나타났다. 어떤 카드가 나와도 거기에서 메시지를 읽어내겠다는 자세를 유지하기만 해도 카드를 해석하는 능력이 훨씬 향상될 것이다.

# 타로의 기초 지식

## 자기만의
## 타로 스타일을 만든다

타로점은 우연히 뽑은 카드로부터 자신에게 필요한 메시지를 읽어내는 점이다. 점 중에서도 우연성으로 답을 찾아내는 '복점'에 속한다.

타로는 본래 게임용 카드였다. 따라서 꼭 이렇게 해야 한다는 절대적인 규칙은 없다. 당신이 가장 집중할 수 있는 상태를 만드는 것이 중요하므로 자기만의 방법을 생각해보자. 하지만 아무런 가이드가 없다면 '이게 맞는 건가?' 하고 불안해지는 사람도 있을 것이다. 그래서 LUA가 실제로 점칠 때 쓰는 방법과 함께 타로의 기초에 대해 소개한다.

## 카드의 종류에 대해 알아보자

### 22장의
### 메이저 아르카나

메이저 아르카나는 이름이 붙어 있는 22장의 카드를 말한다. 〈여황제〉, 〈교황〉 등 인물을 상징하는 카드, 〈정의〉, 〈절제〉 등 개념을 상징하는 카드, 〈별〉, 〈태양〉 등 천체를 나타내는 카드, 〈악마〉, 〈운명의 수레바퀴〉 등 가상의 존재를 그린 카드 등 다양한 종류가 있다.

본래 카드 게임에서는 으뜸패로 사용되었으며 타로에서도 중요한 의미를 지닌다.

### 56장의
### 마이너 아르카나

완드(막대기)·펜타클(금화)·소드(검)·컵(성배)이라는 네 가지 슈트(기호)와 각각 A에서 10까지의 핍 카드(숫자 카드), 페이지·나이트·퀸·킹의 코트 카드(인물 카드)로 이루어진 것이 마이너 아르카나다. 상징적인 테마가 그려져 있는 메이저 아르카나에 비해 마이너 아르카나는 인간 세상의 한 장면 같은 모습이 그려져 있어서 일상적인 주제를 점치는 데 더욱 적합하다.

# 카드는 어떻게 사용할까?

### 점치는 테마에 따라
### 매수를 바꿔도 된다

타로는 메이저·마이너 아르카나 카드를 합쳐서 78장이다. 하지만 반드시 모든 카드를 사용해서 점칠 필요는 없다. 테마에 따라 카드의 매수를 바꿔서 점치면 또 다른 해석이 가능해진다.

초보자는 중요한 의미를 지닌 메이저 아르카나 22장으로 시작하는 것을 추천한다. 익숙해지면 마이너 아르카나도 함께 사용한다. 점치는 테마에 따라 코트 카드, 혹은 특정 슈트 카드만으로 점치는 등 매수에 변화를 주면 리딩 실력이 급격히 향상된다.

# 정방향·역방향은 어떻게 해석할까?

### 거꾸로 나온 카드에도
### 힌트가 있다

타로점에서는 카드가 정방향(하늘(위)·땅(아래)이 바른 상태)인지, 역방향(하늘(위)·땅(아래)이 뒤집힌 상태)으로 나왔는지에 따라 의미가 달라진다. 처음에는 혼란스러울 수 있으니 '정방향 의미로만 읽는다'라고 정해둬도 괜찮다.

하지만 역방향으로 나온 것에는 분명 의미가 있다. 정방향과 전혀 다른 메시지를 가질 때도 있으므로 타로에 어느 정도 익숙해졌다면 역방향을 읽는 연습도 해보길 바란다. 역방향을 해석할 수 있게 되면 타로의 진정한 재미를 느낄 수 있다.

**정방향**

하늘·땅이 바르게 나온 상태다. 카드의 의미가 직접적으로 나타나 있다.

**역방향**

하늘·땅이 거꾸로 나온 상태다. 카드의 의미에 무언가 비틀림이 있다.

# 카드는 어떻게 뽑을까?

## 카드를 섞어 하늘·땅이나 순서를 무작위 상태로 만든다

카드를 섞어 하늘·땅이나 순서를 뒤죽박죽 상태로 만드는 작업을 '셔플'이라고 부른다. 기본은 원을 그리듯 섞는 '라운드 셔플'이다. 마음을 차분하게 하는 효과도 있으므로 무거운 주제를 점칠 때는 시간을 들여서 진행한다.

여기에서는 LUA가 실제 감정할 때 진행하는 그대로, 셔플에서 스프레드를 전개해나가는 흐름을 소개한다.

### 1 우선 테이블에서 셔플을 진행한다

카드를 조심스럽게 섞지 말고 가능한 한 과감하게 섞는다. 그렇게 점치는 공간의 분위기를 만들어간다.

### 2 하나로 모은 뒤 세 덩이로 나눈다

셔플한 카드를 한 덩어리로 합친 뒤, 셋(자기가 원하는 수만큼 나눠도 된다)으로 나눈다. 원하는 순서대로 다시 한 덩어리로 모은다.

### 3 타인을 점칠 때 상대에게도 셔플을 시킨다

타인을 점칠 때 상대방에게도 2의 과정을 진행시킨다. 사람에 따라 나누는 숫자도 다시 합치는 방법도 다양하므로 지켜보는 재미가 있다.

### 4 카드의 하늘과 땅을 정한다

하늘과 땅을 정할 때는 카드에 손을 얹고 느낌이 이끄는 대로 결정한다.

### 5 일곱 번째 카드부터 전개한다

가장 위나 아래에 있는 카드는 보일 수도 있기 때문에 일곱 번째(자신이 원하는 매수를 정해도 된다) 카드부터 전개한다. 첫 번째부터 여섯 번째 카드는 뭉치 가장 아래에 둔다.

### 6 뒤집으면서 배열한다

카드를 뒤집으면서 바로 스프레드로 배열한다. 이렇게 해야 전체를 하나의 이야기로 파악하기 쉽기 때문이다.

# 셔플할 때는?

## 상황에 따라
## 회전의 힘을 빌린다

셔플을 할 때 오른쪽(시계 방향)으로 회전하면 '기운을 집중시키는' 작용이, 왼쪽(반시계 방향)으로 회전하면 '기운을 확산시키는' 작용이 일어난다. 같은 테마에 대해 스프레드를 바꿔 점치는 경우, 오른쪽으로 섞으면 기운을 더 많이 모을 수 있다. 점치는 테마를 바꾸거나 다른 사람을 점치기 전이라면 왼쪽으로 셔플하여 카드에 남아 있던 이전 에너지를 리셋한다. 상황에 따라 적절하게 사용하면 된다.

라운드 셔플을 할 때 겉만 훑고 마는 경우가 많다. 카드 한 장 한 장에 손이 닿도록 의식하면서 셔플을 하면 카드를 골고루 섞을 수 있다.

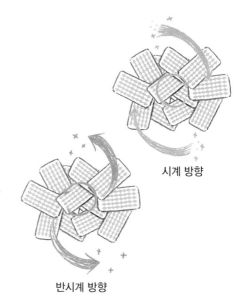

**시계 방향**

**반시계 방향**

# 하늘과 땅을 결정하는 방법은?

## 정·역방향을 사용할 때
## 셔플의 포인트

정·역방향을 사용하여 점칠 경우, 라운드 셔플을 하고 카드를 한 덩어리로 만든 다음 어느 방향을 하늘로 할지 결정한다.

카드를 뒤집을 때는 하늘과 땅이 헷갈리기 쉬우므로 상하가 아니라 좌우로 뒤집도록 주의한다.

라운드 셔플을 칠 만한 충분한 공간이 없다면 트럼프를 섞을 때와 같은 방법으로 섞어도 된다. 하지만 카드의 방향이 잘 섞이지 않을 수 있으므로 사전에 카드 뭉치를 두 개로 갈라 서로 마주 보고 튕기면서 하나로 섞는 '리플 셔플'을 카드의 방향을 바꿔가며 몇 차례 진행한다.

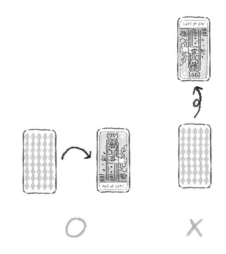

# 타로의 기본은
# 메이저 아르카나 22장

## 다양한 의미를 담은
## 매력 넘치는 우의화

메이저 아르카나(Major Arcana)는 타로 가운데서도 중요한 의미를 지니는 22장의 카드를 말한다. 각각 0~21까지 번호와 〈마법사〉, 〈전차〉, 〈정의〉 등의 이름이 붙어 있다.

여기에 그려진 것은 22개의 '사고방식'이다.

예를 들어 〈바보〉 카드는 '자유'를 의미한다. 가벼운 차림으로 자유롭게 걷는 모습, 손에 든 꽃, 태양. 하지만 바로 앞에 절벽이 있고 발밑에서는 개가 위험을 충고하고 있다. 즉 '자유를 노래하는 즐거움'인 동시에 '예측할 수 없는 불안정함'을 나타낸다.

〈죽음〉이나 〈악마〉, 〈탑〉처럼 무서운 그림이 그려진 카드도 있는데, 그런 카드가 나왔다고 나쁜 일이 일어나는 것은 아니다. 〈죽음〉은 시체가 널브러져 있는 전쟁터, 죽음의 사자, 저 멀리 떠오르고 있는 태양 같은 모티브를 통해 '끝남과 동시에 새로운 시작'이라는 사고방식을 나타내고 있을 뿐이다. 그렇게 생각하면 어떤 카드도 무서워할 이유는 없다.

처음부터 78장이나 되는 카드를 전부 외우기 부담스럽다면 우선 기본이 되는 메이저 아르카나 22장을 마스터하는 것을 목표로 한다. 실제로 점을 치면서 외워가는 것도 좋지만, 일단 한 장씩 그림을 자세히 들여다보며 무엇을 의미하는 카드인지 자기 나름대로 상상해본다. 그러는 편이 기억에 잘 남을 수 있으며, 점치는 횟수가 늘어날수록 그 의미도 명확해진다.

카드의 순서가 안 외워지는 사람은 정리할 때마다 순서를 맞춰 상자에 보관하는 습관을 들이면 좋다. 카드의 분실을 방지하는 데도 도움이 된다.

# 0 바보
THE FOOL

**KEYWORD**
## 자유

자유로이 가벼운 발걸음을 옮기고 있는 여행자. 하지만 바로 앞에 낭떠러지가 있다. 〈바보〉는 자유와 무한한 가능성을 나타낸다. 좋든 나쁘든 될 대로 되라는 낙관적인 상태를 암시한다.

**정방향** 한 치 앞을 알 수 없다

거드름 피우지 않고 자연스러운 모습으로 / 새로운 만남 / 명랑쾌활 / 이해타산이 없는 순수함 / 추상적 / 프리랜서 / 깨달음 / 대범함 / 자유롭고 얽매이지 않는다 / 공백 / 아무래도 좋다

**역방향** 정해진 것이 없기에 휩쓸린다

무계획 / 가벼운 사랑 / 하루살이 / 대충대충 / 현실도피 / 기대를 빗나간 결과 / 결단력이 없다 / 미래가 보이지 않는다 / 무책임한 태도로 신뢰를 잃는다 / 남에게 휘둘린다

# 1 마법사
THE MAGICIAN

**KEYWORD**
## 창조력

완드, 펜타클, 소드, 컵이라는 우주의 네 가지 요소와 마법의 지팡이를 쥔 〈마법사〉. 네 가지 요소로 다양한 것을 만들어내는 이 카드는 창조성과 가능성을 암시한다.

**정방향** 자발적으로 행동한다

멋진 사랑이 시작된다 / 재능을 발휘할 수 있는 일 / 모든 것이 준비되었다 / 아이디어 / 재주가 좋은 사람 / 두뇌 회전이 빠르다 / 창의적 / 자신감 / 유리한 교섭

**역방향** 힘든 일은 피한다

갈피를 못 잡는다 / 기이한 행동 / 이용당하는 사랑 / 준비 부족 / 재능을 발휘하지 못한다 / 속는다 / 임시방편 / 재능이 없다 / 소극적 / 뜻대로 풀리지 않는다 / 속수무책

# 2 여사제
THE HIGH PRIESTESS

**KEYWORD**
## 정신성

성전을 손에 든 청렴하고 총명한 〈여사제〉. 흑백 기둥은 빛과 어둠, 남과 여, 삶과 죽음 등 상반된 두 가지 요소를 암시한다. 이 카드는 풍부한 지성이나 이상에 대한 엄격한 태도를 나타낸다.

**정방향** 지성과 이성으로 바라본다

진지한 만남 / 그림의 떡 / 플라토닉 러브 / 성심성의 / 근면 / 성실 / 섬세한 마음 / 이성적인 판단 / 호리호리하다 / 강한 동경심 / 응석 부리지 않고 자립한다 / 청결

**역방향** 보고 싶은 것만 보려고 한다

신경질적인 사람 / 질투 / 스트레스로 날카로운 상태 / 능력 부족 / 미숙함 / 완벽주의 / 아는 체 / 결벽 / 마음에 안 드는 사람을 배제한다 / 시대에 뒤떨어진다 / 정서 불안정 / 편견

# 3 여황제
THE EMPRESS

**KEYWORD**
## 사랑

풍요로운 자연에 둘러싸여 있는 〈여황제〉. 풍만한 체형에 넉넉한 옷을 걸친 그녀는 새로운 생명을 잉태한 상태라고 여겨지며 결실을 암시한다. 방패에 그려진 금성 기호는 사랑과 아름다움, 여성성을 의미한다.

**정방향** 풍족한 결실을 마음껏 누린다

여성스러운 매력 / 서로 사랑하는 관계 / 모성애 / 임신 / 여유가 있다 / 이익을 낸다 / 쾌적한 직장 환경 / 편안한 상태 / 부유함 / 대가를 바라지 않는 사랑 / 성숙함

**역방향** 넘치는 은혜에 싫증을 느낀다

나태함 / 육체관계 / 외도 / 공의존 / 단정치 못하다 / 여자보다는 엄마 같은 존재 / 돈이 되지 않는 일 / 게으른 마음 / 얻을 것이 없다 / 지각한다 / 살이 찐다 / 과보호

# 4 황제

## THE EMPEROR

### KEYWORD
## 사회

왕좌에 앉은 〈황제〉는 남성성과 사회적으로 인정받은 권력을 나타낸다. 그가 걸친 갑옷은 싸움을 이겨낸 증거다. 왕좌의 양 모양 심벌은 12 성좌의 양자리에 대응하여 투쟁심과 야심을 암시한다.

**정방향** 안정이 지속된다

결혼을 전제로 한 만남 / 책임감이 있는 사람 / 리더십 / 수완가 / 지위와 재산을 손에 넣는다 / 신뢰 관계 / 끈끈한 우정을 맺는다 / 자신감 / 믿음직하다 / 남성적

**역방향** 힘으로 안정을 얻는 형세

계산적인 사랑 / 결혼을 망설인다 / 미래가 보이지 않는다 / 허세 / 현실에 얽매이다 / 싫증내다 / 지위를 빼앗긴다 / 지지를 못 받는 리더 / 고압적 / 타인의 의견을 받아들여라

# 5 교황

## THE HIEROPHANT

### KEYWORD
## 도덕

두 명의 신부에게 도덕과 올바른 길을 알려주고 축복하는 〈교황〉. 황제가 사회의 지도자라면 교황은 마음의 지도자이며 사람들에게 질서를 일깨우는 존재다. 도덕이나 관례가 점친 결과에 어떤 영향을 끼치는지 주목하자.

**정방향** 도덕을 바탕으로 신뢰와 유대감을 높인다

정신적으로 의지가 되는 사랑 / 축복받는 결혼 / 신뢰 관계 / 스승 같은 존재 / 정신적인 유대감 / 도덕관이 일치한다 / 카리스마 / 관혼상제 / 전통 / 매너 / 온화한 분위기

**역방향** 도덕에 반하여 신뢰와 유대감을 이용한다

숨겨둔 욕망 / 성적 매력을 무기로 삼는다 / 신뢰를 잃는다 / 자신의 가치를 깎아내린다 / 가치관이 맞지 않는다 / 부도덕 / 교활한 행동 / 사탕발림에 넘어가지 말라 / 의심 / 위선

# 6 연인

## THE LOVERS

### KEYWORD
## 쾌락

에덴 동산에서 천사에게 축복을 받는 남녀. 나체는 순수한 마음의 표출이며 낙원은 쾌락을 암시한다. 다만 유혹의 뱀과 금단의 과일이 그려져 있는 것에서 '자신의 행동을 스스로 선택한다'라는 의미도 있다.

**정방향** 꿈결 같은 기분에 행복을 느낀다

사랑에 빠진다 / 사랑에 열중한다 / 꿈결 같은 기분 / 즐거운 일 / 파트너십 / 교섭 성립 / 말이 잘 통한다 / 편안하다 / 재치 / 순수한 기분 / 방해될 것이 없다

**역방향** 지금을 즐긴다

삼각관계 / 가벼운 사랑 / 사랑 없는 만남 / 집중할 수 없는 환경 / 호흡이 맞지 않는다 / 들떠 있다 / 유혹에 넘어간다 / 앞뒤 생각하지 않고 즐긴다 / 무책임한 태도

# 7 전차

## THE CHARIOT

### KEYWORD
## 에너지

〈전차〉에 탄 혈기왕성한 전사. 두 마리의 스핑크스는 각각 다른 충동의 상징이다. 전사는 강한 의지와 힘으로 두 마리를 컨트롤한다. 망설임 없이 빠르게 행동하면 전진할 수 있다는 것을 나타낸다.

**정방향** 매사에 과감하게 도전한다

맹렬한 구애 / 단숨에 전개한다 / 어려움을 극복한다 / 승승장구 / 의견이 받아들여진다 / 경쟁에서 이긴다 / 행동에 옮긴다 / 호흡이 잘 맞는다 / 용기 / 이동 / 여행 / 활력이 넘친다

**역방향** 자기 절제가 불가능하다

싸움이 끊이지 않는다 / 참을성이 없는 사람 / 경쟁에서 진다 / 제어할 수 없는 마음 / 기획이 무산된다 / 심한 충동 / 고전을 면치 못한다 / 노선을 변경하라 / 자만 / 피로 / 뒤처진다

# 8 STRENGTH 힘

## KEYWORD
## 본질적인 힘

가냘픈 여성이 부드럽게 사자를 길들이고 있다. 여성의 머리 위에 있는 ∞(무한대) 기호는 무한한 사랑을 의미한다. 사랑은 완력이나 권력보다 강하다는 사실을 보여주고 있다.

**정방향** 어려움을 극복한다

서서히 싹트는 사랑 / 상대의 경계심을 풀다 / 신중한 판단이 필요하다 / 마지막까지 노력한다 / 적을 자기편으로 만든다 / 대기만성 / 역경을 이겨낸다 / 힘 조절 / 협력 / 신뢰

**역방향** 견디지 못하고 모두 놓아버린다

서로 눈치를 살피는 만남 / 손에 잡히지 않는 사랑 / 교태 / 그만두고 싶다 / 달성을 목전에 두고 포기한다 / 제멋대로인 사람 / 발뺌하다 / 문제를 정면으로 맞서고 싶지 않다

# 9 THE HERMIT 은둔자

## KEYWORD
## 탐구

가운을 걸치고 랜턴을 손에 든 〈은둔자〉. 그는 속세를 떠나 내면세계와 과거에 맞서는 존재다. 육각의 별이 빛나는 랜턴은 진리로 인도해주는 빛이며 자기반성이 올바른 삶을 살아가기 위한 힌트가 된다는 사실을 나타낸다.

**정방향** 이상을 추구한다

마음에 담아둔 사랑 / 연상의 상대 / 부하를 통솔한다 / 전문직 / 정신적으로 만족할 수 있는 일 / 상담 상대 / 배움의 시기 / 혼자만의 시간 / 현상 유지 / 과거에 힌트가 있다

**역방향** 현실을 마주하지 않는다

망상 속의 사랑 / 과거의 사랑에 집착한다 / 사회 부적합 / 무직 / 내향적 / 과거의 영광 / 고독을 자처한다 / 마음의 문을 닫는다 / 미련을 못 버리고 다시 도전한다 / 까다롭다

# 10 WHEEL of FORTUNE 운명의수레바퀴

## KEYWORD
## 숙명

수레바퀴는 운명을 상징한다. 시간을 관장하는 스핑크스, 길흉을 나타내는 신 아누비스와 뱀, 각 모퉁이에는 불, 땅, 바람, 물의 원소에 대응하는 성스러운 짐승이 그려져 있다. 피할 수 없는 운명이 찾아옴을 의미한다.

**정방향** 운명의 흐름을 타고 상황이 호전된다

첫눈에 반한다 / 결혼 / 기회를 잡는다 / 감이 좋다 / 최상의 컨디션 / 임기응변으로 대처한다 / 직감을 믿어라 / 의기투합할 수 있는 상대 / 소울메이트 / 흥미를 끈다

**역방향** 운명의 장난에 휩쓸린다

찰나의 사랑 / 시기가 좋지 않다 / 헛된 노력 / 운이 따르지 않는다 / 맞지 않는 업무 / 위화감 / 운세가 나빠지고 있다 / 불리한 형세 / 시대에 뒤떨어진다 / 지루하다

# 11 JUSTICE 정의

## KEYWORD
## 균형

〈정의〉에는 여성 재판관이 그려져 있다. 그녀가 손에 든 천칭과 심판의 검은 공정함의 심벌이다. '감정'을 나타내는 여성을 중성적으로 그림으로써 감정이 아니라 객관성을 암시하고 있다.

**정방향** 감정을 개입하지 않는 냉정한 대처

대등한 연인 관계 / 어울리는 상대 / 정당한 보수 / 사생활과 일의 양립 / 사무적 / 평등 / 무승부 / 좋지도 싫지도 않다 / 심판 / 감정에 치우치지 않는다

**역방향** 감정에 좌우되는 불합리한 대응

계산적인 사랑 / 우선 만나고 보는 사이 / 어울리지 않는 상대 / 보수와 처우에 대한 불만 / 불공평한 업무 환경 / 자신에게 유리한 쪽으로 생각한다 / 양심의 가책 / 불균형 관계

# 12 매달린 남자
## THE HANGED MAN

## 정지

나무에 거꾸로 매달린 남자. 하지만 그의 표정은 온화하고 머리에는 후광이 빛나고 있다. 이 카드는 생각대로 일이 풀리지 않을 때야말로 반성과 현상 파악을 할 수 있기에 깨달음을 얻을 수 있다는 것을 암시하고 있다.

**정방향** 현재 상황을 마주하고 냉정하게 바라본다

진전이 없는 사랑 / 모든 것을 바친 사랑 / 과로 / 고독해진다 / 마냥 참고 있다 / 자기희생 / 엄격하다 / 무력함을 실감한다 / 심신의 피로 / 시간이 해결해주기를 기다린다

**역방향** 현재 상황을 받아들이지 않고 발버둥친다

고통을 동반하는 사랑 / 수렁에 빠진 상태 / 보상을 바라고 일한다 / 저항해도 상황이 바뀌지 않는다 / 자기 자신만 생각한다 / 초조함에 실패한다 / 내버려두는 것이 현명하다

# 13 죽음
## DEATH

KEYWORD
## 운명

백마를 탄 사신. 무시무시한 광경으로 보일지도 모르지만 저 멀리 태양이 빛나고 있다. 즉 〈죽음〉은 동시에 생명의 시작임을 암시한다. 이 카드는 환경이나 인간관계의 커다란 변화를 나타낸다.

**정방향** 새로운 단계로 나아간다

무미건조한 상대 / 새로운 사랑의 시작 / 이별 / 이직이나 부서 이동 / 실업 / 새로운 환경 / 합리적인 사고 / 집착을 버린다 / 이사 / 마음을 정리한다 / 인생에 큰 변화가 생긴다

**역방향** 과거에 매여 앞으로 나아갈 수 없다

포기할 수 없는 사랑 / 애타는 짝사랑 / 재결합 / 재취업 / 파업 / 악연 / 고집이 세다 / 재도전 / 같은 것을 반복한다 / 변화에 대처할 수 없다 / 과거에 연연한다

# 14 절제
## TEMPERANCE

KEYWORD
## 대응

천사가 두 개의 컵을 손에 들고 능숙하게 물을 섞고 있다. 이 카드는 커뮤니케이션을 의미하며 사람과 사람 사이의 감정이 어떻게 교류되는가에 따라 그 결과도 달라진다는 것을 나타낸다.

**정방향** 새로운 것을 받아들인다

궁합이 맞는 연인 / 토론 / 동료와의 대화 / 타업종 종사자들과 교류 / 서로 이해하는 관계 / 타인과 교류하다 / 많은 사람의 의견을 듣는다 / 효과가 있는 치료 / 절충안

**역방향** 이질적인 것을 받아들이지 않는다

일방적인 사랑 / 진전 없는 사랑 / 협조성이 없다 / 혼자서 일을 떠안는다 / 마음을 열지 않는다 / 타인의 말을 듣지 않는다 / 낯을 가린다 / 대화 부족 / 효과가 없다 / 소통 문제

# 15 악마
## THE DEVIL

KEYWORD
## 주문

〈악마〉에게 쇠사슬로 매여 있는 나체의 남녀. 쇠사슬이 느슨하지만 도망치려는 기색은 보이지 않는다. 남녀가 아무것도 걸치지 않고 있는 것은 욕망에 충실함을 나타낸다. 이 카드는 쾌락에 빠지는 마음을 의미한다.

**정방향** 마음속 악마에게 지고 만다

외도 / 질투 / 연애에 의존한다 / 데이트 폭력 / 일을 그만두지 못한다 / 자신을 속이며 일한다 / 나쁜 습관이 생긴다 / 끝없는 욕망 / 자신을 컨트롤하지 못한다 / 추하다 / 비상식

**역방향** 마음속 악마와 싸운다

사랑의 구속에서 벗어난다 / 악연을 끊는다 / 마음을 다잡는다 / 처우 개선을 요구한다 / 건전한 인간관계 / 자신의 약점에 맞선다 / 공포심을 극복하려는 노력 / 다시 태어난다

# 16 탑
## THE TOWER

### KEYWORD
## 파괴

천둥 번개로 인해 무너져 내리는
〈탑〉에서 왕관과 사람이 떨어지
고 있다. 이 카드는 파괴나 충격
적인 일을 암시한다. 하지만 이
충격으로 새로운 가치관이 생기
거나 마음이 후련해지기도 한다.

**정방향** 갑자기 닥친 충격

대담한 구애 / 급작스러운 결혼 / 파격적인 개혁 / 도산 / 업무
환경이 확 바뀐다 / 예상치 못한 문제 / 감정을 폭발시킨
다 / 상식 파괴 / 재난 / 개성이 강하다 / 사고

**역방향** 서서히 느껴지는 충격

서서히 이별을 의식한다 / 허점이 드러난다 / 변화가 필요하
지만 변하지 못한다 / 일촉즉발 / 참을성의 한계 / 구사일
생 / 노후화 / 트라우마 / 오래가는 괴로움 / 긴장된 분위기

# 17 별
## THE STAR

### KEYWORD
## 희망

빛나는 별 아래에 나체의 젊은
여인이 항아리에 담긴 물을 바다
로 흘려보내고 있다. 〈별〉은 목
적지를 가리키는 심벌. 나체의
여인은 순수한 마음과 가능성의
상징이다. 순조롭게 이상을 향해
나아가는 것을 암시한다.

**정방향** 밝은 미래가 기다린다

기대가 싹튼다 / 느낌이 좋다 / 이상적인 연인 / 실력을 발휘
한다 / 모두의 기대를 한몸에 받는다 / 예상치 못한 행운 / 궤
도에 오른다 / 긍정적 사고 / 깨달음 / 발견 / 술 / 약효가 있다

**역방향** 아무 결실을 거두지 못하고 떠내려간다

사랑에 대한 높은 이상 / 비관적 / 희망이 실망으로 변한
다 / 헛수고 / 채용되지 못한다 / 연기되거나 중지된다 / 목표
를 잃는다 / 과거에 연연하지 말라 / 무기력 / 이상론 / 불순

# 18 달
## THE MOON

### KEYWORD
## 신비

매일 차고 이지러지는 〈달〉은 애
매함과 불안정함의 상징이다. 물
속에서 기어오르는 가재는 떠오
르는 불안을 암시한다. 불온한
분위기를 느낀 개와 늑대가 짖어
대고 있다. 흑백이 분명하지 않
은 신비함을 나타낸다.

**정방향** 환상을 통해 현실을 본다

거짓 사랑 / 변하기 쉬운 마음 / 일을 엉터리로 한다 / 불투
명 / 오해를 부른다 / 막연함에 답답해 한다 / 서로 마음을
떠본다 / 진짜 모습을 숨기고 있다 / 찾지 못한다 / 로맨틱

**역방향** 서서히 현실이 보인다

거짓을 눈치챈다 / 숨기고 싶은 관계를 들킨다 / 환멸 / 상황
을 파악한다 / 정신을 차린다 / 구체화한다 / 본심을 말한
다 / 병이 낫는다 / 현실을 마주하는 시기 / 새로운 시작

# 19 태양
## THE SUN

### KEYWORD
## 기쁨

빛나는 〈태양〉과 말에 탄 벌거벗
은 아이. 숨김없이 모든 것이 드
러난 광경이다. 태양은 생명력,
아이는 미래의 가능성을 나타내
며 다가올 기쁜 성공을 암시하
는 카드다.

**정방향** 노력의 성과를 얻는다

건전한 연애 / 모두가 인정하는 커플 / 솔직한 태도 / 성공을
거둔다 / 세상에 알려진다 / 출세 / 숨김없는 태도 / 좋은 기운
을 주는 사람 / 자신다움을 발휘 / 열의 / 건강 / 어린아이

**역방향** 빛을 보지 못한다

진심으로 기뻐할 수 없는 사랑 / 고백하지 못한다 / 거드
름 / 보상이 적다 / 진심으로 웃지 못한다 / 그늘이 있다 / 자
신을 드러내지 못한다 / 체력 부족 / 건강이 좋지 않다

## 20 JUDGEMENT 심판

### 해방

천사가 나팔을 불어 관에 잠들어 있던 죽은 이들을 불러내고 있다. 끝났다고 생각했던 과거가 부활하여 인생의 기회가 되는 것을 암시한다. 오랜 기간 쌓아두고 있던 것을 해방시킨다는 의미도 있다.

**정방향** 재빨리 기회를 잡는다

운명을 확신하는 사랑 / 고백 / 재결합 / 재도전의 기회 / 오랜 기간 준비해온 계획을 실행하는 시기 / 용기 있는 결단 / 결판을 낸다 / 생각해낸다 / 회복 / 무거운 짐을 내려놓는다

**역방향** 뒤로 미뤄둔 채 중단한다

미련 / 재회하지 못한다 / 결실을 못 본 사랑 / 준비 부족 / 기회를 놓친다 / 행운을 앞두고 두려워진다 / 결정을 뒤로 미룬다 / 과거에 얽매인다 / 때를 놓친다 / 잊는다 / 찾지 못한다

## 21 THE WORLD 세계

### 완성

리스의 중앙에서 춤추는 나체의 댄서. 양손에 든 완드는 통합을, 리스는 〈세계〉의 시작을 암시한다. 각 모서리에는 네 가지 원소를 관장하는 성스러운 야수가 그려져 있다. 모두 갖춘 상태로 완성에 이른 것을 의미한다.

**정방향** 목표를 달성하고 만족한다

서로 사랑하는 사이 / 행복한 결혼 / 천직 / 성취감을 느낀다 / 더 높은 곳을 목표로 삼고 싶어진다 / 오랜 인연 / 좋은 동료 / 아군 / 자존감이 높다 / 승리한다 / 모든 것을 이해한다

**역방향** 만족스럽지 못한 결과로 물러난다

연인의 고마움을 잊는다 / 권태로운 사랑 / 자만 / 마지막 순간에 실수한다 / 불완전연소 / 일을 끝맺지 못한다 / 더는 진전이 없다 / 소원해진다 / 불만 / 현상 유지

---

## POINT

## 카드의 종류에 따라 순서가 다른 이유는?

세상에는 수천 종류의 타로가 존재한다.

가장 오래된 덱이라고 여겨지는 마르세유판은 빨강·파랑·노랑 세 가지 색으로만 구성된 목판화로, 마이너 아르카나는 트럼프처럼 슈트의 개수로 숫자를 나타냈다.

19세기에 제작된 웨이트판(또는 라이더판)은 신비한 모티브는 물론 등장인물의 표정도 풍부해졌다. 마이너 아르카나는 카드의 의미에 입각한 우의화

로 그림을 보고 그 의미를 확산시키기가 수월해졌다. 가장 기본적인 디자인이라고도 여겨진다.

마르세유판과 웨이트판은 그림 위에도 카드의 순서가 다르다. 그밖에도 이름이나 순서가 다른 타로가 많다. 하지만 정답은 없다. 중요한 것은 카드에서 무엇을 느끼는가이다. 신경을 곤두세우기보다는 각 타로의 세계를 즐기면서 점쳐보자.

### 마르세유판

8 정의    11 힘

타로는 본래 게임용 카드였다고 한다. 고전적인 마르세유판에서는 메이저 아르카나가 〈8 정의〉, 〈11 힘〉의 순서이다.

### 웨이트판

8 힘    11 정의

당시 마술결사 황금새벽회의 일원이었던 아서 에드워드 웨이트가 〈8 힘〉, 〈11 정의〉의 순서로 바꾸었는데, 그 이유는 아직 밝혀지지 않았다.

# 상세한 의미를 담고 있는 마이너 아르카나 56장

## 인간의 일상생활에 밀착한 상황을 그리고 있다

마이너 아르카나(Minor Arcana)는 '완드(막대기)·펜타클(금화)·소드(검)·컵(성배)'이라는 네 가지 슈트(p70)가 각 14장씩 구성된 56장의 카드다.

슈트는 만물을 구성하는 네 가지 원소인 불·땅·바람·물에 대응하며, 이는 인간의 행동을 이끄는 '네 가지 동기'를 의미한다고 여겨진다.

'불=완드'는 꿈이나 목표를 달성하고 싶다, '땅=펜타클'은 물건이나 돈을 갖고 싶다, '바람=소드'는 무언가를 배우고 습득하고 싶다, '물=컵'은 마음을 따뜻하게 하는 사랑을 손에 넣고 싶다라는 동기다.

〈정의〉나 〈태양〉처럼 장대한 의미를 담은 카드가 많은 메이저 아르카나와 달리 마이너 아르카나에는 일상적인 생활상이 그려져 있다.

일에 열중해 있거나, 우두커니 멈춰 서 있거나, 누군가와 대화를 하거나…. 표정도 희로애락이 풍부한 데다 웃음, 탄식 등 인간적인 모습이 그대로 담겨 있다.

실제로 마이너 아르카나는 현실적인 일과 일상적인 고민을 점치는 데 적합하다고 여겨진다. 책에 비유하자면 메이저 아르카나는 이야기의 단락을 짓는 커다란 장이고 그 속을 채우는 상세한 항목이 마이너 아르카나라고 할 수 있다.

'여기에 이런 게 그려져 있었네!'라며 수많은 모티브를 발견할 수 있는 것이 마이너 아르카나의 특징이다. 나온 카드는 꼭 세세한 부분까지 들여다보도록 하자. 분명 애착을 느끼게 될 것이다.

# 완드
## - W A N D -

원소
불

완드(막대기)는 땔감이나 무기 등 인간이 살아가는 데 필요한 도구로써
많은 가능성이 잠재된 중요한 아이템이다. 이 슈트는 불의 원소에 대응하며
생명력이나 정열, 투쟁심 등을 나타낸다. 완드의 방향이나 겹쳐 있는 모양에도 주목하자.

---

### 완드 A
ACE of WANDS

**KEYWORD** 생명력

완드가 관장하는 생명력과 정
열이 가장 순수하게 나타나
있다. 깨달음이나 만남 등을
암시하기도 한다.

`정방향` 새로운 도전이 시작
된다
`역방향` 하나의 도전이 끝
난다

---

### 완드 2
TWO of WANDS

**KEYWORD** 도달

야심이 넘치는 성공한 자가
그려져 있다. 헝그리 정신이나
성공, 향상심을 나타낸다.

`정방향` 목표에 도달하여 자
신감에 차 있다
`역방향` 손에 넣은 것을 잃
을지도 모른다

---

### 완드 3
THREE of WANDS

**KEYWORD** 모색

행동을 시작할 타이밍을 엿보
고 있는 남성의 모습. 다음 단
계로 나아가는 것이나 기회를
암시한다.

`정방향` 도전할 기회를 엿본다
`역방향` 기대가 물거품이 된다

---

### 완드 4
FOUR of WANDS

**KEYWORD** 환희

화려하게 장식된 완드와 꽃다
발을 흔드는 사람들이 행복해
보인다. 심신이 충만해 있는
상태를 나타낸다.

`정방향` 진정한 기쁨을 얻
는다
`역방향` 현재 상황에서 기
쁨을 찾는다

---

### 완드 5
FIVE of WANDS

**KEYWORD** 승리

완드를 휘두르며 싸우는 사람
들. 자신의 성장을 이끄는 투
쟁이나 좋은 경쟁자의 존재를
나타내는 카드.

`정방향` 절차탁마하면서 분
투한다
`역방향` 상대를 제압한다

---

### 완드 6
SIX of WANDS

**KEYWORD** 칭송

말을 타고 행진하는 남성은
승리와 영광을 나타낸다. 좋
은 소식이 들려오거나 우월감
을 얻는다는 의미도 있다.

`정방향` 칭송받아 스스로가
자랑스럽다
`역방향` 부당한 결과에 불
만을 품고 있다

## 완드 7
### SEVEN of WANDS

**KEYWORD** 분투

유리한 위치인 절벽 위에서 싸우고 있는 남성은 승부의 주도권을 쥐고 있음을 암시한다. 순풍에 돛을 단 배 같은 상태.

**정방향** 유리한 위치에서 승기를 잡는다
**역방향** 불리한 상황에서 고전을 면치 못한다

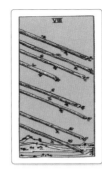

## 완드 8
### EIGHT of WANDS

**KEYWORD** 빠른 전개

허공을 가르는 여덟 개의 완드는 힘과 속도의 상징. 순탄한 전개와 기세를 나타낸다.

**정방향** 빠른 속도로 나아간다
**역방향** 생각지 못한 난관에 봉착한다

## 완드 9
### NINE of WANDS

**KEYWORD** 대비

주위를 경계하고 있는 남성은 무언가를 지키는 모습이다. 준비나 신중함을 나타내는 카드다.

**정방향** 대처 방안을 준비한다
**역방향** 자만하여 타격을 입는다

## 완드 10
### TEN of WANDS

**KEYWORD** 중압감

열 개의 완드를 안고 있는 모습은 심리적인 압박, 혼자서 떠안은 상태, 고생을 암시한다.

**정방향** 스스로 무거운 짐을 떠안고 힘겨워한다
**역방향** 떠맡았던 것을 놓아버린다

## 완드의 페이지
### PAGE of WANDS

**KEYWORD** 전령

미래를 응시하는 소년은 새로운 것을 향한 순수한 열의의 상징이다. 순조로운 시작을 의미하기도 한다.

**정방향** 미래를 확신하고 열의를 불태운다
**역방향** 우쭐한 마음에 큰소리친다

PAGE of WANDS.

## 완드의 나이트
### KNIGHT of WANDS

**KEYWORD** 출발

말에 올라탄 생기 넘치는 청년. 새로운 일에 대한 강한 의욕과 충동을 암시한다. 대범함, 용감함을 나타내기도 한다.

**정방향** 새로운 세상을 향해 길을 떠난다
**역방향** 마음가짐이 변화를 따라잡지 못한다

KNIGHT of WANDS.

## 완드의 퀸
### QUEEN of WANDS

**KEYWORD** 매력

완드와 해바라기를 손에 든 여왕은 정열과 매력을 상징한다. 넓은 도량이나 인망을 나타내기도 한다.

**정방향** 주변 사람을 끌어당긴다
**역방향** 느긋함이 오해를 부른다

QUEEN of WANDS.

## 완드의 킹
### KING of WANDS

**KEYWORD** 대담

완드를 손에 쥐고 있는 왕은 강력한 힘과 리더십을 나타낸다. 목표를 달성하는 정열을 의미한다.

**정방향** 신념을 갖고 끝까지 해낸다
**역방향** 억지로 제어한다

KING of WANDS.

# 펜타클
## - P E N T A C L E -

원소
**땅**

펜타클(금화)은 다양한 가치와 교환할 수 있는 풍요로움을 상징한다.
땅의 원소에 대응하는 슈트이므로 물질이나 사회적 지위를 나타낸다.
돈이나 인간의 지위가 상황에 어떤 영향을 미치고 있는지 알 수 있다.

### 펜타클 A
ACE of PENTACLES

**KEYWORD** 실력

신이 손에 쥐고 있는 펜타클.
노력이나 실력으로 얻은 성공
과 풍요로움을 나타내는 카
드다.

**정방향** 능력을 발휘하여 풍
요로움을 얻는다
**역방향** 이익을 앞세우다가
노력이 물거품이 된다

### 펜타클 2
TWO of PENTACLES

**KEYWORD** 유연성

펜타클을 능숙하게 다루는 곡
예사는 임기응변에 대응하는
요령이나 유연성을 의미한다.

**정방향** 상황을 파악하고 올
바르게 행동한다
**역방향** 상황에 대응하지 못
하고 고뇌한다

### 펜타클 3
THREE of PENTACLES

**KEYWORD** 기술력

실력을 인정받은 조각가가 의
미하는 것은 기회의 도래다.
재능이 세상에 알려지게 되기
도 한다.

**정방향** 갈고닦은 실력을 인
정받는다
**역방향** 능력을 인정받지 못
한다

### 펜타클 4
FOUR of PENTACLES

**KEYWORD** 소유욕

가운데 앉아 있는 구두쇠는
집착하는 마음이나 견실함을
나타낸다. 신중하여 변화를
두려워하는 상태.

**정방향** 확실한 이익을 우선
한다
**역방향** 탐욕에 빠져 자기
자신을 잃는다

### 펜타클 5
FIVE of PENTACLES

**KEYWORD** 곤란

가난한 남녀는 물질적·정신
적 결핍을 나타낸다. 고통을
맛보고 마음의 문을 닫아버리
는 것을 암시한다.

**정방향** 혹독한 상황으로
인해 정신이 황폐하다
**역방향** 도움을 받고 희망
을 되찾는다

### 펜타클 6
SIX of PENTACLES

**KEYWORD** 관계성

베푸는 사람과 그것을 받아들
이는 사람의 관계. 인간 사이
의 권력 관계나 친절한 마음
을 나타내는 카드다.

**정방향** 선의를 베푸는 사
람과 받는 사람의 관계
**역방향** 지배하는 사람과
지배받는 사람의 관계

## 펜타클 7
SEVEN of PENTACLES

**KEYWORD** 성장

수확한 펜타클을 불만스럽게 바라보는 남성은 현재 상황에 대한 반성을 암시한다. 이 또한 성장에 필요한 단계다.

**정방향** 문제를 개선하여 다음 단계로 나아간다
**역방향** 불안함을 품고 목적 없이 살아간다

## 펜타클 8
EIGHT of PENTACLES

**KEYWORD** 수행

펜타클을 만드는 장인의 모습. 집중력과 꾸준한 노력을 나타낸다. 기술이나 고집스러운 정성을 암시하기도 한다.

**정방향** 눈앞의 일에 집중한다
**역방향** 눈앞의 일에 집중할 수 없다

## 펜타클 9
NINE of PENTACLES

**KEYWORD** 달성

고귀한 신분의 여성은 매력과 재능에 따른 성공을 의미한다. 높은 지위를 얻는 것을 암시하기도 한다.

**정방향** 남보다 월등하여 성공을 이룬다
**역방향** 거짓과 속임수로 성공을 노린다

## 펜타클 10
TEN of PENTACLES

**KEYWORD** 계승

3대에 걸친 가족은 계승을 의미한다. 무엇을 이어받는가에 따라 미래가 바뀌는 것을 암시한다.

**정방향** 물려받은 것으로 번영하여 안정을 찾는다
**역방향** 물려받은 것이 한계에 달한다

## 펜타클의 페이지
PAGE of PENTACLES

**KEYWORD** 진지함

펜타클을 손에 든 소년은 무언가에 대한 진지한 태도를 의미한다. 주의 깊고 신중함을 암시하기도 한다.

**정방향** 시간을 들여서 쌓아올린다
**역방향** 시간만 낭비하고 있다

## 펜타클의 나이트
KNIGHT of PENTACLES

**KEYWORD** 현실성

듬직한 말에 올라탄 기사. 견실함과 인내력을 무기 삼아 목표를 달성하는 것을 나타낸다.

**정방향** 끝까지 해낸다
**역방향** 현상 유지로 끝난다

## 펜타클의 퀸
QUEEN of PENTACLES

**KEYWORD** 관용

온화한 표정의 여왕은 깊은 도량을 암시한다. 누군가를 위해 애쓰면 자기 자신도 풍요로워진다는 것을 말하고 있다.

**정방향** 무언가를 키우면서 자신도 성장한다
**역방향** 지나친 관용으로 서로를 망친다

## 펜타클의 킹
KING of PENTACLES

**KEYWORD** 공헌

펜타클을 손에 든 왕은 돈이나 지식, 인맥 등 자신이 가진 재산을 누군가를 위해 사용하는 것을 의미한다.

**정방향** 자신의 힘으로 타인을 돕고자 한다
**역방향** 자신의 능력을 발휘하지 못하고 있다

# 소드
## SWORD

소드(검)는 인간의 지혜와 기술로 탄생한 도구다.\
대응하는 원소는 바람이며 지성과 언어를 나타낸다. 소드는 인간을 상처 입히기도 한다.\
즉 지성도 어떻게 사용하는가에 따라 칼날이 될 수 있다는 점을 말하고 있다.

### 소드 A
ACE of SWORDS

**KEYWORD** 개척\
승리의 왕관을 쓴 소드. 지식이나 정신력으로 새로운 세계를 개척하는 것을 나타낸다.

**[정방향]** 새로운 길을 개척해낸다\
**[역방향]** 강제적인 행동으로 파멸을 초래한다

### 소드 2
TWO of SWORDS

**KEYWORD** 갈등\
기울어져 있는 소드는 결론을 내지 않고 현상을 유지하는 것을 나타낸다. 문제를 뒤로 미루고 있는 상태.

**[정방향]** 온화한 마음으로 조화를 유지한다\
**[역방향]** 임시방편으로 연명한다

### 소드 3
THREE of SWORDS

**KEYWORD** 아픔\
심장을 상징하는 하트에 소드 세 자루가 꽂혀 있다. 슬픔이나 가슴 아픈 일이 생기는 것을 암시한다.

**[정방향]** 핵심을 받아들인다\
**[역방향]** 진실을 거부하고 초조함에 괴로워한다

### 소드 4
FOUR of SWORDS

**KEYWORD** 회복\
누워 있는 기사 조각상. 피로나 휴양, 일시적인 정체를 암시한다. 역방향에서는 회복을 의미한다.

**[정방향]** 조용히 휴식을 취하며 태세를 갖춘다\
**[역방향]** 준비하고 다시 움직인다

### 소드 5
FIVE of SWORDS

**KEYWORD** 혼란\
싸움에서 승리하고 미소 짓는 남자와 이리저리 흩어져 있는 소드. 교활함이나 강탈, 혼란을 나타내는 카드다.

**[정방향]** 수단을 가리지 않고 강탈한다\
**[역방향]** 소중한 것을 빼앗긴다

### 소드 6
SIX of SWORDS

**KEYWORD** 도중\
배에 타고 있는 사람들. 수면은 잔잔한 상태. 힘든 상황을 극복하는 것이나 여행 같은 이동을 암시한다.

**[정방향]** 난처한 상황에서 탈출한다\
**[역방향]** 다시 곤경에 빠진다

## 소드 7
### SEVEN of SWORDS

**KEYWORD** 배신

소드를 훔치는 남성은 부정과 배신 등을 나타낸다. 악의에 대한 경계를 의미하기도 한다.

**정방향** 뒤에서 획책을 꾸민다

**역방향** 위험을 감지하고 만전을 기한다

## 소드 8
### EIGHT of SWORDS

**KEYWORD** 인내

눈이 가려진 채 묶여 있는 여성이 나타내는 것은 고난을 견뎌내는 인내. 고독감이나 결심, 피해의식을 암시하기도 한다.

**정방향** 어려운 상황에서 도움을 기다리고 있다

**역방향** 도움이 없는 상황에서 마음이 요동치고 있다

## 소드 9
### NINE of SWORDS

**KEYWORD** 고민

침대 위에서 한탄하는 여성은 슬픔이나 불안, 죄의식을 암시한다. 부정적인 생각으로 주변이 보이지 않는 상태다.

**정방향** 돌이킬 수 없어 절망한다

**역방향** 나쁜 상황에 맞서려고 하지 않는다

## 소드 10
### TEN of SWORDS

**KEYWORD** 기로

소드에 찔린 남성. 자기 자신의 나약함, 약점을 받아들임으로써 다음 단계로 나아갈 수 있다는 것을 의미한다.

**정방향** 모든 것을 받아들이고 전진한다

**역방향** 보고 싶은 것만 본다

## 소드의 페이지
### PAGE of SWORDS

**KEYWORD** 경계

소드를 손에 쥔 소년. 날카로운 눈매는 경계심을 나타내고 있다. 위험에 대한 의식이나 신중함을 암시한다.

**정방향** 상황을 파악하고 신중하게 대처한다

**역방향** 조심성이 부족하다

## 소드의 나이트
### KNIGHT of SWORDS

**KEYWORD** 과감함

말에 탄 기사가 기세 좋게 전진하고 있다. 망설임 없이 합리적으로 목표를 달성하는 것을 나타낸다.

**정방향** 논리정연하게 결정하고 전진한다

**역방향** 헛된 분쟁을 초래한다

## 소드의 퀸
### QUEEN of SWORDS

**KEYWORD** 분명함

하늘을 향해 소드를 곧게 세운 여왕. 핵심을 꿰뚫는 날카로운 지성과 동시에 부드러움을 의미한다.

**정방향** 올바른 언동으로 존경받는다

**역방향** 자기방어를 위한 무장

## 수드의 킹
### KING of SWORDS

**KEYWORD** 엄격함

왕이 들고 있는 소드는 엄격함을 나타낸다. 감정에 흔들리지 않고 냉정한 판단을 내리는 것을 암시한다.

**정방향** 객관적인 분석을 통해 판단한다

**역방향** 독재적으로 위엄을 지킨다

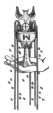

# 컵
## - C U P -

컵(성배)은 액체를 넣는 도구이자 의식에 사용되는 성스러운 아이템이기도 하다.
대응하는 원소는 물이다. 스스로 형태를 바꾸는 물은 인간의 마음을 상징한다.
컵 속에 그려져 있는 것도 카드를 해석하는 열쇠가 된다.

### 컵 A
ACE of CUPS

**KEYWORD** 사랑의 힘

신의 손에 들린 컵. 컵에 넘쳐 흐르는 물은 사랑을 나타낸다. 정신적인 기쁨이나 희망을 암시한다.

> **정방향** 사랑과 희망이 가득하다
> **역방향** 실의에 빠진다

### 컵 2
TWO of CUPS

**KEYWORD** 상호 이해

감정을 나타내는 컵을 서로에게 건네는 남녀. 마음이 통하여 신뢰가 싹트는 것을 나타낸다.

> **정방향** 신뢰 관계를 구축한다
> **역방향** 마음을 굳게 닫는다

### 컵 3
THREE of CUPS

**KEYWORD** 공감

세 여성이 풍작을 축하하고 있다. 동료와 함께하는 행동이나 타인과 기쁨을 공유하는 것을 의미한다.

> **정방향** 함께 기쁨을 나눈다
> **역방향** 나태해진다

### 컵 4
FOUR of CUPS

**KEYWORD** 권태

따분한 표정으로 앉아 있는 남성. 싫증이나 현상에 대한 불만 등 개운치 않은 감정을 나타낸다.

> **정방향** 불만을 품고 괴로워한다
> **역방향** 불만을 해소할 방법을 찾아낸다

### 컵 5
FIVE of CUPS

**KEYWORD** 상실

쓰러진 컵은 상실의 상징. 하지만 아직 남아 있는 두 개의 컵이 희망을 말하고 있다.

> **정방향** 무언가를 잃은 슬픔에 깊어지는 후회
> **역방향** 새로운 국면을 향해 재기한다

### 컵 6
SIX of CUPS

**KEYWORD** 마음의 정화

어린아이는 과거의 기억을 암시한다. 향수나 과거에 문제 해결의 열쇠가 있다는 것을 의미한다.

> **정방향** 그리움이 가득하다
> **역방향** 과거의 기억에서 벗어나지 못한다

## 컵 7
SEVEN of CUPS

KEYWORD **꿈**

구름 위에 있는 컵은 망상을 나타낸다. 꿈이나 이상에 빠져 붕 떠 있는 상태다.

**정방향** 꿈에 취해 헤맨다

**역방향** 꿈의 실현을 위해 결단을 내린다

## 컵 8
EIGHT of CUPS

KEYWORD **변천**

컵을 등지고 산을 향해 걷는 남성. 무언가를 끝맺고 새롭게 출발하는 것을 암시한다.

**정방향** 마지막을 깨닫고 다음 단계를 향한다

**역방향** 같은 테마로 재도전한다

## 컵 9
NINE of CUPS

KEYWORD **소망**

늘어놓은 컵 앞에 자랑스러운 듯 앉아 있는 남성은 목표의 달성이나 만족감, 기쁨을 나타낸다.

**정방향** 염원이 이루어져 마음이 충만하다

**역방향** 욕망에 사로잡혀 잘못된 판단을 내린다

## 컵 10
TEN of CUPS

KEYWORD **행복**

무지개를 그리고 있는 컵과 행복해 보이는 가족. 노력의 결실로써 평온한 행복을 손에 넣는 것을 암시한다.

**정방향** 평온한 일상에서 느끼는 행복

**역방향** 따분한 일상에 불만이 쌓여간다

PAGE of CUPS.

## 컵의 페이지
PAGE of CUPS

KEYWORD **수용**

상상력을 상징하는 바다를 배경으로 컵 속 물고기를 흐뭇하게 바라보는 소년. 발상력과 유연성을 의미한다.

**정방향** 모든 것을 받아들이는 넓은 마음

**역방향** 유혹에 넘어가는 나약한 마음

KNIGHT of CUPS.

## 컵의 나이트
KNIGHT of CUPS

KEYWORD **이상**

백마를 탄 기사가 이상을 향해 발을 내디딘다. 꿈을 이룬 기쁨이나 새로운 단계의 시작을 암시한다.

**정방향** 이상을 달성하는 기쁨

**역방향** 현실에 직면한 슬픔

QUEEN of CUPS.

## 컵의 퀸
QUEEN of CUPS

KEYWORD **자애**

아름다운 컵을 응시하는 여왕. 타인의 감정을 깊이 공감하는 것이나 무조건적인 사랑을 의미한다.

**정방향** 받아들이고 본질을 파악한다

**역방향** 받아들이고 동정심을 느낀다

KING of CUPS.

## 컵의 킹
KING of CUPS

KEYWORD **관대함**

온화한 표정을 한 왕은 관대한 마음을 의미한다. 현명한 판단이나 여유로움을 암시하기도 한다.

**정방향** 유연하게 넘긴다

**역방향** 휘둘리다가 자기 자신을 잃는다

# 질문에 명확한 답을 주는
# 스프레드

## 하나의 질문을 다양한 각도로
## 분석할 수 있다

스프레드란 셔플한 카드를 배열하는 형태를 말한다. '이 위치에 나온 카드
는 문제의 원인을 나타낸다'라는 식으로 카드의 위치에 미리 의미를 정해
두고, 배열한 카드의 시점에서 점치는 문제를 분석한다. 카드의 의미와 스
프레드 위치의 의미를 함께 생각하면 더욱 깊이 있는 답을 얻을 수 있다.

## 질문에 맞춰 스프레드를 선택한다

### 각각의 고민에 대한
### 명쾌한 답을 얻고 싶을 때

➡ 하나의 문제에 대해 하나의 답을
알고 싶다
········ **원 오라클**(p39)

➡ 복수의 선택지에서 고르고 싶다
········ **양자택일**(p40)

### 인간관계에 대해 알고 싶을 때

➡ 궁합을 알고 싶다
········ **헥사그램**(p40)

➡ 사랑에 대한 조언이 궁금하다
········ **하트 소나**(p43)

### 심리 상태를 분석하고 싶을 때

➡ 자기 자신이나 타인의 마음을 알
고 싶다
········ **켈틱 크로스**(p41)

### 사건의 원인과 결과를
### 밝히고 싶을 때

➡ 운세나 사건의 흐름을 알고 싶다
········ **쓰리 카드**(p39)

➡ 문제점을 밝히고 싶다
········ **호스슈**(p41)

### 운세를 알고 싶을 때

➡ 1년 운세를 알고 싶다
········ **호로스코프**①(p42)

➡ 다양한 분야의 운세가 궁금하다
········ **호로스코프**②(p42)

➡ 운이 좋은 날이 언제인지 알고
싶다
········ **캘린더**(p43)

모든 질문에 대해 명확한
답을 끄집어낸다

# 원 오라클

현재 상황 / 감정 / 문제의 원인 /
미래 전망 / 조언 등

### 해석 포인트

하나의 질문에 대해 한 장의 카드를 뽑는 기본 스
프레드다. 질문이 명확하지 않으면 자기 마음 내
키는 대로 해석하기 쉬우므로 주의한다.
알고 싶은 것은 '언제(과거·현재·미래)', '누구의(자
신·상대·제삼자)', '무엇인가(상태·심리·원인·조언)'
를 확실하게 의식한 뒤에 카드를 뽑는 것이 포인
트다.
다만 '조언 카드(p146)' 등 지금의 자신에게 필요
한 메시지를 알고 싶을 때는 구체적인 질문 없이
카드 한 장을 뽑고 그 카드에서 직감적으로 떠올
린 이미지를 확장해나간다. 그렇게 생각지 못한
힌트를 얻기도 한다.

### 질문 예시

◆ 지금 나의 운세는?
◆ 마음에 드는 사람이 있다. 그는 지금 어떤 기
분일까?
◆ 상사에게 답장이 오지 않는 원인은?
◆ 내일 회의는 어떻게 될까?
◆ 오늘 염두에 두어야 할 점은?

어떤 일의 결과나 전개의
흐름을 읽는다

# 쓰리 카드

과거　　　　현재　　　가까운 미래

### 해석 포인트

과거부터 미래까지 다양한 사건의 '흐름'을 살펴
보기에 적합하다. '오늘·내일·모레', '한 달 후·두
달 후·석 달 후' 등 원하는 기간을 설정할 수 있
으므로 활용하기 편리한 스프레드다.

### 질문 예시

◆ 나의 만남 운은 어떻게 될까?
◆ 부수적인 수입이 생길 것 같은 시기는?
◆ 앞으로 일의 흐름은?

### 변형

원인　　　　결과　　　　조언

'왜 그렇게 되었는가?'를 알아볼 수도 있다.
단 세 장의 카드로 상황 파악부터 해결책까지 끌
어낼 수 있으므로 다양한 고민에 대응할 수 있다.
기억해두면 도움이 되는 스프레드다.

## 복수의 선택지에서 최적의 답을 고른다
# 양자택일

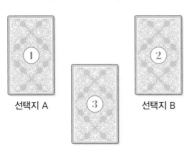

선택지 A

③

질문자의 태도

선택지 B

### 해석 포인트

무엇을 선택해야 좋을지 판단할 때 사용할 수 있는 스프레드다. '① 선택지 A'와 '② 선택지 B'의 결과로 일희일비하기 쉽지만, 열쇠를 쥐고 있는 것은 '③ 질문자의 태도'다. 나온 카드에 따라서는 '골라야 할 선택지는 A도 B도 아니다', '무엇을 고르든 비슷하다'라는 의외의 결과가 나오기도 한다.

### 질문 예시

◆ A와 B, 누구를 연인으로 선택해야 할까?

◆ 사야 할 아이템은 어느 쪽일까?

◆ 여행을 간다면 A와 B 중 어디로 가야 할까?

### 변형

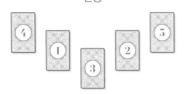

더욱 자세히 비교하고 싶을 때는 '① 선택지 A의 상태(궁합)', '② 선택지 B의 상태(궁합)'로 두고, 거기에 '④ 선택지 A를 고른 미래', '⑤ 선택지 B를 고른 미래' 등 미래의 시점을 더해 점칠 수 있다.

## 다양한 관계성을 보여준다
# 헥사그램

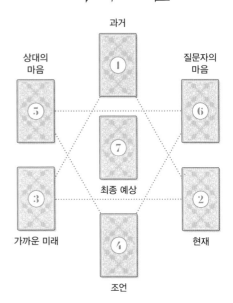

과거

상대의 마음

질문자의 마음

⑤

①

⑥

⑦

최종 예상

③

②

가까운 미래

④

현재

조언

### 해석 포인트

두 개의 삼각형이 교차하는 '헥사그램'을 본뜬 스프레드다. 카드 한 장 한 장의 의미뿐만 아니라 스프레드 전체를 들여다보는 것이 포인트다. 나온 카드의 색깔이나 구도가 비슷하다, 역방향 카드가 많다 등의 정보가 둘의 관계성을 말해주는 경우도 있기 때문이다. 회사 등 조직과의 궁합도 볼 수 있다.

### 질문 예시

◆ 소원해진 연인과의 관계에 변화를 주려면?

◆ 요즘 친구 A와 티격태격하는 이유와 그 해결책은?

◆ A사와 B사가 협력 체제를 구축하려면 어떻게 해야 할까?

인간의 마음속이
훤히 보인다

# 켈틱 크로스

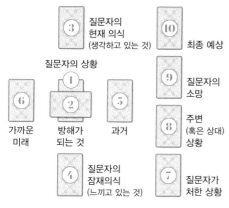

문제의 원인과 해결책을
시원하게 밝혀낸다

# 호스슈

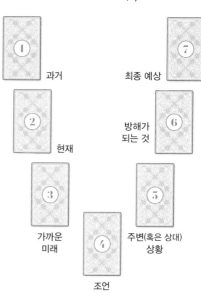

## 해석 포인트

인간의 마음을 다양한 각도에서 세세하게 나누어
카드 한 장씩을 놓고 분석하는 스프레드다.
'⑥ 가까운 미래', '⑩ 최종 예상' 등 결과만을 두고
일희일비하면 중요한 힌트를 놓치기 쉽다. 질문자
의 심리 상태에 문제가 있는지(①~④), 시기적인
문제인지(⑤, ⑥), 환경적인 문제인지(⑦~⑨) 판단
하면서 리딩한다.

## 질문 예시

◆ 누구의 도움도 받지 않고 업무를 떠안아 버
리는 원인은?

◆ 마음에 드는 그 사람은 연애에 대해 어떤 생
각을 하고 있을까?

◆ 무슨 생각을 하는지 알 수 없는 후배의 속마
음은?

◆ 같은 패턴의 실연을 몇 번이고 반복하게 되
는 원인은?

## 해석 포인트

문제의 원인을 찾는 동시에 앞으로의 흐름이 어떻
게 될지 읽어내는 스프레드다. '⑦ 최종 예상'은
지금 상태대로 나아갔을 때 찾아올 가능성이 큰
미래다. 만약 여기에 좋지 않은 카드가 나왔다면
'④ 조언'을 실천했을 때 미래가 어떻게 바뀔지, 카
드를 한 장 더 뽑아보는 것도 좋다.

## 질문 예시

◆ 다툰 친구와 관계를 개선하려면?

◆ 좀처럼 돈이 모이지 않는 상황을 변화시키려면?

◆ 프로젝트가 잘 풀리지 않는다. 어떻게 해야
좋을까?

## 호로스코프①

매달 운세를
한눈에 볼 수 있다

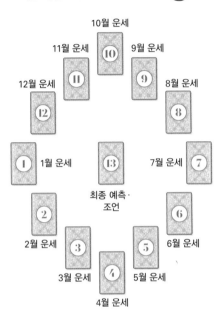

10월 운세

11월 운세　9월 운세

10

9

12월 운세

11

12월 운세

12

8월 운세

8

1월 운세

1

13

7월 운세　7

최종 예측·
조언

2

6

2월 운세

3

5

6월 운세

3월 운세　4　5월 운세

4월 운세

### 해석 포인트

열두 달 운세를 읽어낼 수 있는 스프레드다. 한 해
가 시작되는 시기뿐만 아니라 생일 등 특별한 절
기에 점쳐도 좋다. 마이너 아르카나를 함께 사용
하면 '소드＝일에 집중하는 달'처럼 슈트에 따라
매달 테마를 예측할 수 있으므로 더욱 실천적인
정보를 얻을 수 있다.

### 질문 예시

◆ 앞으로 1년 동안 가장 노력해야 할 시기는?

◆ 생일을 기준으로 앞으로 1년 안에 중요한 전
환점이 되는 때는?

◆ 한 해 동안 매월 일어날 인상적인 사건을 알
고 싶다

## 호로스코프②

사랑, 돈, 일 등
모든 운세를 두루 살펴본다

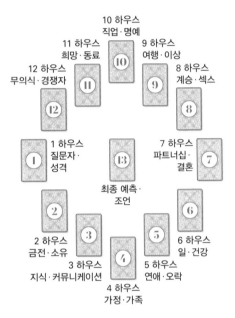

10 하우스
직업·명예

11 하우스
희망·동료

10

9 하우스
여행·이상

12 하우스
무의식·경쟁자

11

9

8 하우스
계승·섹스

12

8

1 하우스
질문자·
성격

1

13

7 하우스
파트너십·
결혼

7

최종 예측·
조언

2

6

2 하우스
금전·소유

3

5

6 하우스
일·건강

3 하우스
지식·커뮤니케이션

4

5 하우스
연애·오락

4 하우스
가정·가족

### 해석 포인트

서양 점성술에서 사용하는 호로스코프(별자리)의
'하우스(p174)'를 모티브로 한 스프레드다. 1 하우
스부터 12 하우스까지 일이나 연애 등 테마가 설
정되어 있어 각각의 운세를 알 수 있다. 둘레에 원
을 하나 추가하여 각 운세가 어떻게 될지 미래 운
을 점쳐보는 것도 가능하다.

### 질문 예시

◆ 현재 나의 연애, 일, 돈…. 각각의 운세는?

◆ 지금 가장 집중해야 할 일은?

◆ 지금 어떤 기회가 올 듯한가?

# 하트 소나

좋아하는 사람과의 관계에 대해
조언을 듣는다

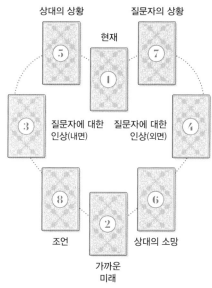

상대의 상황 5

질문자의 상황 7

현재 1

질문자에 대한
인상(내면) 3

질문자에 대한
인상(외면) 4

조언 8

상대의 소망 6

가까운
미래 2

### 해석 포인트

좋아하는 사람의 마음을 사로잡는 데 특화된 스프레드다. 따라서 과거를 나타내는 카드는 존재하지 않고, 앞으로 어떻게 해야 좋을지 다양한 각도에서 해석한다. '④ 외면'은 얼굴이나 스타일 외에도 태도나 행동거지, 분위기 등을 포함하여 생각한다. 사랑뿐만 아니라 친구, 가족, 동료 등 다양한 사람과의 관계 개선을 원할 때도 추천하는 방법이다.

### 질문 에시

◆ 좋아하는 사람이 나를 돌아보게 하려면 어떻게 해야 할까?

◆ 동료 / 지인 / 친구들은 나에게 무엇을 기대하고 있을까?

◆ 애매한 관계의 연인. 그의 진심은?

# 캘린더

운이 좋은 날이나
타이밍이 한눈에 보인다

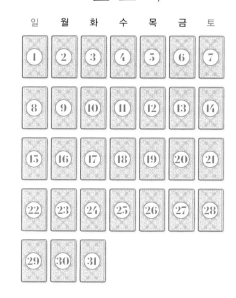

일 월 화 수 목 금 토

1 2 3 4 5 6 7
8 9 10 11 12 13 14
15 16 17 18 19 20 21
22 23 24 25 26 27 28
29 30 31

### 해석 포인트

매달 하루에 카드 한 장을 뽑는 스프레드다. 나온 카드를 근거로 일정을 짜는 것에 그치지 말고 사진을 찍어두고 그날그날 카드가 암시하는 듯한 사건이 일어났는지 검증하고 기록하면 타로 실력 향상에 많은 도움이 된다. '한 달간 업무 운세', '한 달간 연애 운세' 등 테마를 좁혀도 좋다.

### 질문 에시

◆ 한 달간 매일의 운세를 알고 싶다!

◆ 중요한 사건이 일어날 것 같은 날은?

◆ 고백, 프레젠테이션, 미용실…. 언제가 좋을까?

# 궁합이 잘 맞는 카드를
# 선택한다

사람과 카드에도 궁합이 있다. 누군가와 대화를 나누다가 '이 사람과는 말 섞기가 어렵다, 컨디션이 나빠진다'라고 느낄 때가 있는 것처럼, 카드의 그림을 들여다봐도 영감이 느껴지지 않거나 머릿속에 아무것도 떠오르지 않는다면 그 카드와는 궁합이 좋지 않다는 뜻이다.

'그림은 예쁘고 좋은데 이미지가 떠오르지 않는다'라고 느껴지는 카드도 있다. 아래의 세 가지 카드는 모두 〈여황제〉이며 '사랑'을 표현하고 있지만 이미지는 제각각이다.

자신과 세계관이 비슷한 카드는 그와 관련한 정보나 지식을 발휘할 수 있어 점치기가 한결 수월하다. 고양이를 좋아하는 사람이라면 '캣 타로'를 사용해보는 등 카드를 선택할 때 자신이 좋아하는 것을 참고해도 좋다.

산타 무에르테 타로

덧없는, 하지만 열정적인 것.
무척 애태우는 무언가.

웨이트판

**여황제**

니콜레타 세콜리 타로

반짝반짝 빛나는 아름다운 것.
아낌없이 주는 것.

## Chapter1

# 초급편

가벼운 질문에 대해 점치거나
카드 암기법을 궁리하여
그림과 의미에 익숙해지자.

# 타로와
# 친해지자

## 하루에 한 번
## 카드 만지는 습관을 들인다

평소 타로를 책상 서랍에 고이 모셔두고 고민이 있을 때만 꺼내서 사용하고 있지는 않은가? 만약 그렇다면 실력 향상을 기대하기는 어렵다. 타로는 메이저 아르카나를 비롯하여 78장이나 된다. 잘 외워지지 않는다고 점칠 때마다 책을 펼쳐 의미를 확인한다면 결국 머릿속에는 아무것도 남지 않을 것이다.

타로의 의미를 전부 암기할 필요는 없지만 카드의 대략적인 이미지는 기억해두는 편이 좋다. 카드 해석이 즐거워질 뿐만 아니라 질문에 맞춰 자기 나름의 방식으로 능숙하게 대응할 수 있기 때문이다.
카드 78장의 기본적인 의미를 파악하고 있으려면 어떻게 해야 좋을까? 가장 빠른 길은 타로를 자주 만지는 것이다.

어쩌면 점칠 만큼 진지한 고민거리가 매일같이 있을 리 없다고 생각할지 모른다. 많은 사람이 오해하기 쉬운 부분인데, 타로는 고민거리가 있을 때만 사용하는 도구가 아니다. 좀 더 가벼운 마음으로 다양한 사안에 대해 점쳐도 된다. 오늘 하루 운의 흐름이나 내일 예정된 일을 무사히 해내기 위한 조언, 무언가를 사야 할지 말아야 할지에 대한 힌트, 혹은 관계가 어색해져 버린 사람을 대하는 방법 등 타로는 일상 속에서 여러 가지 힌트를 주거나 관점을 바꿔 생각하는 계기가 되어줄 것이다.

# 우선 카드를 한 장
# 뽑는 것부터 시작한다

초보자는 처음부터 '헥사그램'이나 '켈틱 크로스' 등 복잡한 스프레드에 도전하고 싶어 하는 경우가 많다. 하지만 카드 매수가 워낙 많다 보니 제대로 해석하지 못하고 금세 싫증을 내기 일쑤다.

이것은 요리를 시작할 때 어려운 요리보다는 우선 요리의 기본이 되는 밥짓기부터 배워야 하는 것과 마찬가지다.

나는 여기서 '데일리 원 오라클'을 추천한다. 매우 심플하고 일상적인 사안을 원 오라클로 점치는 방법이다. 매일 한 가지씩 점치는 습관을 들인다면 3개월 후에는 모든 카드에 익숙해질 수 있어 타로점을 더욱 즐길 수 있게 될 것이다.

# 차분히 들여다보면서
# 카드를 눈에 익힌다

카드 한 장 한 장 충분한 시간을 두고 바라보는 습관을 들이자. 생각지 못한 곳에 그려져 있는 의외의 모티브를 발견할지도 모른다. 이렇게 한번 주의 깊게 관찰하고 나면 낯설었던 카드도 금세 친근하게 느껴질 것이다.

'Chapter 1 초급편'에서는 가벼운 내용을 점치는 법, 메이저 아르카나·마이너 아르카나 암기법, 질문을 만들어내는 비법 등 타로에 빨리 익숙해지는 방법을 소개한다.

이는 타로점의 기초다. 제대로 익혀두면 타로 실력이 순조롭게 향상될 것이다. 뒤에 이어지는 응용편, 상급편으로 나아가기 위한 테크닉이 가득 담겨 있으므로 꼼꼼히 읽어보길 바란다.

# 빨리 카드에 익숙해져서
# 막힘없이 점칠 수 있게 되었으면

➡

## 데일리 원 오라클을 추천한다

데일리 원 오라클은 일상적으로 일어나는 일에 대해 '어떻게 될까?' 하고 가벼운 마음으로 점치는 방법이다.

지금 가려고 마음먹은 장소가 혼잡한 상태인지, 사려고 하는 아이템이 살 만한 물건인지, 저녁 메뉴로는 뭐가 좋은지, 우산을 가지고 나가야 할지 등 소소한 일상을 카드 한 장으로 점쳐보자.

'점을 칠 만한 일은 아니지 않나?'라고 생각할지도 모른다. 하지만 평소에 점치는 습관을 들이다 보면 카드를 외우는 속도나 자신의 언어로 표현하는 능력, 카드를 분명하게 해석하는 힘이 눈에 띄게 향상된다.

타로의 실전 능력을 키우기 위해서는 타로와의 접점을 자주 갖는 것이 가장 좋다. 타로의 의미를 자신의 경험이나 착상과 연결 지어 생각하면 점차 해석에 깊이가 생기고 일상에서 유용하게 사용할 수 있는 타로 리딩을 익힐 수 있다.

## 데일리 원 오라클의 기본

일상적으로 카드를 만지는 습관을 들이는 것이 목적이므로 귀찮거나 어렵게 생각할 필요는 없다. 시간과 공간의 제약이 있는 라운드 셔플보다는 트럼프처럼 몇 번 섞고 나서 한 장을 뽑는 방식이 좋다.

혹은 더욱 간단한 방법으로서 카드 뭉치를 원하는 곳에서 반으로 나눠 손에 든 카드 뭉치의 뒷면을 보는 'LUA 뽑기(오른쪽 그림)'도 추천한다. 카드를 한 장만 뽑으면 되기 때문에 자신에게 부담이 가장 적은 방법을 선택하면 된다.

외출 중이라면 타로점 애플리케이션을 활용하는 것도 하나의 방법이 될 수 있다.

# 간단한 결과가 나오는 질문으로 점쳐보자

데일리 원 오라클에는 간단하면서도 가까운 미래에 결과가 나오는 질문을 추천한다. 애써 점쳤는데 '맞는 것 같기도 하고 아닌 것 같기도 하고…' 같은 결과가 나온다면 카드의 의미가 잘 외워지지 않는다. 결과가 딱 들어맞는 경험을 하고 나면 '이 카드는 그때 나왔던 카드' 하고 인상에 남는다. 카드가 어떤 결과를 암시하고 있었는지, 자신의 해석은 제대로 맞아떨어졌는지 확인하는 습관을 들이는 것이 좋다.

### 질문 예시

◆ 지금 가려고 하는 가게는 혼잡할까?

◆ 택배는 내가 지정한 시각에 도착할까?

◆ 저 사람은 지금 무슨 생각을 하고 있을까?

◆ 약속 시각이 넘도록 오지 않는 친구는 언제쯤 도착할까?

◆ 세일 중인 원피스, 사도 후회하지 않을까?

◆ 오늘 가족들의 귀가가 늦어질까?

# 앞으로의 행동을 점쳐보자

### 질문 예시

◆ 어떤 마음가짐으로 살아가면 좋을까?

◆ 저녁으로 뭘 먹을까?

◆ 그 사람에게는 어떤 선물이 좋을까?

◆ 내일 파티에 어떤 옷을 입고 갈까?

◆ 이번 주 휴일은 어떻게 보내는 게 좋을까?

◆ 야근할까? 아니면 퇴근할까?

오늘 점심에는 뭘 먹을지, 어떤 옷을 입을지 등 더 나은 삶을 위한 행운의 힌트를 발견해보자. 뽑은 카드에서 자유롭게 메뉴나 아이템의 이미지를 떠올린 뒤 행동에 옮긴다. 참고삼아 데일리 원 오라클 키워드 모음(p52)을 실어두었다. 다만 이것은 하나의 예시에 불과하다. 중요한 것은 자기 자신의 자유로운 발상이다.

---

## P O I N T

### 체험을 통해 카드의 의미를 외운다

데일리 원 오라클의 장점은 실제로 일어난 일을 통해 카드의 의미를 직접 체험할 수 있다는 데 있다. 예를 들어 택배가 언제 올지 점쳤는데 〈심판〉이 나왔고 그때 마침 택배가 도착했다고 하자. 다음에 다른 점을 칠 때 또다시 〈심판〉이 나오면 '지금이 바로 그 순간'이라고 해석할 수 있다. 타로의 의미와 일상에서 일어난 일을 연결시키면 더욱 실제적이고 살아 있는 점을 칠 수 있다.

# 일상에서 일어나는 일을 점쳐보자

## Case 1 | 오늘의 운세는?

완드 4(역방향)

〈완드 4〉는 '현재 상황에 만족함'을 나타내는 카드다. 마치 틀 안에 사람이 갇혀 있는 것처럼 보이므로 새로운 일을 벌이기보다는 눈앞에 있는 일을 차근차근 해나가는 하루가 될 듯하다. 사람이 두 명 그려져 있다는 점에서 잡담만 늘어놓느라 일이 진행되지 않고 서로 미루는 분위기가 될지도 모른다.

## Case 2 | 휴일을 어떻게 보내야 의미가 있을까?

소드 6

'곤란한 상황으로부터의 탈출'을 나타내는 카드다. 일이 좋은 방향으로 흘러갈 듯하다. 이런 날은 지난 일에 집착하기보다는 새로운 일에 착수하는 편이 좋다. 그림을 보고 '배를 탄다', '이동한다'라고 읽는다면 어딘가 멀리 여행을 가거나 물가에서 즐기는 레저가 좋다는 의미로 해석할 수 있다.

## Case 3 | 오늘 배우자는 저녁을 먹고 들어올까?

절제

식사를 준비하는 일은 무척 중요한 문제다. 배우자를 의미하는 카드로 '교류'를 뜻하는 〈절제〉가 나왔기 때문에 식사를 함께 할 것 같다. 두 개의 잔이 음주를 암시하고 있을 가능성도 있다.

## Case 4 | 인터넷 쇼핑에서 봐둔 옷이 있다 사도 괜찮을까?

태양

〈태양〉은 '햇빛을 보다'라는 의미가 있으므로 사용 빈도가 높고 마음에 드는 아이템이 될 듯하다. 주목을 받는다, 인기가 높아진다는 의미도 있으므로 그 옷을 입으면 타인에게 호평을 받는 등 좋은 일만 생긴다. 사면 절대로 후회하지 않을 것이라는 메시지다.

## Case 5 | 마음에 두고 있는 사람에게 지금 연락해도 될까?

**컵 6**(역방향)

〈컵 6〉이 역방향으로 나오면 과거에 매여 앞으로 나아가지 못한다고 해석할 수 있다. 자기 자신을 동정하거나 푸념만 늘어놓게 된다. 미래를 향한 희망적인 이야기는 할 수 없을지도 모른다. 부정적인 기분을 공유하게 될 듯하니 시간을 갖고 타이밍을 늦추는 편이 좋다.

## Case 6 | 오늘 상사의 기분은 어떤가?

**컵의 나이트**

산뜻하게 무언가를 시작하는 기분이다. 사고가 깊고 관대해져 있으므로 부탁이나 상담을 하기에 좋은 타이밍이다. 〈컵〉은 애정을 나타내는 카드다. 사무적으로 대하기보다는 친근하게 말을 건네면 행운이 찾아올 것이다. 반대로 상대가 무언가를 권유한다면 바로 받아들이는 것이 좋다.

## Case 7 | 지금 은행에 가면 사람이 많을까?

**여사제**(역방향)

신경질적이고 뾰족뾰족한 상태를 나타내는 카드다. 은행이 혼잡해서 손님들이 이미 짜증이 나 있을지도 모른다. '융통성 부족'을 의미하는 카드이기도 해서 애써 은행까지 갔는데 빠뜨린 서류 등으로 인해 목적을 달성하지 못하고 돌아오게 될 수도 있다.

## Case 8 | 점심으로 뭘 먹을까?

**완드 5**

치열한 싸움, 그리고 서로 교차한 여러 개의 완드가 그물코처럼 보이므로 숯불구이를 연상할 수 있다. 혹은 복수의 남성이 그려져 있으므로 남성 손님이 많은 활기 넘치고 북적북적한 식당에 행운이 따른다는 해석도 가능하다.

# 데일리 원 오라클
# 키워드 모음

일상적으로 빈번하게 점칠 만한 다섯 가지 테마에 대해
메이저·마이너 아르카나 78장의 키워드를 모아두었다.

메이저 아르카나

| 테마 | YES or NO | 온다 or<br>오지 않는다 | 산다 or<br>사지 않는다 | 현재 상황 | 이미지 키워드 |
|---|---|---|---|---|---|
| 바보 | ★☆ | 지나친다 | 그 당시에는<br>사용한다 | 별일 없다,<br>미지수 | 최소화,<br>홀가분하다 |
| 마술사 | ☆☆☆☆☆ | 스스로 온다 | 잘 활용한다 | 하려는 의지,<br>원활하다 | 깔끔하다,<br>상쾌하다 |
| 여사제 | ★☆ | 오지 않는다 | 의외로 사용하지<br>않는다 | 진지하다,<br>한산하다 | 청결, 청량,<br>섬세하다 |
| 여황제 | ☆☆☆☆ | 기다리고 있다 | 만족한다 | 풍요롭다, 번성 | 부드럽다,<br>온순하다,<br>쾌적하다 |
| 황제 | ☆☆☆☆☆ | 상대의 일정에<br>맞춘다 | 오래 사용한다 | 차분하다,<br>현상 유지 | 단단하다,<br>안심, 체계적 |
| 교황 | ☆☆☆☆☆ | 약속을 했으면<br>온다 | 소중하게<br>사용한다 | 존경, 적당하다 | 신뢰할 수 있다,<br>배신하지 않는다 |
| 연인 | ☆☆☆ | 오고 싶어 한다 | 마음에 든다 | 호의적,<br>시끌벅적하다 | 산뜻한 달콤함,<br>낙원 |
| 전차 | ☆☆☆☆☆ | 곧 온다 | 항상 사용한다 | 호전적, 붐비기<br>시작한다 | 기능성, 휴대성,<br>편리성 |
| 힘 | ☆☆☆☆ | 아슬아슬하게<br>온다 | 나빠지는<br>않지만… | 긍정적,<br>혼잡할 듯 | 노력하여<br>조정하다, 궁리 |
| 은둔자 | ★★★★ | 올 기미가 없다 | 옷장에 처박힐<br>신세 | 어두운 마음,<br>휴식 | 유유자적, 차분<br>함, 푹 끓인 요리 |
| 운명의 수레바퀴 | ☆☆☆☆☆ | 오는 길이다 | 곧 관심이<br>사그라진다 | 두근거림,<br>좋은 타이밍 | 원하던 물건 |

### YES or NO

각 질문에 대해 'YES·올바른 판단(☆)', 'NO·그다지 좋지 않은 판단(★)'을 다섯 단계로 평가한다. 별의 개수가 많을수록 YES 혹은 NO의 가능성이 커진다. '☆★'는 양쪽 모두 가능성이 있다는 뜻이다.

### 온다 or 오지 않는다

기다리는 사람, 혹은 연락이 올지 안 올지 가능성을 읽으면서 상대의 상황을 알아본다.

### 산다 or 사지 않는다

식자재, 의류, 잡화 등 그 아이템을 구매하면 결과적으로 어떻게 될지를 나타낸다.

### 현재 상황

상대의 기분, 특정 장소의 혼잡도 등 대상이 어떤 상황에 놓여 있는지를 나타낸다.

### 이미지 키워드

다양한 사항에 적용할 수 있는, 그 카드에서 떠오르는 이미지나 분위기를 나타낸다.

| 테마 | YES or NO | 온다 or 오지 않는다 | 산다 or 사지 않는다 | 현재 상황 | 이미지 키워드 |
|---|---|---|---|---|---|
| **정의** | ☆★ | 약속을 지킨다 | 가격만큼의 값어치를 한다 | 무미건조, 통상적인 혼잡도 | 달고 쓴맛, 균형 |
| **매달린 남자** | ★★★★★ | 오지 못한다 | 활용하지 못한다 | 힘들다, 아무도 없다 | 어찌할 도리가 없다, 고요하다 |
| **죽음** | ★★★★★ | 올 마음이 없다 | 한 번도 사용하지 않는다 | 단호한 결심, 한산하다 | 입가심, 가지런하다 |
| **절제** | ☆☆☆ | 온다, 연락이 온다 | 편리하게 자주 사용한다 | 관심이 있다, 오가는 사람들이 있다 | 창작요리, 절충안 |
| **악마** | ★★★ | 늦는다, 끈질기게 온다 | 한때 사용하고 만다 | 어리광, 무질서한 상태 | 지나치게 달다, 흐물흐물하다, 버릇이 된다 |
| **탑** | ☆★ | 놀라운 전개 | 고장나거나 잃어버릴지도 모른다 | 놀라움, 폐점 | 파괴적, 자극적, 엄청나다 |
| **별** | ☆ | 올 듯하다 | 의외로 약하다 | 동경, 기분이 좋다 | 아름답다, 싱싱하다 |
| **달** | ★★ | 오지 않을 듯하다 | 사용할 방도가 없다 | 걱정, 불안, 예상 불가능 | 미묘하다, 애매하다 |
| **태양** | ☆☆☆☆☆ | 즐거운 마음으로 온다 | 여러모로 대만족 | 즐겁다, 피크 타임 | 알기 쉽다, 질리지 않는다 |
| **심판** | ☆★ | 지금 온다 | 곧 필요한 일이 생긴다 | 번뜩인다, 영업 중 | 문득 떠오른다, 확신이 든다 |
| **세계** | ☆☆☆☆☆ | 예상했던 결과 | 타인에게 호평받는다 | 수긍한다, 딱 좋다 | 자타가 인정한다 |

| 테마 | YES or NO | 온다 or<br>오지 않는다 | 산다 or<br>사지 않는다 | 현재 상황 | 이미지 키워드 |
|---|---|---|---|---|---|
| 완드 A | ☆☆☆☆☆ | 오는 길이다 | 활용도가 높다 | 정열과 기세,<br>혼잡 | 새로운 도전,<br>정열 |
| 완드 2 | ☆☆ | 막 도착했다 | 사길 잘했다 | 자신감, 일단락 | 만족, 자신, 자부 |
| 완드 3 | ☆☆ | 연락이 온다 | 지금 필요한 물건 | 기대, 혼잡해진다 | 목표를 향하고<br>있다, 지향한다 |
| 완드 4 | ☆☆☆ | 기쁜 결과를<br>얻는다 | 감정적으로<br>만족한다 | 평온함, 한차례<br>돌고 난 뒤 | 자신다움, 휴식 |
| 완드 5 | ☆☆ | 아마 올 것이다 | 더욱 갖고<br>싶어진다 | 전하고 싶다,<br>대기 줄이 있다 | 큰맘 먹고<br>도전해본다 |
| 완드 6 | ☆☆☆☆ | 결국에는 온다 | 부러움을 산다 | 득의양양,<br>좋은 일이 있다 | 멋지다, 문제없다,<br>좋다 |
| 완드 7 | ☆☆ | 답장이 온다 | 새로운<br>무기가 된다 | 의욕, 바쁜 상황 | 자신의 취향,<br>취향을 관철한다 |
| 완드 8 | ☆☆☆☆ | 맞서 오고 있다 | 작업이<br>원활해진다 | 행운을 실감한다,<br>원활하게 흘러<br>간다 | 급작스러운 전개 |
| 완드 9 | ☆☆☆ | 출발 준비 중 | 미래를 위한<br>대비책이 된다 | 임기응변,<br>보안이 엄격하다 | 사전 준비, 예비<br>조사, 대비책 |
| 완드 10 | ★★★★ | 오는 것에 부담을<br>느끼고 있다 | 과분함을 느끼고<br>후회한다,<br>처치 곤란 | 압박, 정체 중 | 진절머리,<br>싫증난다,<br>한계에 달하다 |
| 완드의 페이지 | ☆☆☆ | 전하러 온다 | 희망이 느껴진다 | 열중함, 사람들이<br>모이기 시작한다 | 요즘 빠져있는<br>것, 지금이 제철 |
| 완드의 나이트 | ☆☆☆☆ | 기세 좋게 온다 | 의욕이 생긴다 | 도전 의욕,<br>인산인해 | 새로움, 신선함 |
| 완드의 퀸 | ☆☆☆☆ | 주위의 의견에<br>이끌려 온다 | 상징이 된다 | 여유가 있다,<br>적당하게 붐비는<br>정도 | 주변을 정돈한다,<br>즐긴다 |
| 완드의 킹 | ☆☆☆☆ | 상대방에게<br>달렸다 | 주위가 놀란다 | 낙관적, 딱 좋다 | 아이템 승부,<br>수긍한다 |

마이너 아르카나 · 펜타클

| 테마 | YES or NO | 온다 or<br>오지 않는다 | 산다 or<br>사지 않는다 | 현재 상황 | 이미지 키워드 |
|---|---|---|---|---|---|
| 펜타클 A | ☆☆☆☆☆ | 오기로 했다면<br>온다 | 좋은 물건을<br>샀다고 만족한다 | 노력하자,<br>평소와 같다 | 확실한 반응,<br>명실공히 |
| 펜타클 2 | ☆ | 짬을 내서<br>올지도 모른다 | 다용도로<br>사용할 수 있다 | 어떻게든 된다,<br>순조로운 상태 | 장점만 취한다,<br>협력 |
| 펜타클 3 | ☆☆☆ | 약속했다면 온다 | 나름대로 도움이<br>된다 | 정확하게 하고 싶다,<br>늘어서 있다 | 합당한 평가,<br>평판대로 |
| 펜타클 4 | ☆☆☆ | 메리트가 있으면<br>온다 | 물욕이나 허영심<br>을 만족시킨다 | 간직하고 싶다,<br>벌이가 잘 되고 있다 | 양질의 물건,<br>자랑거리 |
| 펜타클 5 | ★★★★ | 그냥 지나친다,<br>오지 않는다 | 타협한 것을<br>후회한다 | 위축되어 있다,<br>기울어진 상태 | 부정적인 생각에<br>비뚤어진 마음 |
| 펜타클 6 | ☆ | 기다리면 온다 | 나누어준다,<br>함께 사용한다 | 평등함을 유지하<br>고 싶다, 아직 들<br>어갈 수 있다 | 돈으로 살 수<br>없는 가치 |
| 펜타클 7 | ☆☆☆ | 일정 변경 | 다음번 구매 시<br>힌트가 된다 | 반성한다,<br>개선하면 효율이<br>높아진다 | 나빠지는 않지만<br>… |
| 펜타클 8 | ☆☆☆ | 약속이나<br>예정대로 한다 | 매일 사용하는<br>필수 아이템이 된다 | 열중한다,<br>줄이 길어진다 | 시행착오를<br>겪었던 일 |
| 펜타클 9 | ☆☆☆☆ | 와준다 | 고급스러운<br>느낌이 난다 | 자신감과 여유로움,<br>북적북적해진다 | 사랑받는 것,<br>인기 |
| 펜타클 10 | ☆☆☆ | 올 것이다 | 오래 사용한다 | 지키고 싶다,<br>예전 모습 그대로<br>변함이 없다 | 전통적,<br>옛날 그대로 |
| 펜타클의 페이지 | ☆☆☆ | 의욕적으로<br>움직이고 있다 | 나중에 도움이<br>된다 | 배우고 싶다,<br>점점 혼잡해진다 | 디자인보다는<br>실용성 |
| 펜타클의 나이트 | ☆☆☆☆ | 약속이나 용건이<br>있으면 온다 | 활용도가 높다 | 끝까지 해내고 싶다,<br>행렬이 줄고 있다 | 메리트,<br>맛보다는 영양 |
| 펜타클의 퀸 | ☆☆☆☆ | 믿으면 온다 | 자신보다는 타인<br>에게 도움이 된다 | 누군가를 위해,<br>쾌적한 상태 | 좋은 환경, 안정 |
| 펜타클의 킹 | ☆☆☆☆ | 필요하면 온다 | 에너지가<br>상승한다 | 도움이 되고 싶다,<br>꽤 기다려야 한다 | 좋은 물건,<br>확실함 |

| 테마 | YES or NO | 온다 or<br>오지 않는다 | 산다 or<br>사지 않는다 | 현재 상황 | 이미지 키워드 |
|---|---|---|---|---|---|
| 소드 A | ☆☆☆☆☆ | 어려움을 뚫고<br>온다 | 새로운 스타일을<br>만들어낸다 | 승부를 내고 싶<br>다, 이제부터 혼<br>잡해질 듯 | 첫걸음, 시도 |
| 소드 2 | ★ | 상황을 살피며<br>온다 | 포기한 쪽에<br>미련이 남는다 | 양쪽 다 괜찮다,<br>점점 한가해진다 | 안정되어 간다,<br>애매함 |
| 소드 3 | ★★★ | 이유가 있으면<br>온다 | 뒤늦게 더 괜찮은<br>물건을 발견하고<br>충격에 빠진다 | 현실에 맞선다,<br>문제가 생길 낌새 | 먹기 힘들다,<br>마땅찮다 |
| 소드 4 | ☆☆☆ | 걸음을 멈춘 상태 | 지금 당장은<br>사용하지 않는다 | 여유를 갖고 싶<br>다, 보수공사 중 | 치유, 충전 |
| 소드 5 | ☆ | 올지 말지를 두고<br>흥정 중 | 감언이설에<br>넘어간다 | 자기중심적, 이상<br>한 사람이 있다 | 이기적, 자기중심<br>적인 만족 |
| 소드 6 | ☆ | 드디어 온다 | 편리해진다 | 벗어나고 싶다,<br>피크 타임이<br>끝난다 | 과도기,<br>앞으로의 상태 |
| 소드 7 | ★★ | 와도 알아차리지<br>못한다 | 더 저렴한 곳이<br>있었다 | 숨기고 싶다, 평<br>가가 좋지 않다 | 값어치를 못 한다 |
| 소드 8 | ★★★★ | 올 수 없다고<br>여기고 있다 | 실패했다고<br>생각한다 | 타인에 기대어<br>일을 성취한다,<br>꼼짝할 수 없이<br>혼잡한 상태 | 비교하는 습관 |
| 소드 9 | ★★★ | 까먹고 오지<br>않는다 | 후회한다 | 후회,<br>볼일이 없다 | 가치를 깨닫는다 |
| 소드 10 | ☆★ | 오려는 조짐 | 반품할지 검토 | 달관, 오길 잘했<br>다고 생각한다 | 이유 없이 싫어<br>하고 있었다는<br>사실을 깨달음 |
| 소드의 페이지 | ★★★ | 안 올지도 모른다 | 귀중하게<br>사용한다 | 실패하고 싶지 않<br>다, 사람이 적다 | 융통성이 없다,<br>검소하다 |
| 소드의 나이트 | ☆☆☆☆ | 곧 온다 | 쓰임새가 좋다 | 합리적, 시시각각<br>달라진다 | 합리성 중시,<br>재미없다 |
| 소드의 퀸 | ☆★ | 와야 할 때 온다 | 생각했던 대로<br>사용한다 | 냉정하다,<br>충분하다 | 유니크, 독창성 |
| 소드의 킹 | ☆★ | 정당한 이유가<br>있으면 온다 | 어차피 살 거면<br>반드시 사용하자 | 엄격하다, 사람이<br>없지는 않다 | 낭비가 없다,<br>엄선하다 |

마이너 아르카나 · 컵

| 테마 | YES or NO | 온다 or<br>오지 않는다 | 산다 or<br>사지 않는다 | 현재 상황 | 이미지 키워드 |
|---|---|---|---|---|---|
| 컵 A | ☆☆☆☆☆ | 상대방이 바라고<br>있다면 온다 | 손에 넣은 기쁨을<br>실감한다 | 솔직하다,<br>꽤 붐비고 있다 | 마음에 든다,<br>최고 |
| 컵 2 | ☆☆ | 기대한 대로 온다 | 애착이 생긴다 | 마음을 연다,<br>사람이 바뀐다 | 그럭저럭,<br>상대도 수긍한다 |
| 컵 3 | ☆☆☆ | 기쁜 마음으로<br>온다 | 남에게 보여주고<br>싶어진다 | 축하하고 싶다,<br>혼잡해도<br>만족한다 | 즐겁다, 맛있다,<br>기쁘다 |
| 컵 4 | ★ | 거드름 피우며<br>온다 | 불만족 | 괴로움에 몸부림친<br>다, 행렬이 좀처럼<br>줄어들지 않는다 | 지겨워진다,<br>매너리즘 |
| 컵 5 | ★★★ | 마지못해 온다 | 선택을 후회한다 | 후회, 자리가 생<br>겨도 눈치채지<br>못한다 | 깨닫지 못했을 뿐 |
| 컵 6 | ☆ | 기억을 떠올리고<br>온다 | 누군가에게<br>주고 싶어진다 | 천진함, 재미있는<br>이야기가 들려온다 | 그립다, 회상 |
| 컵 7 | ☆★ | 고민 중 | 다른 아이템을 선<br>택하는 것이 좋다 | 정하지 못한다,<br>마음대로 골라잡<br>는다 | 무엇을 원하는지<br>모른다 |
| 컵 8 | ☆☆ | 이전 일정을 끝마<br>치고 온다 | 손에 넣고 난 뒤<br>마음이 바뀐다 | 변심, 서서히<br>틈이 생긴다 | 충분하다,<br>배가 부르다 |
| 컵 9 | ☆☆☆☆ | 만족한 상태로<br>온다 | 소원을 성취하고<br>기뻐한다 | 대만족, 만족할<br>만한 상태 | 딱 좋다 |
| 컵 10 | ☆☆☆ | 순조롭게 온다 | 작은 기쁨에<br>행복을 느낀다 | 행복, 다행이라고<br>여긴다 | 마음이 풍족하다 |
| 컵의 페이지 | ☆☆☆ | 속내를 털어놓으<br>러 온다 | 자기 나름의 방식<br>으로 활용한다 | 느긋하다,<br>평온한 상태 | 실용성보다는<br>디자인 우선 |
| 컵의 나이트 | ☆☆☆☆ | 무언가를<br>전하러 온다 | 진작 살걸! | 상쾌하다, 사람이<br>늘고 있다 | 이상적, 동경 |
| 컵의 퀸 | ☆ | 상대방이<br>기다리고 있다 | 마음이<br>누그러진다 | 배려, 따스한<br>상태 | 적응할 수 있다,<br>모든 것이 OK |
| 컵의 킹 | ☆☆☆☆ | 당신을 받아들이고<br>자 기다리고 있다 | 마음에 여유가<br>생긴다 | 관대하다, 단골손<br>님으로 붐빈다 | 괜찮다 |

# 무턱대고 외우는 건 너무 어렵다.
# 한 장 한 장 이해하며 외우고 싶다

⬇

## 그림의 디테일에 주목하자

타로에는 여러 가지 도안이 그려져 있다. 등장인물의 배후에 생각지 못한 동물이 숨어 있거나 옷에 상징적인 무늬가 그려져 있기도 하다.

이런 작은 부분에 주목하면 재미있는 발견을 할 수 있다. 한번 눈도장을 찍고 나면 '아, 이 모티브가 그려진 카드다' 하고 친근함을 느껴 기억하기가 쉬워진다.

심벌이 뜻밖의 의미를 담고 있을 때도 많아서 다른 시점에서 카드를 바라보는 계기가 되기도 한다.

여기에는 웨이트판 가운데 인상적인 그림을 몇 장 실어두었다. 물론 다른 종류의 덱에서도 작가가 무언가 의도를 가지고 모티브를 그렸을 테니 마찬가지로 카드 한 장 한 장 자세히 들여다보도록 하자. 분명 카드를 기억하는 데 많은 도움이 될 것이다.

## 배경에 주목하자

화려한 의상과 쿠션

금성 기호가 그려진 방패

여황제

풍족한 물과 옥수수

충혈된 말의 눈

죽음

떠오르는 태양

편안한 표정의 소녀

'풍요로움'을 의미하는 〈여황제〉는 다양한 모티브로 풍작을 표현하고 있다. 방패에는 금성 기호가 그려져 있는데, 금성은 서양 점성술에서 쾌락과 기쁨을 의미하는 천체다.

언뜻 보면 무섭게 느껴지는 〈죽음〉은 사실 일출과 편안한 표정의 인물 등 평온함의 상징이 그려져 있다. 이런 점들을 통해 새로운 각도에서 카드를 해석할 수 있다.

# 동물에 주목하자

### 개

개는 충성과 보호의
상징. 용기와 신중함을
의미하는 동물이기도
하다.
예시: 바보

### 토끼

새끼를 많이 낳는 토
끼는 다산의 상징이다.
예시: 펜타클의 퀸

### 말

생명력이 강한 말은 번
영과 자손을 의미한
다. 머리가 좋고 날렵
함, 정복력을 상징하기
도 한다.
예시: 태양

### 소

암소는 우유로 생명을
키운다. 만물의 근원
인 대지와 재산, 번영
의 상징이다.
예시: 펜타클의 킹

### 늑대

고대 로마에서는 늑대
를 용기와 승리, 보호
의 짐승으로 여겼다.
교활, 잔혹, 탐욕을 상
징하기도 한다.
예시: 달

### 달팽이

성스러운 소용돌이는
영원과 미궁의 상징.
여성적인 에너지를 의
미한다.
예시: 펜타클 9

### 검은 고양이

마술이나 마녀의 힘과
관련이 깊은 검은 고
양이. 행운의 사자라고
여겨진다.
예시: 완드의 퀸

### 가재

예로부터 동물보다 하
등 생물로 여겨진 갑
각류는 무의식의 영
역, 원시적 욕구의 상
징이다.
예시: 달

### 물고기

한 번에 많은 알을 낳
는 물고기는 무한한
창조력과 예술성을 상
징한다.
예시: 컵의 페이지

### 도롱뇽

도마뱀의 모습을 한
불의 정령, 도롱뇽. 용
기와 불굴의 정신을
관장한다.
예시: 완드의 킹

### 스핑크스

수호와 왕권을 나타낸
다. 파라오와 관련이
깊은 태양을 의미하기
도 한다.
예시: 운명의 수레바퀴

### 인어

사랑과 유혹, 상실을
관장하는 존재. 아름
답고 슬픈 일을 암시
하기도 한다.
예시: 컵의 퀸

### 양

제물의 이미지를 갖는
어린양은 자기희생을,
숫양은 남성적인 강인
함을 상징한다.
예시: 황제

### 뱀

자라면서 허물을 벗는
뱀은 죽음과 재생을
관장한다. 눈꺼풀이 없
다는 점에서 지혜를
의미하기도 한다.
예시: 연인

### 사자

동물의 왕인 사자는
힘을 의미한다. 강한
물질적, 정신적 욕망
을 상징하기도 한다.
예시: 힘

# 하늘을 날아다니는 것에 주목하자

### 새
넓은 하늘을 날아다니는 새는 자유와 정신, 지성의 심벌이다. 노래를 의미하기도 한다.
예시: 소드의 나이트

### 비둘기
노아의 방주에 여행이 끝났음을 알린 비둘기는 신의 심부름꾼이다. 평화와 기쁨의 도래를 의미한다.
예시: 컵 A

### 아이비스
고대 이집트에서 아이비스(따오기)는 지혜와 깨달음의 상징이었다. 자유와 높은 정신성을 의미하기도 한다.
예시: 별

### 맹금
하늘의 왕인 맹금은 권력과 지위, 전지(全知)의 상징이다. 태양신의 심부름꾼이기도 하다.
예시: 펜타클 9

### 나비
번데기에서 아름다운 모습으로 재탄생하는 나비는 영혼과 부활, 변신을 상징한다.
예시: 소드의 킹

# 옷의 무늬에 주목하자

### 꽃 한 송이
꽃 한 송이는 젊음과 아름다움, 정신적 성장의 신호다. 개화와 시작의 계절인 봄을 암시하기도 한다.
예시: 펜타클 9

### 구름
신의 계시를 나타내는 한편, 휩쓸리는 모호함을 의미하기도 한다.
예시: 소드의 퀸

### 석류
빨간 씨앗이 가득 차 있는 석류는 풍작과 다산의 상징. 여성적인 힘을 의미하기도 한다.
예시: 여황제

### 연꽃
우주와 창조, 깨달음의 상징. 물가에서 자라기 때문에 정신세계와 관련이 깊다.
예시: 컵의 페이지

### 포도
결실과 수확을 의미한다. 와인의 재료라는 점에서 자유분방한 인물을 의미하기도 한다.
예시: 펜타클 10

# 도형에 주목하자

### 삼각형
위를 향하는 삼각형은 피어오르는 불꽃을 도안화한 것이다. 불의 연금술 기호이기도 하다.
예시: 절제

### 사각형
짐승은 네 발로 몸을 지탱하는 만큼 사각형은 안정과 대지, 사방을 관장하는 심벌이다.
예시: 정의

### 오각의 별
인간의 머리와 수족을 의미한다. 위를 향하고 있다면 완전성, 아래를 향하고 있다면 악마를 상징한다.
예시: 펜타클 4

### 육각의 별
육각의 별은 연금술에서는 4대 원소의 결합을, 유대교에서는 남녀의 조화를 의미한다.
예시: 전차

### 원형
원은 영원과 완전성의 상징. 꼬리를 물고 있는 뱀이나 도마뱀으로 원을 표현하기도 한다.
예시: 완드의 킹

# 사람의 표정에 주목하자

| 험상궂은 표정 | 감은 눈 | 온화한 표정 | 공포 | 웃음 |
|---|---|---|---|---|
| 당당하고 위엄 있어 보이지만, 시선을 피하고 있는 모습이 어딘가 언짢아 보인다. 예시: 황제 | 명상하듯 고요하고 침착한 표정이다. 깨달음과 배타적인 심정을 암시하고 있는 듯하다. 예시: 은둔자 | 힘든 상황인데도 온화한 표정을 짓고 있는 것은 '보기보다 나쁘지 않다'라는 의미일지도. 예시: 매달린 남자 | 입을 벌리고 절규한다. 공포에 질려 보이는 가? 아니면 즐거워 보이는가? 예시: 탑 | 기분 나쁜 표정으로 히죽거린다. 원하던 것을 손에 넣은 것일까. 어딘지 모르게 음흉한 웃음이다. 예시: 소드 5 |

# 십자가에 주목하자

| 앙크 십자가 | 그리스 십자가 | 교황 십자가 | 성 안토니우스 십자가 | 라틴 십자가 |
|---|---|---|---|---|
| 독특한 모양을 한 앙크 십자가. 고대 이집트에서는 생명의 상징이었다. 예시: 황제 | 가로세로 길이가 같은 그리스 십자가는 예수 그리스도가 아니라 그리스도교의 상징이다. 예시: 심판 | 세 개의 막대기를 가로로 합친 교황 십자가. 로마 교황의 심벌로 유명하다. 예시: 교황 | T자형 십자가. 고대 로마의 책형에 쓰이던 나무 기둥으로 속죄와 복리를 상징한다. 예시: 매달린 남자 | 예수 그리스도가 매달린 십자가. 희생과 구제, 예수 그리스도를 상징한다. 예시: 교황 |

# 들고 있는 물건에 주목하자

| 짐 | 성전 | 지구 | 깃발 | 랜턴 |
|---|---|---|---|---|
| 작은 자수가 놓인 가방. 여행에 익숙한 그는 귀중품만을 들고 다니는 것일까. 예시: 바보 | 유대의 가르침이 쓰여 있는 성전 토라. 지혜와 깊은 사고를 상징한다. 예시: 여사제 | 글자 그대로 이 세상모든 것을 상징한다. 지구를 꼭 쥐고 있는 손가락에도 주목하자. 예시: 완드 2 | 소속을 나타내는 깃발은 자기주장과 리더를 상징한다. 무엇이 그려져 있는지에 따라 그의미가 달라진다. 예시: 죽음 | 어두운 밤을 밝혀준다. 구제와 깨달음의 상징. 어떤 미래가 기다리고 있을까. 예시: 은둔자 |

# 식물에 주목하자

**아이리스**

아이리스는 붓꽃과 식물로 희망과 빛의 심벌이다. 무지개의 여신 이리스를 상징하며 기쁨을 의미한다.
예시: 절제

**빨간 장미**

빨간 장미는 사랑과 정열, 불을 상징한다. 무언가의 완성을 의미하기도 한다.
예시: 마법사

**하얀 장미**

때 묻지 않은 하얀 장미는 성모 마리아를 상징하며 순결, 물, 달, 존경을 관장한다.
예시: 바보

**해바라기**

키가 크고 커다란 꽃을 피우는 해바라기는 강한 생명력과 태양을 상징한다.
예시: 태양

**백합**

순백의 백합은 평화와 정절의 상징. 물가에 자생하며 깨끗함을 의미한다.
예시: 컵 6

# 물의 흐름에 주목하자

**강**

깨끗한 강은 정화와 치유를, 졸졸 물 흐르는 소리는 커뮤니케이션을 상징한다.
예시: 완드 8

**폭포**

쏟아져 내리는 폭포는 현세와 성스러운 세계를 이어주며, 모든 존재를 연결하는 선으로 여겨지기도 한다.
예시: 여황제

**바다**

잔잔한 수면은 냉정함의 상징. 평화롭고 풍파가 없는 상태다.
예시: 소드 2

**파도**

파도가 클수록 현상이 불안정하고 어지러운 상태임을 암시한다.
예시: 펜타클 2

**물웅덩이**

심층 심리와 창조력을 상징. 면적이 넓고 깊을수록 의미가 강해지므로 주목하자.
예시: 소드 8

# 기후에 주목하자

**비**

정화와 풍작의 상징이지만 오랫동안 비가 내리면 수해를 입게 되므로 고통을 암시하기도 한다.
예시: 소드 3

**구름**

회색 구름이 가득한 하늘은 불명확함을 암시한다. 답이 보이지 않고 불확실한 상태다.
예시: 컵 7

**무지개**

평화와 희망의 상징. 구약성서에서는 신과의 계약을 의미하는 모티브다.
예시: 컵 10

**태양**

기쁨과 무언가의 시작. 생명력의 심벌이다. 에너지와 남성성을 상징하기도 한다.
예시: 태양

**눈**

흰색은 순결의 심벌이지만, 차갑고 딱딱하게 굳는 눈은 엄격함과 고통을 상징하기도 한다.
예시: 펜타클 5

# 도구에 주목하자

| 마구 | 아치 | 대좌 | 침대 | 컵 |
|---|---|---|---|---|

**마구**
하트 모양의 마구. 하트는 심장을 의미하며 정열의 심벌이다.
예시: 소드의 나이트

**아치**
정원의 아치 너머로 풍경이 보인다. 저것은 산일까 아니면 광활한 바다의 파도일까.
예시: 펜타클 A

**대좌**
돌로 만들어진 대좌에 하반신이 감춰져 있는 이 인물은 인간이 아닐지도 모른다.
예시: 전차

**침대**
검을 든 사람과 엉덩방아를 찧은 사람이 보인다. 과연 상황을 역전시키는 것이 가능할까?
예시: 소드 9

**컵**
컵에 천사 장식이 달려 있다. 보기에 따라서는 작물을 베는 낫처럼 보이기도 한다.
예시: 컵의 퀸

# 장식품에 주목하자

| 펜던트 | 구두 | 머리 모양 | 모자 | 브로치 |
|---|---|---|---|---|

**펜던트**
왕이 두르고 있는 금색 물고기 펜던트. 물의 원소를 떠오르게 한다.
예시: 컵의 킹

**구두**
좌우 구두의 길이가 다르다. 덜렁대는 성격일까, 원래부터 이런 디자인일까.
예시: 완드 7

**머리 모양**
녹색과 오렌지의 화려한 머리카락과 기발한 스타일. 식물처럼 보이기도 한다.
예시: 연인

**모자**
고깔처럼 기다란 모자 속에는 대체 무엇이 들어 있는 것일까?
예시: 펜타클 2

**브로치**
작은 고양이 브로치가 보인다. 빨간색에 비밀이 숨겨져 있을 듯하다.
예시: 완드의 퀸

# 기묘한 모티브에 주목하자

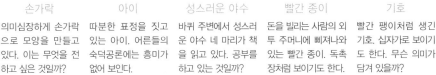

| 손가락 | 아이 | 성스러운 야수 | 빨간 종이 | 기호 |
|---|---|---|---|---|

**손가락**
의미심장하게 손가락으로 모양을 만들고 있다. 이는 무엇을 전하고 싶은 것일까?
예시: 소드 10

**아이**
따분한 표정을 짓고 있는 아이. 어른들의 숙덕공론에는 흥미가 없어 보인다.
예시: 펜타클 10

**성스러운 야수**
바퀴 주변에서 성스러운 야수 네 마리가 책을 읽고 있다. 공부를 하고 있는 것일까?
예시: 운명의 수레바퀴

**빨간 종이**
돈을 빌리는 사람의 외투 주머니에 삐져나와 있는 빨간 종이. 독촉장처럼 보이기도 한다.
예시: 펜타클 6

**기호**
빨간 팽이처럼 생긴 기호. 십자가로 보이기도 한다. 무슨 의미가 담겨 있을까?
예시: 전차

# 비슷하게 생긴 메이저 아르카나 카드를 구별하기가 어렵다

➡️

## 의미의 차이를 이해하자

메이저 아르카나 중에는 이미지가 비슷하거나 이름이 추상적인 카드가 있다. 가령 〈정의〉와 〈심판〉은 두 장 모두 재판이라는 이미지를 떠올리는 사람이 많을 것이다. 어두운 이미지의 〈죽음〉, 〈악마〉, 〈탑〉은 무엇이 어떻게 다를까?

물론 모든 의미를 엄밀하게 외울 필요는 없다. 무엇보다 중요한 것은 그림에서 느껴지는 영감이다. 하지만 왠지 무서운 카드라는 식으로

이미지에 치중해 해석한다면 결과가 점점 단조로워지고 결국 싫증을 느끼게 된다.

자신이 생각했을 때 이미지가 비슷한 카드를 골라 한 번쯤 그 차이점을 생각해보자.

여기에서는 혼동하기 쉬운 카드를 두고 공통점과 차이점에 대해 해설한다. 각 카드의 의미가 명확해지면 점친 테마에 맞춰 응용하기 쉬워지고 그에 따라 리딩에서도 더욱 날카롭고 구체적인 결과를 얻게 될 것이다.

## 비슷한 카드를 비교하자

### 〈바보〉 〈마법사〉

메이저 아르카나의 첫 번째, 두 번째 카드인 만큼 강한 인상을 남기는 카드지만 노란 배경, 인물이 한 손을 들고 있는 구도, 시작을 의미한다는 점이 비슷해서 헷갈리는 사람이 많다.

〈바보〉는 어딘가를 향해 걷기 시작했지만 테마나 목적은 정해지지 않았다. 미래에 길로도 흉으로도 갈 수 있는 상태다.

이에 반해 〈마법사〉는 이미 정해진 무언가가 시작된 상태라는 점이 다르다. 〈바보〉는 자유, 〈마법사〉는 자신감이 키워드이다.

바보　　　　　마법사

## 〈여사제〉 〈교황〉

교황이라는 직업이 낯설다 보니 이미지를 떠올리기 어려울지도 모른다.

양쪽 모두 신을 섬기는 직업이지만, 〈여사제〉는 눈에 보이지 않는 세계에 대해 배우고 이해하고자 하는 정신성을 나타낸다. 〈교황〉은 인간으로서의 규범과 도덕을 나타내며 세상 사람들에게 정신적인 성장을 촉구하는 지도자를 의미한다는 점에서 차이가 있다.

여사제 　　　　　 교황

## 〈여황제〉 〈황제〉

나라를 지키는 책임이 막중한 〈황제〉와 〈여황제〉. 고귀함이 느껴지는 훌륭한 옷차림의 두 사람은 확고한 지위에 올라 있다.

이들을 부부로서 바라본다면 이해가 쉬울 것이다. 아이라는 제3의 생명을 잉태하는 〈여황제〉, 그것을 지키고 안정시키려 노력하는 〈황제〉, 여성성과 남성성이라는 각 성질이 짙게 드러나 있다.

여황제 　　　　　 황제

## 〈연인〉 〈악마〉

천사와 악마를 중심으로 남녀가 서 있는 삼각 구도는 비슷하지만, 행복과 타락이라는 정반대 상황을 나타내는 카드이다.

〈연인〉은 에덴 동산의 아담과 이브로, 쾌락의 포로가 된 둘이 〈악마〉가 되었다는 설도 있다.

벌거벗은 몸은 감추지 않는 순수함의 상징이지만, 〈연인〉은 사랑하는 감정에 충실하고 〈악마〉는 자신의 욕망에 충실하다는 점이 다르다.

연인 　　　　　 악마

# 색감이 비슷한 카드를 비교하자

### 〈황제〉 〈정의〉

붉은 옷을 두르고 돌로 만든 왕좌에 앉은 모습이
닮았다. 돌처럼 단단한 의지를 암시한다는 점은
같지만 〈황제〉는 남성, 〈정의〉는 여성이라는 점에
주목하자.
자신의 신념이라는 하나의 답을 관철하는 〈황제〉,
선과 악이라는 두 가지 선택지에서 하나를 선택
하고자 하는 〈정의〉라는 차이가 있다.

황제 정의

### 〈전차〉 〈힘〉

두 카드 모두 이름에서부터 힘이 느껴지는 카드
다. 〈전차〉에 기세 좋게 앞으로 나아간다는 의미
가 있다는 사실은 그림만 봐도 알 수 있다.
그에 비해 여성이 그려져 있는 〈힘〉은 완력이 아
니라 '힘을 적절히 사용하여 상대를 길들인다', '절
묘한 힘 조절로 상황을 제압한다'라는 의미가 있
는 만큼 힘의 사용 방법에 차이가 있다.

전차 힘

### 〈운명의 수레바퀴〉 〈세계〉

두 카드 모두 각 모서리에 네 마리의 성스러운 야
수가 그려져 있다.
〈운명의 수레바퀴〉에서는 성스러운 야수가 책을
펼쳐 들고 있다. 그들은 아직 수련 중인 신분으로
무언가의 도중에 있다는 느낌을 준다. 〈세계〉가
되면 그들은 당당한 모습으로 무언가가 완성되었
음을 암시한다.
다만 〈운명의 수레바퀴〉는 영원히 회전하는 원을,
〈세계〉의 원은 이 세상 모든 것을 내포하는 완성
체를 의미한다.

운명의 수레바퀴 세계

# 느낌이 비슷한 카드를 비교하자

## 〈정의〉 〈절제〉 〈심판〉

개념을 나타내는 카드는 그 의미가 명확하게 와닿지 않을 수 있다.

〈정의〉는 재판관처럼 공정하게 선악의 판단을 내리는 사람이다.

〈절제〉는 두 사람 사이에서 균형을 잡는다. 하나로 합친다는 의미가 있는 카드로 커뮤니케이션을 나타낸다.

〈심판〉이라는 이름에서 재판이나 판단을 떠올리기 쉽지만, 사실은 성서에 나오는 '최후의 심판'을 의미하고 있다. 세상의 끝에서 죽은 자가 되살아나고 신에게 천국으로 갈지 지옥으로 갈지 선고받는 것이다. 그 때문에 무언가의 부활이나 '때가 왔다'라는 것을 알려주는 카드로 해석된다.

정의

절제

심판

## 〈별〉 〈달〉 〈태양〉

세 장 모두 천체가 그려져 있다. 〈별〉과 〈태양〉은 좋은 의미가 강한 카드지만, 〈달〉에는 불온한 분위기가 감돌고 있다.

스스로 빛을 발하는 〈별〉, 〈태양〉에 비해 태양의 빛을 반사하는 존재인 〈달〉은 불안정한 존재일지도 모른다.

실오라기 하나 걸치지 않은 인물은 자신을 감출 필요가 없는 순수함을 상징한다. 〈별〉에서는 젊은 여인이 미래의 희망을, 〈태양〉에서는 아이가 삶의 기쁨과 즐거움을 표현하고 있다.

메이저 아르카나 중에서도 후반에 나오는 카드이므로 순서가 헷갈리는 사람도 많을 테지만, 〈별〉에서 〈태양〉까지 '점점 빛이 강해진다'라고 기억해두자.

별

달

태양

# 이름과 구도가 비슷한 카드를 비교하자

### 〈은둔자〉 〈매달린 남자〉

중앙에 사람이 덩그러니 서 있는 구도, 회색빛의 어두운 느낌이 비슷한 카드다.

모두 '반성하다'라는 의미가 있지만 〈은둔자〉는 온전히 혼자가 되어 무언가를 생각하겠다는 의지가 강하다. 그에 비해 〈매달린 남자〉는 옴짝달싹 못한 채 어떻게 된 것인지 생각해야만 하는 상황에 놓인 경우가 많다.

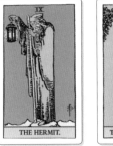

은둔자      매달린 남자

### 〈바보〉 〈은둔자〉

〈바보〉와 〈은둔자〉는 성질이 전혀 다른 카드처럼 보이지만 양쪽 모두 사회로부터 거리를 두고 있다는 공통점이 있다. 〈바보〉는 세상의 상식에서 벗어나 있고, 〈은둔자〉는 시대로부터 동떨어져 있다. 아무것도 생각하지 않고 여유를 부리며 거닐고 있는 〈바보〉, 생각이 너무 많아 꼼짝도 할 수 없는 〈은둔자〉라고 대비시킬 수 있다.

바보      은둔자

### 〈여사제〉 〈정의〉

두 개의 기둥이 인상적인 카드다.

흑백의 기둥에 그려져 있는 글자는 히브리어로 'JAHIN(빛)'과 'BOAZ(어둠)'를 의미한다. 그 사이에 있는 〈여사제〉는 베일 너머로 음과 양, 자신과 타인 등 대립하는 것들을 느끼며 직관을 발휘하고 있다.

돌기둥 사이에 있는 〈정의〉는 지금 바로 선악의 판단을 내리려 하고 있다. 조용히 바라보는 〈여사제〉, 자세히 조사하는 〈정의〉라는 점이 다르다.

여사제      정의

# 의미나 모티브가 비슷한 카드를 비교하자

### 〈죽음〉 〈악마〉 〈탑〉

무시무시한 그림 때문에 '3대 불운 카드'라고 불리기도 하지만, 그 차이점을 이해하면 무서워할 이유가 전혀 없다는 사실을 깨닫게 될 것이다.

〈죽음〉은 운명적인 힘에 의해 무언가가 끝나는 동시에 새로운 것이 시작됨을 암시한다.

〈악마〉는 재난이라기보다는 마음속에 생겨난 욕망이나 유혹과의 싸움을 의미한다.

〈탑〉은 갑자기 일어난 일에 의한 붕괴를 암시하는데, 그것은 '개혁'이나 '쇄신'과 연관 지을 수 있다. 미묘한 뉘앙스의 차이를 이해하면 올바른 해석을 할 수 있게 된다.

죽음

악마

탑

### 〈교황〉 〈전차〉 〈악마〉

세 장의 카드 모두 정점에 선 자, 그 아래 그를 따르는 자 두 명이 삼각 구도를 이루고 있다.

신도들에게 축복을 주는 〈교황〉은 그리스도교에 있어서 '성부', '성자', '성령'이라는 삼위일체의 관계성을 나타낸다.

그리고 흑과 백, 두 마리의 스핑크스를 제어하는 〈전차〉.

타락한 남녀의 중개 역할을 하듯 가운데에 자리한 〈악마〉.

3이라는 숫자는 능동성을 의미하는데, 이들 카드에는 눈앞의 일을 컨트롤하여 움직이게 한다는 공통점이 있다.

특히 〈교황〉은 정신성을, 〈전차〉는 실제의 사물을, 〈악마〉는 마음속에 있는 욕망을 움직인다는 차이가 인상적이다.

교황

전차

악마

# 이름이 없는 마이너 아르카나는 그 의미를 잘 모르겠다

⬇

## '슈트와 숫자'로 생각하자

마이너 아르카나는 그 구성을 파악하면 이해하기 쉽다.

마이너 아르카나는 완드·펜타클·소드·컵이라는 네 가지 슈트(모티브)로 구성되어 있다. 네 가지 슈트는 만물을 구성하는 요소에 대응한다. 완드는 불(정열), 펜타클은 땅(물질), 소드는 바람(사고), 컵은 물(감정)에 해당한다. 또한 마이너 아르카나는 A~10까지의 숫자가 매겨져 있는 핍 카드와 페이지·나이트·퀸·킹이라는 코트 카드로 이루어져 있다.

즉 네 가지 요소의 의미에 숫자와 인물의 의미를 더한 것이 바로 56장의 마이너 아르카나다. 〈컵 3〉은 '감정(컵)이 기뻐한다(3)'처럼 해석할 수 있다.

이러한 기본 규칙을 이해해두면 마이너 아르카나 각 카드의 이미지를 떠올리기 쉬워진다.

## 슈트, 숫자란 무엇인가?

### 슈트

마이너 아르카나에 그려져 있는 슈트는 트럼프 기호의 기원이 되었다. 완드는 클로버(♣), 펜타클은 다이아몬드(♦), 소드는 스페이드(♠), 컵은 하트(♥)에 해당한다. 익숙한 트럼프에 대응시켜 생각하면 더욱 쉽게 의미를 기억할 수 있다.

### 숫자

숫자는 홀수와 짝수로 나뉜다. 홀수는 덧셈을 통해 짝수로 변화하는 능동적인 숫자다. 짝수는 더해도 변함없이 짝수이며 안정적이고 수동적인 숫자다. '0' 자체에 숫자로서의 의미는 없지만, '0'이라는 존재가 있기 때문에 숫자가 늘어난다는 점에서 미지수를 뜻하기도 한다.

# 네 가지 요소로 이루어진 슈트의 의미는?

### 불(완드)

'무언가를 이루어내고 싶다!'라는 이미지. 완드는 불에 대응한다. 타오르는 불은 무언가를 이루어내겠다는 정열과 미지의 세계를 향하는 용기를 의미하며, 그런 변천을 나타낸다. 야심 찬 미래, 꿈의 실현, 누군가와의 경쟁, 기운이나 건강 상태 등도 이 요소로 생각해보면 좋다.

불이 땅(재)을 만들고, 땅이 불의 연료가 되는 관계

불(태양)로 바람이 생겨나고, 바람으로 불이 타오르는 관계

### 땅(펜타클)

'생활을 안정시키고 싶다!'라는 이미지. 펜타클은 땅에 대응한다. 모든 생명을 기르는 토대가 되는 대지는 작물의 열매나 그것을 기르는 기술, 수확물을 교환할 때 대가가 되는 돈을 상징한다. 기술이나 인맥, 집, 재산 등 사회적인 지위를 의미하기도 한다. 비바람을 버티는 불굴의 인내심도 이 요소의 상징이다.

물이 불을 끄고, 불이 물을 증발시키는 관계

### 바람(소드)

'이해하고, 전달하고 싶다!'라는 이미지. 소드는 바람에 대응한다. 바람이 의미하는 것은 지성과 사고능력이며 그것에 의해 생겨나는 가치관, 자기 표현, 커뮤니케이션도 포함한다. 전략이나 책략 등 고도의 지적 활동 혹은 고정관념에 얽매이는 것이나 완고함을 암시하기도 한다. 말은 때로 날카로운 검이 되어 인간을 상처 입히기도 한다.

땅이 바람을 차단하고, 바람이 땅을 확산시키는 관계

땅이 물을 받아들이고, 물이 땅을 적시는 관계

### 물(컵)

'서로 이해하고 싶다'라는 이미지. 컵을 물에 대응한다. 형태가 없이 흐르는 물은 어디든 스며드는 감정의 상징이다. 타인과 감정적인 거리를 좁혀 서로 알고 싶다라는 충동을 느끼고 있다. 연인이나 인간관계의 충동이 드러난다고도 할 수 있다. 그 외에 사람의 마음을 감동시키는 것을 만들어내는 창의성, 예술성도 포함한다.

바람이 물을 흔들고, 마른 바람이 물로 변화하는 관계

# 열 개의 숫자에 담긴 의미를 알아보자

## 1

### 무언가의 시작과
### 그것을 만들어내는 힘

'1'은 시작과 탄생을 의미하는 숫자다. 마이너 아르카나 각 슈트의 A는 슈트의 의미가 가장 순수한 형태로 나타난다. 첫걸음, 넘버원, 1위 등 '1'이 붙는 단어에서 이미지를 넓혀 생각해보자. 무에서 유를 만들어낸다는 점에서 창조성과 활력을 의미하기도 한다.

## 2

### 대립하는 요소, 무엇을 선택할지
### 강요당한다

두 개의 선택지, 이중성, 이항대립 등을 나타낸다. 빛과 어둠, 남과 여, 물질과 정신, 선과 악, 하늘과 땅 등 대립 요소 사이에서 흔들리고 있는 혹은 균형을 잡으려는 상태다. 두 가지 중 하나를 선택한다는 의미에서 '직관'이라는 키워드도 있다.

## 3

### 사랑과 기쁨이
### 더 큰 변화를 가져온다

두 개의 점에 하나를 더해 삼각형이 된다. 서로 다른 둘을 받아들이고 새로운 것을 만들어낸다는 점에서 기쁨과 적극성, 창조력과 사랑을 의미한다. 아버지·아들·정령의 삼위일체를 나타내는 신성한 숫자로 여겨진다. 마이너 아르카나에서는 변화나 기쁨의 장면이 그려져 있다.

## 4

### 안정된 상황에 드리운
### 권태감

점이 네 개 있으면 안정감이 느껴지는 사각형이 되듯 확실함과 안전성이 높은 숫자다. 동시에 4대 원소, 사방 등 세계 전체를 나타내는 숫자이기도 하다. 마이너 아르카나에서는 한곳에서 안정적으로 있는 상태가 그려져 있다. 움직임이 없고 권태에 빠지기 쉽다.

## 5

### 흐름이 변화하는
### 중요한 분기점

버림이나 올림을 할 때 경계에 있다는 점에서 '5'는 터닝 포인트가 되는 숫자다. 큰 변화가 생기기 쉽고 위험에 노출되는 일도 많다. 마이너 아르카나에서 싸움이나 빈곤, 충돌 등 흐름이 바뀌는 장면이 그려져 있는 것에 주목하자.

## 6

### 마음속에 떠오르는
### 미덕과 악덕

육각의 별이 의미하는 것처럼 모든 것을 받아들이는 사랑의 숫자다. 한편 어리광이나 의존을 불러일으키는 악마의 숫자라고도 불리는데, 어느 쪽으로 기울어질지는 당시의 상황에 달렸다. 마이너 아르카나에서는 조화로운 관계성이 그려져 있긴 하지만, 카드를 뽑았을 때 자신이 무엇을 느꼈는가에 주목하는 것이 중요하다.

# 7

## 앞으로 나아가기 위해
## 자기 자신과 마주한다

신성함과 큰 변화를 나타내는 '3'과 물질적 안정을 의미하는 '4'를 합친 숫자다. 마이너 아르카나에서는 무언가 성과를 얻었지만 현상에 만족하지 못하고 더 많은 것을 원하는 모습. 자신이 놓인 상황에 대한 갈등이 그려져 있다. 자기 탐구나 지혜를 의미하는 숫자이기도 하다.

# 8

## 벽을 뛰어넘어
## 다음 단계로

옆으로 눕히면 '∞(무한대)'가 된다는 점에서 무한의 에너지를 나타낸다. 마이너 아르카나에서는 각각의 방법으로 다음 단계를 향하는 모습이 그려져 있는데, 속도감이나 전진하는 방법에 따라 해석이 달라진다. 역경의 극복이나 현상 이탈, 새로운 전개를 암시하는 숫자다.

# 9

## 도달하면 비로소 갖게 되는
## 반성의 시간

한 자릿수 중 가장 큰 숫자인 '9'는 완성에 가까운 상태를 나타내며 모든 것을 내포하고 있다. 모든 것을 높은 곳에서 내려다보듯 달관한 상태이며 그와 동시에 자기 자신을 돌아보는 정신적·물질적 여유가 있다. 비탄에 잠긴 〈소드 9〉도 그만큼 마음의 여유가 있다는 뜻이다.

# 0

## 정점을 찍은 뒤,
## 그 '끝' 너머에 있는 것

'0'은 본래 공백을 나타내는 기호였지만, 왼쪽에 붙어 있는 숫자를 배로 늘려주는 힘 있는 숫자다. '9'에서 어떤 도달점을 찍은 후 기다리고 있는 전개, 끝남, 완성됨과 동시에 시작되는 것을 암시한다. 마이너 아르카나에서는 결말에 기다리고 있는 행불행의 차이가 명확하게 그려져 있다는 점이 인상적이다.

— POINT —

## 메이저 아르카나도 숫자로 바라보면 새로운 발견이 있다

메이저 아르카나의 숫자(두 자릿수는 분해하여 더한 뒤 한 자릿수로 만든다. 〈21 세계〉는 2+1=3)는 그 카드를 상징한다. 〈6 연인〉과 〈15 악마〉는 이상을 의미하는 '6', 〈9 은둔자〉와 〈18 달〉은 반성을 의미하는 '9'로 의미가 꼭 들어맞는다.

연인

악마

은둔자

달

# 자신에게 유리한 쪽으로 해석하게 된다. 정확한 답을 얻으려면?

## 포인트는 질문을 만드는 방법이다

뽑은 카드를 별다른 생각 없이 상대의 기분으로 읽어내거나 미래 전망, 혹은 조언으로 읽는다. 이런 식으로 모호한 상태에서 카드를 뽑으면 이렇게도 저렇게도 해석될 수 있는 애매한 답만 돌아오기 마련이다. 자기도 모르는 사이에 시점이 바뀌기도 한다.

자신에게 유리한 쪽으로만 해석하다 보면 그저 자기 위안이 되고 만다.

이런 문제를 해결하기 위한 효과적인 방법은 질문을 소리 내어 말하면서 카드를 뒤집는 것

이다. '지금 저 사람의 기분은?'이라고 소리 내어 말하면 개인적인 염원에 이끌려 자기에게 유리하게 해석해버리는 것을 방지할 수 있다. 특히 주의해야 할 점은 처음에 질문을 제대로 만드는 것이다. 어떤 질문을 던지는가에 따라 답의 예리함, 확실성이 달라지기 때문이다.

여기에서 질문을 만드는 비법을 소개한다. 질문을 조합하는 방법은 그 구조를 이해하면 어렵지 않다.

## 무엇을 점치고 싶은지 분명히 한다

타로를 손에 잡는 것은 대부분 불안이나 고민이 있을 때다. 우선은 점칠 테마, 고민이 무엇인지를 분명히 해두자.

연애 문제에서도 만남의 기회가 적은 것이 문제인지, 사랑을 방해하는 심리적 요인이 문제인지, 행동에 옮길 타이밍이 문제인지, 지금의 연애운이 문제인지에 따라 사용하는 스프레드도, 카드를 뒤집었을 때의 대답도 달라진다.

이유 없이 괜히 짜증이 나거나 기분이 처질 때가 있다. 그럴 때는 현상을 파악하기 위해 우선 '지금의 자신 카드(p126)'를 한 장 뽑아보자. 그러면 무엇을 점쳐야 할지가 보일 것이다.

> 왠지 모르게 마음이 개운치 않다.
> 원인은 일? 사랑?

> 업무상 상사에게 혼났던 일이
> 마음에 남아 있을지도….

> 그렇다면 일에 대해 점쳐보자!

## 자신의 염원을 확고히 한디

무언가를 알고 싶다는 것은 '알고 나서 어떻게 하고 싶은가'와 세트이다. 그저 상대방의 마음을 알고 싶을 뿐이라고 말하는 사람은 없을 것이다. 반드시 '더 많은 이야기를 나누고 싶다', '서로 좋아하는 사이가 되고 싶다'라는 염원이 있다. 그런 염원에 솔직해지는 것이 중요하다.

'어차피 서로 좋아할 일은 생기지 않겠지만…'이라는 식으로 생각해서는 안 된다. '나는 이렇게 하고 싶다'라는 의지를 확고히 하는 것이 답을 이끌어내는 열쇠가 된다.

'염원을 실현하기 위해서는 어떻게 해야 좋을까' 하는 정도로 질문이 명확해졌다면, 점을 쳐보자. 핵심에 더욱 가까워진 답을 얻을 것이다.

> 내일은 혼나지 않았으면 좋겠는데….
> 상사의 기분을 점쳐볼까?

> 하지만 실수를 하지 않는다면
> 혼날 일도 없을 텐데….

> 실수 없이 일을 척척 해내면 된다!

> 그러려면 어떻게 해야 할지 점쳐보자.

## 염원이 구체적으로 정리되지 않는다면?

처음부터 제대로 질문을 만들 수 있을 정도로 자기 자신이나 현재 상황을 파악하고 있는 사람이라면 애초에 고민도 없었을 것이라고 말하는 사람도 있다.

하지만 타로는 혼란스러운 마음이나 처해 있는 상황을 싱리아기 위해서노 사봉할 수 있나.

그럴 때 추천하는 방법은 질문을 몇 단계로 나누어 원 오라클을 반복하는 것이다. '지금, 내가 가장 먼저 해결해야 할 문제는?', '그를 위해 어떻게 해야 좋을까?'와 같은 질문을 거듭하여 카드와 대화를 나누면서 테마를 좁혀가자.

그러다 보면 염원이 확실해지고 점차 구체적인 질문을 던지게 될 것이다.

> 업무상 실수를 하는 원인은 무엇일까?

> 업무상 실수를 하지 않기 위해
> 주의해야 할 점은?

> 내일은 어떤 각오로
> 업무에 임하는 것이 좋을까?

# 질문은 다섯 가지로 나눌 수 있다

어떤 방향으로 질문할지 염두에 두는 것도 중요하다. 질문은 대체로 다음 다섯 가지로 나뉜다. 자신이 알고 싶은 것이 현재 상황인가, (자기 자신을 포함하여) 누구의 기분인가, 문제의 원인인가, 미래 전망은 어떤가, 조언은 무엇인가. 이 가운데 하나를 고민하고 있는 테마와 연계하여 '연애 × 문제의 원인', '연애 × 미래 전망', '연애 × 조언'처럼 단어를 바꿔가며 생각하다 보면 자연스레 적절한 질문이 떠오를 것이다.

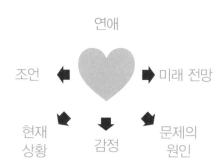

## 현재 상황

지금 자신의 상황을 제대로 파악할 수 없을 때는 이것을 테마로 점쳐보자.

◆ 내가 처한 상황은?

◆ 현재 운세는 어떤가?

## 감정

자기 자신이나 타인의 심리 상태뿐만 아니라 회사나 조직으로부터 어떻게 여겨지고 있는지도 점칠 수 있다.

◆ 저 사람은 무슨 생각을 하고 있을까?

◆ 면접을 봤다. 그 회사는 날 어떻게 평가하고 있을까?

## 문제의 원인

염원의 실현을 방해하는 요인은 무엇인지, 문제점과 방해 요소의 유무를 밝혀보자.

◆ 그 사람에게 좀처럼 연락이 오지 않는다. 왜일까?

◆ 면접에서 항상 떨어지는 원인은?

## 미래 전망

앞으로 어떻게 되어갈 것인지, 염원이 실현될 가능성은 있는지에 대해 점친다.

◆ 그 사람에게서 연락이 올까?

◆ 면접 당일은 어떤 분위기일까?

## 조언

염원을 실현하기 위해서 해야 할 일, 마음가짐 등을 점칠 수 있다.

◆ 그 사람과 이야기를 나누기 위해 내가 할 수 있는 일은?

◆ 면접 당일에 어떤 마음가짐을 가져야 할까?

# 이런 식으로 질문을 만들어보자

## Case 1 | 이유 없이 짜증이 난다

알 수 없는 원인으로 짜증이 나는 상태에서는 점을 치면 안 된다. 마음을 가라앉히고 무엇이 알고 싶은지 차분히 생각한다.

우선 '지금의 자신 카드'를 뽑는다. 〈소드의 나이트(역방향)〉가 나왔고 키워드를 바탕으로 이리저리 생각해본 결과 친구와의 싸움이라는 원인을 끄집어냈다.

이제 자기 자신이 어떻게 하고 싶은지를 점쳐보기로 한다. 여기에서는 관계를 회복하기 위한 조언을 물었지만, 상대가 지금 느끼는 감정이나 미래의 관계성, 마음을 푸는 방법 등의 질문도 가능하다. 자신이 어떻게 하고 싶은지에 따라 결정하면 된다.

짜증이 나는 이유는?

'지금의 자신 카드'는
〈소드의 나이트(역방향)〉.
다툼을 나타내는 카드다.

소드의 나이트
(역방향)

일방적으로 친구를 몰아세우고 말았지만,
어쩌면 친구 역시 할 말이 있었을지도….

오해를 풀기 위해 어떻게 하면 좋을지
점쳐보자.

---

## POINT

### 좋은 질문을 하기 위한 풀 오라클

질문 만드는 능력을 키우는 방법이 하나 있다. 그것은 '풀 오라클', 즉 78장의 카드로 원 오라클 점을 치는 것이다. 카드 뭉치를 손에 들고 '지금 내가 처해 있는 상황은?', '문제 해결의 열쇠를 쥔 사람은 누굴까?', '왜 이렇게 되었을까?' 등 누군가가 이야기하듯 타로에 질문을 던진다. 그러려면 78개의 질문을 해야 하는데, 도중에 '더는 질문이 떠오르지 않는다!'라며 포기하게 될지도 모른다. 처음부터 질문을 78개나 할 수 있는 사람은 없다. 우선 몇 장이 가능한지 자신의 질문 능력을 시험할 겸 도전해보자.

너무 따분하다….
지금의 운세는?

바다나 물이 있는
싱숭인 듯하나.
누구를 부를까?

외출하는 게
좋다는 말인가?
어디로 가야 좋을까?

# 타로 노트는
# 실력 향상의 필수 아이템

타로를 마스터하고 싶다면 노트를 한 권 준비하기 바란다. 점친 결과를 기록하는 '타로 노트'는 결과를 검증하거나 나중에 다시 들춰볼 수 있기 때문에 매우 편리하다.

추천하는 방법은 점친 내용이 아니라, 하루에 한 장의 카드를 보고 떠오른 점이나 느낀 점을 세 가지씩 적는 것이다. 많이 떠오른다면 열 개라도 스무 개라도 상관없다. 이때 당신의 마음속에서 자연스럽게 떠오른 말을 적는 것이 포인트다.

〈마법사〉라면 '시작', '자신감이 가득하다' 등 책에 실려 있는 듯한 말이 아니라, '재주는 좋지만 자만에 차 있다', '눈에 띄고 싶어 한다', 'TV 프로그램 촬영 중인가?', '홈쇼핑 쇼호스트 같다'라는 식으로 꾸밈없는 말로 써보자. 그렇게 하면 다음에 무언가를 점칠 때 〈마법사〉가 나오면 자신이 적어둔 메모를 바탕으로 새로운 해석을 할 수 있게 된다.

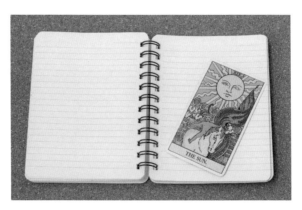

노트에 적어둔 메모에는 그 당시 자신의 심리 상태가 드러난다. 여러 번 같은 키워드를 쓰기도 하는데, 그만큼 그 키워드에 집착하고 있다고 해석할 수 있다.

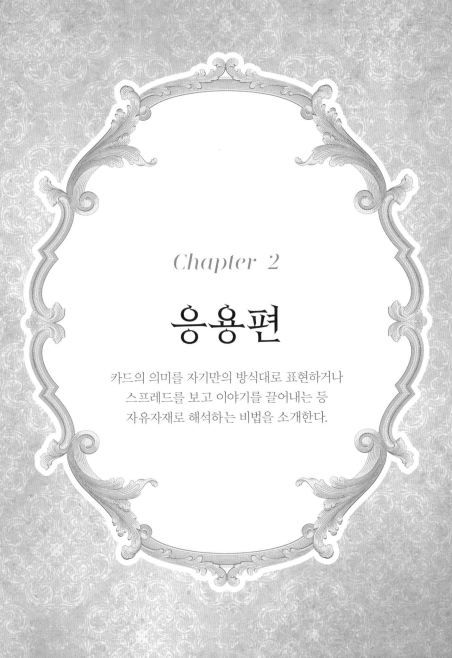

Chapter 2

# 응용편

카드의 의미를 자기만의 방식대로 표현하거나
스프레드를 보고 이야기를 끌어내는 등
자유자재로 해석하는 비법을 소개한다.

# 자신의 언어로
# 카드를 표현하자

## 카드 한 장 한 장
## 캐릭터를 파악한다

78장 모두 빠짐없이 살펴봤다면 그다음은 카드의 의미를 자신의 언어로 표현하는 것에 중점을 둔다.

그러기 위해서는 카드 한 장 한 장 애정을 갖고 대하는 것이 중요하다. 카드를 자기만의 방식으로 표현해보자. 카드에 있는 인물의 성격이나 배경을 상상해보거나 주변 인물 혹은 만화나 영화에 등장하는 인물과 연관 지어 생각해봐도 좋다.

그러다 보면 각 카드의 캐릭터가 두드러져 보이기 시작한다. 대화를 나누기라도 하듯 점차 단어가 떠오르게 될 것이다.

떠오른 단어를 노트 등에 적어두면 자기만의 타로 키워드 모음이 된다.

카드를 봐도 아무것도 떠오르지 않는다고 말하는 사람도 있다. 그러나 그것은 단지 생각이나 느낀 점을 자신의 말로 표현하는 것에 서툴기 때문이다. 연습을 통해 익숙해지면 점차 자신만의 단어를 끄집어낼 수 있게 되니 너무 걱정할 필요는 없다.

간혹 타로 해설서를 한 손에 든 채 카드를 뒤집는 사람이 있는데 결코 바람직한 방법은 아니다. 우선은 자신의 마음속에서 나온 단어를 중요시해야 한다. 책은 마지막 확인을 위해 사용하는 것이 좋다. 카드 해석에 정답은 없다. 어떤 식으로 해석해도 괜찮으니까 자기 생각을 망설이지 말고 표현하자.

## 대화를 나누듯
## 타로점을 친다

책에 있는 키워드에 기대지 않고 자신의 언어로 타로를 표현한다. 여기까지 도달하면 비로소 타로점의 진정한 매력을 알게 된다. 어떤 질문이 날아들어도 자연스럽게 단어가 떠오를 것이다.

이것은 타로를 통한 자신과의 대화라고 할 수 있다. 앞으로 이 책에서 소개하는 비법을 통해 부디 당신도 그런 경험을 할 수 있게 되기를 바란다.

## 상식에 얽매이지 않고
## 자유롭게 표현한다

'Chapter 2 응용편'에서는 카드에서 자유롭게 이미지를 확장하고 그것을 자기 나름의 방식으로 표현하는 비법을 소개한다. 카드 한 장 한 장뿐만 아니라 스프레드 전체에서 자기만의 이야기를 만들어내기 위해 주목해야 할 점은 무엇인지, 그것을 어떻게 발견하는지 해설한다. 자기 방식으로 표현하는 방법을 익히면 해설서에서 빠져나와 나만의 리딩을 할 수 있게 될 것이다.

# 잘 외워지지 않는 카드를
# 외우는 방법은?

### → 별명을 붙여보자

카드에 별명을 붙이면 금세 타로와 친해질 수 있다. 낯설게 느껴졌던 카드라도 자신이 붙인 이름으로 부르다 보면 마치 친구처럼 애정이 느껴질 것이다.

여기서 포인트는 자기 입에 착 달라붙는 이름을 붙이는 것이다. 오른쪽 페이지에 예시를 들어두었는데, 이것을 그저 암기해봐야 아무 의미가 없다. 카드를 본 순간 '이 카드다!'라고 직감적으로 떠오를 만한 이름을 붙여두자.

별명을 붙이면 나쁜 이미지에 사로잡히기 쉬운 카드도 극복할 수 있다. '사람이 고개를 푹 숙이고 있는 〈컵 5〉가 나와 버렸다'라며 덜컥 겁부터 낼 것이 아니라 '〈비련의 여주인공 카드〉가 나오다니!'라고 받아들이면 분위기가 전환되어 카드를 한결 객관적으로 받아들일 수 있다.

이처럼 부정적인 사고를 건설적으로 바꿔주는 역할을 하기도 한다.

## 어떤 별명이든 상관없다

누군가에게 별명을 붙일 때를 상상해보자. 대부분 이름이나 출신지 같은 그 사람의 소속, 외모에서 풍기는 인상, 특징적인 언동 등으로 별명을 붙인다.

타로도 그와 마찬가지로 카드의 의미, 그림을 보고 느낀 것을 그대로 표현하면 된다.

무언가를 점친 결과에서 별명을 따와도 좋다. 부수적인 수입이 생긴 날 뽑은 카드라면 '굴러들어온 호박 카드', 누군가와 싸운 날 뽑은 카드라면 '옥신각신 카드'처럼 별명을 붙여두면 '그때 나왔던 카드다!'라고 쉽게 떠올릴 수 있다.

# 이런 별명은 어떨까?

## 장롱 신세 카드

옷을 사려고 할 때 이 카드가 나왔다면 어김없이 장롱 신세가 될 것이라는, 실제 경험에서 이름 붙인 카드다. 지나치게 이상을 추구하다 보면 현실에서 동떨어지기 마련이다. 즉 '실생활에서는 사용하지 않는다'라고 해석할 수 있다.

은둔자

## 개통 카드

완드 여덟 자루가 기세 좋게 날아드는 카드로 빠른 전개를 암시한다. 이 카드가 나오면 교통 체증이 완화되거나 변비가 해소되는 등 막혀 있던 것이 움직이기 시작한다는 의미에서 '개통 카드'라고 이름 붙였다.

완드 8

## 임기응변 카드

불안정한 상태에서도 유연하게 처신한다. 저 멀리 보이는 배도 균형을 잃지 않고 몰아치는 파도를 헤쳐나가고 있다. 돈의 융통뿐만 아니라 연애에 관한 문제라면 두 명의 상대에게 좋은 모습만 보이려고 한다고 해석할 수 있다.

펜타클 2

## 자존심 카드

눈이 내리는 추운 겨울날 누더기를 걸치고 교회 앞을 지나가는 사람들. 도움을 원치 않는 자존심이 느껴진다. 이것이 그저 허세인지, 아니면 자신의 힘으로 어떻게든 해내겠다는 책임감인지 판별해보자.

펜타클 5

## 침구 카드

고통이 고스란히 전해져서 모두가 꺼리는 카드지만 새로운 시점으로 바라보기 위해 별명을 붙였다. 자신의 약점이나 나쁜 부분과 마주하고 다음 단계로 나아가려고 한다는 점에서 '침구(침과 뜸)'와 연결시켰다.

소드 10

## 비련의 여주인공 카드

나온 순간 실망하게 되는 카드다. 하지만 두 개의 컵이 온전히 남아 있다는 점에 주목하자. 현실을 등지고 가여운 자신을 동정하고 있는 것은 아닌지 자문자답하기 위해서 이런 이름을 붙였다.

컵 5

# 책에 나온 의미에 얽매이다 보니
## 딱딱한 표현만 떠오른다
⬇
## 주변 상황에 대입해보자

카드의 의미를 확장하지 못하는 원인 가운데 하나는 등장인물이나 풍경이 현대의 모습과 동떨어져 있기 때문이다.

그렇다면 카드를 당신에게 친숙한 상황으로 옮겨와 보자. 그려진 인물이 실제로 존재한다면 어떤 말을 할 것 같은지, 카드에 등장하는 인물끼리 만난다면 서로 어떤 대화를 나눌 것 같은지 상상해보는 것이다. 주위에 〈바보〉 같은 사람은 없는가? 〈펜타클 4〉 같은 상황에 놓였던 적은 없는가?

〈황제〉는 대기업에 다니는 남성으로 직급이 높지만 쉽게 다가가기 어렵고 좀처럼 본심을 드러내지 않는다. '한잔하고 갈까?'라고 부하 직원에게 말을 건네지만 따르는 사람이 없다. 이는 〈황제〉가 갖는 '우두머리의 고독'이라는 키워드와도 상통한다.

이처럼 이미지를 확장하면 카드의 의미를 더욱 자유롭게 표현할 수 있게 된다.

## 말풍선을 달아서 대화시킨다

가장 간단한 방법은 카드에 대사를 붙여보는 것이다. 카드 속 인물이 어떤 생활을 하고 있는지 상상하면서 캐릭터를 설정한다. 〈바보〉는 한가로이 거닐며 이곳저곳에 친구를 만들고 있을 것 같다. 누군가의 험담을 하고 난 직후에 그 사람과 마주쳐도 아무렇지 않게 인사를 나눌 것 같은 천연덕스러움도 느껴진다. 그저 놀이에 불과하다고 생각할지 모르지만 이런 상상력이야말로 타로점의 기본이라고 할 수 있다.

이봐, 잘 지내? 뭐 재미있는 일 없어?

바보

지금껏 어떻게 모은 건데. 절대 뺏기지 않을 거야!

펜타클 4

# 하나의 이야기로 상상한다

여러 카드를 비교하거나 연관 지어 상상하는 것도 좋은 방법이다. 몸집이 풍만한 〈여황제〉는 분명 달콤한 디저트를 좋아할 것 같다. 이것은 '기쁨'이나 '풍요로움'이라는 키워드와 이어진다. 이에 비해 〈여사제〉는 규칙에 따라 자신을 제어하면서 효율적으로 살아갈 듯하다. 이는 '청렴', '순결'이라는 의미로 발전된다. 이런 둘에게 고민을 상담한다면 어떤 조언을 해줄까? 각자 자유롭게 생각해보자.

## 〈여황제〉 〈힘〉

어떤 일이 일어나도 동요하지 않고 느긋하게 자리를 지키는 사랑스러운 캐릭터 〈여황제〉와 절묘한 힘 조절과 사랑으로 사나운 사자를 길들이는 〈힘〉의 여성. 만약 이 두 사람이 같은 직장에서 일한다면 서로 어떤 대화를 나눌까? 과연 누가 주도권을 쥐게 될지 상상해보자.

**여황제**　　　　**힘**

## 〈매달린 남자〉 〈완드 10〉

두 장의 카드를 연극 놀이하듯 하나의 이야기로서 해석해보자.
〈매달린 남자〉가 매달려 있는 나무는 어쩌면 〈완드 10〉이 옮겨온 나무일지도 모른다. 그렇다면 〈완드 10〉은 그저 힘든 노동으로 인해 지쳐 있는 모습이 아니라 양심의 가책을 느끼고 괴로워하는 모습일지도 모른다.

**매달린 남자**　　　　**완드 10**

# 메이저 아르카나는 의미가 추상적이어서
# 질문에 맞게 응용하기 어렵다
⬇
# 메이저 아르카나는 이름이 가장 중요한 힌트다

카드를 봐도 아무것도 떠오르지 않는다고 말하는 사람이 있다. 하지만 메이저 아르카나는 힌트가 눈앞에 있다는 사실을 알고 있는가? 그것은 바로 카드의 이름이다. 〈마법사〉, 〈교황〉, 〈악마〉 등 각 카드에 붙어 있는 이름이 그 카드의 의미다. 보는 순간 알 수 있으니 외울 필요도 없다.

질문을 던졌는데 메이저 아르카나가 나왔다면 '점치는 테마=메이저 아르카나의 이름'이라고 생각해보자.

'마음에 두고 있는 사람의 감정'을 점치는데 〈태양〉이 나왔다면 '마음에 두고 있는 사람의 감정은 태양'이라는 뜻이 된다. 거기에서부터 질문에 따라 구체적으로 이미지를 확장해나간다.

외우는 것이 아니라 이해하고 자기 나름의 방식으로 표현한다. 독창적인 사고방식은 타로 리딩의 핵심이다.

## 자기가 떠올린 이미지를 확장시킨다

가령 '마음에 두고 있는 사람의 감정은 태양'이라고 해도 이것만으로는 아직 무슨 말인지 알 수가 없다. 〈태양〉이라는 단어를 곱씹어가며 테마에 맞춰 이미지를 넓혀보자.

밝다. 그늘이 없다. 개방감 등의 이미지가 떠오른다면 '마음에 두고 있는 사람의 감정은 밝고 구름한 점 없이 개방적인 기분'이라고 해석한다. 벌거벗은 아이에게서 여름방학을 상상했다면 '여름방학을 맞이한 아이처럼 들뜬 기분'이나 '매우 즐거운 상태'라고 해석할 수 있다.

어떤 이미지를 떠올리는가, 그리고 그것을 어떤 말로 표현하는가가 중요하다.

# 다양한 카드로 연습한다

처음에는 단순하게 '점치는 테마=메이저 아르카나의 이름'이라고 생각해두면 된다. '연애=〈은둔자〉', '일=〈매달린 남자〉'라는 식으로 묶으면 어떤 단어나 풍경이 떠오르는가? '연애=〈은둔자〉'에서는 아무에게도 말할 수 없는 사랑, '일=〈매달린 남자〉'은 너무 바쁜 나머지 꼼짝달싹할 수 없는 상태가 떠오를지도 모른다.

퀴즈를 풀듯 반복적으로 생각하다 보면 번뜩이는 회로가 열리는 순간이 올 것이다.

해석 예시

◆ 연애=〈은둔자〉
  ➧ 몰래 하는 사랑
  ➧ 마음속에 숨겨둔 짝사랑
  ➧ 나이 차가 많이 나는 상대와의 연애
◆ 일=〈매달린 남자〉
  ➧ 고통을 참고 견딘다
  ➧ 혼자서 묵묵히 일한다
  ➧ 역경 속에서 무언가를 붙잡는다

# 질문 내용에 맞춰본다

해석 예시

◆ '상대는 어떤 사람인가?' (인물상)=마법사
  ➧ 사랑의 마법사
  ➧ 요령 좋게 사랑을 한다
  ➧ 난봉꾼
◆ '이 사랑을 이루어내려면?' (조언)=마법사
  ➧ 사랑의 마법을 건다
  ➧ 상대를 마음대로 조종한다

메이저 아르카나에 익숙해졌다면 점치는 테마를 구체적인 질문으로 만들어보자. 상대의 기분인지, 미래의 행방인지, 조언인지를 분명하게 나눈 다음 메이저 아르카나의 이름과 연관 지어 생각해본다. 연애에 대해 점쳤는데 〈마법사〉가 나왔다고 하자. 상대의 성격인지, 조언인지, 던지는 질문에 따라 답은 달라진다.

--- POINT ---

## 자기만의 키워드 모음집을 만들어보자

어느 정도 타로에 익숙해졌지만 '요즘 재미를 느끼지 못한다', '잘 안 맞는 것 같다', '해석이 매너리즘에 빠졌다'라고 느끼는 사람은 어쩌면 처음에 외웠던 키워드만으로 해석하는 버릇이 들어버렸기 때문일지도 모른다. 그런 사람일수록 '타로 키워드 모음집'을 만들어서 단어와 이미지 실력을 갈고닦아야 한다. 꾸준히 하다 보면 한 장의 카드에서 풍부한 단어를 끄집어낼 수 있게 될 것이다.

# 그림을 보는 것만으로
# 해석의 힌트를 발견할 수 있을까?

## 색깔·사람·슈트에 주목하자

카드의 대략적인 의미를 파악하고 싶다면 그림에서 최대한 많은 힌트를 얻어야 한다.

우선 중요한 힌트가 되는 것이 색깔이다. 밝은 카드는 주로 긍정적인 의미를, 어두운 카드는 부정적인 상황을 나타낼 때가 많다. 스프레드를 전개했을 때 전체적인 색깔에 그 당시의 감정 상태가 나타나기도 한다.

또 하나는 등장인물의 모습이다. 표정뿐만 아니라 얼굴의 방향도 중요하며 어떤 인물에게 자신을 투영하는지에 따라서도 해석이 달라진다.

마이너 아르카나에서는 네 개의 슈트인 완드·펜타클·소드·컵의 배치나 사용 방법에 힌트가 있다.

이런 부분까지 의식하는 습관을 들이면 더욱 직감적인 해석을 할 수 있다.

## 색깔별 이미지를 기억한다

### 빨강
피의 색이며 생명을 상징한다. 무언가에 쏟아붓는 정열의 유무, 애정이나 적극성, 남성성을 의미한다. 〈황제〉, 〈교황〉, 〈힘〉 등 권력이나 힘을 가진 사람의 옷 색깔에 사용된다.

### 파랑
하늘과 바다의 색이며 냉정함과 지혜, 반성을 나타낸다. 성모 마리아의 색으로도 여겨지며 순결을 상징하기도 한다. 〈여사제〉나 소드, 컵 카드 등에 많이 쓰인다.

### 노랑
태양의 색인 노랑은 결실이나 성장을 가져온다고 여겨진다. 황금과 연결 지어 펜타클이 노란색으로 그려져 있으며 완드의 코트 카드는 노란색 옷을 입고 있다.

### 갈색
갈색은 대지의 색이며 안정감과 풍요를 나타낸다. 완드 그 자체가 갈색으로 표현되어 있다. 〈황제〉나 완드 카드의 배경에 보이는 대지 등에 사용된다.

### 녹색
식물의 색인 녹색은 젊음과 희망을 나타낸다. 〈완드 7〉이나 〈펜타클의 페이지〉가 녹색 옷을 입고 있다. 〈별〉, 〈달〉 등의 대지에도 푸르른 풀이 싹터 있다.

### 회색
우주의 신비를 나타내는 색이다. 〈은둔자〉가 걸친 외투가 인상적이며 〈정의〉나 〈탑〉의 석조물에도 쓰였다. 〈심판〉에서 소생하는 사람들도 회색으로 표현되어 있다.

### 검정
어둠의 색인 검정은 악마나 본능 등 마음속 비밀을 암시한다. 동시에 무언가의 끝을 상징하기도 한다. 〈죽음〉, 〈악마〉, 〈탑〉 외에도 소드의 배경에 많이 사용된다.

### 흰색
빛을 상징하는 색이며 순진무구함이나 신성함을 상징한다. 동시에 여성성을 나타내기도 하며 〈여황제〉, 〈힘〉, 〈절제〉 외에 마이너 아르카나의 각 A에 그려진 손이 흰색으로 표현되어 있다.

# 인물의 방향에 주목한다

전차

바보

컵 8

## 인물이 정면을 바라본다

등장인물이 정면을 향하고 있을 때는 점친 문제를 똑바로 바라보고자 하는 경우가 많다. 망설임이 없고 마음의 결정을 내린 상태나 당사자의 강한 열정을 나타내기도 한다. 다만 상황에 따라서는 눈앞의 일에 집중한 나머지 다른 가능성에 주의를 기울이지 못한다고 해석할 수도 있다.

## 인물이 옆을 향한다

인물이 얼굴을 돌려 옆을 보고 있는 것은 문제에 제대로 맞서지 않으려는 질문자의 태도를 나타낸다. 혹은 문제를 보고 싶지 않다. 보고도 못 본 척한다. 놓친 부분이 있다 등으로 해석할 수 있다. 자신에 대한 상대의 마음을 점친 경우라면 상대가 자신에게 관심이 없다는 것을 의미한다.

## 인물이 뒤돌아 있다

인물이 등을 돌리고 있는 경우 중요한 것을 보지 못하고 있거나 문제에서 도망치려 하는 질문자의 자세를 알아챌 수 있다. 하지만 나쁜 점만 있는 것은 아니다. 질문의 내용에 따라서는 다음 단계로 나아가려 한다. 인생의 전환점이 찾아온다. 과거를 돌아보지 않는다 등의 해석도 가능하다.

---

## POINT

### 스프레드에서 시선이 가는 곳에 주목하자

카드에 그려져 있는 사람의 얼굴 방향은 의외로 중요하다. 스프레드를 전개한 경우 카드에 그려진 인물의 시선이 문제점을 나타내는 카드를 향하고 있을 때도 있다. 궁합점은 더욱 알기 쉽게 드러난다. 삐걱대는 두 사람의 경우는 등을 돌리고 있는 듯한 카드가 나오기도 하고 서로 좋아하는 사이라면 시선이 교차하기도 한다. 이런 점은 중요한 영감이 된다.

소드 7

컵의 퀸

# 슈트에 주목한다

**완드 3**

## 슈트가
## 똑바로 서 있다

마이너 아르카나의 슈트가 똑바로 정렬된 경우는 그 슈트의 의미가 직설적으로 나와 있는 상태다. 슈트가 의미하는 신념(완드는 정열, 펜타클은 물질, 소드는 사고, 컵은 애정)을 관철하고 있다고도 말할 수 있다. 〈완드 3〉은 정열을 쏟을 목적지가 정해져 있다고 해석한다.

**소드 2**

## 슈트가
## 기울어져 있다

슈트가 기울어져 있는 경우는 슈트의 의미가 틀어져서 나오거나 고민 중인 상태를 나타낸다. 〈소드 2〉는 상반된 생각 사이에서 고민하고 있다고 해석할 수 있다. 다만 기울어져 있어도 〈완드 8〉처럼 평행을 이루며 허공을 가르는 완드는 '기세'나 '직진'을 의미하기도 한다.

**컵 5**

## 슈트가
## 헝클어져 있다

여러 개의 슈트가 교차하고 있거나 어지럽게 놓여 있는 경우 슈트의 의미가 혼란스럽거나 불안정한 상황임을 암시한다. 〈컵 5〉는 세 개의 컵이 쓰러져 있지만 바로 서 있는 두 개의 컵이 해석하는 데 중요한 힌트가 되기도 한다.

---
POINT
---

## 펜타클과 컵이 어떻게 다뤄지고 있는지 주의 깊게 살펴보자

완드나 소드와 달리 방향을 구별하기 어려운 펜타클과 컵은 어떻게 다뤄지고 있는지를 주의 깊게 살펴봐야 한다. 원은 영원을 나타내며 둥근 형태로 놓인 컵은 영속하는 행복을 암시할 때가 많다. 펜타클은 끌어안고 있거나 놀이 도구로 사용되는 등 다양하게 다뤄지고 있으므로 그것에서 해석의 힌트를 발견해보자.

**펜타클 4**

**컵 10**

# 인원수에 주목한다

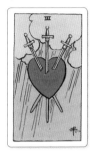

소드 3

정의

펜타클 6

### 사람이
### 없는 카드

매우 드물지만 카드에 사람이 등장하지 않은 카드는 〈달〉, 〈운명의 수레바퀴〉, 〈완드 8〉 등이 있으며 운세나 상황 등 환경의 변화를 암시하는 경우가 많다. 다만 하트가 그려져 있는 〈소드 3〉은 그 사람의 마음속을 나타내기도 한다.

### 사람이
### 한 명 있는 카드

등장인물이 한 명인 경우는 점친 당사자로서 해석할 때가 많다. 〈정의〉는 '지금 무언가를 비교하여 어느 쪽을 선택할지 고민하고 있다'라고 해석할 수 있다. 그 사람이 실제로 처한 상황을 나타내고 있는지, 아니면 심리 상태를 나타내고 있는지 직감으로 해석하는 것이 중요하다.

### 사람이
### 둘 이상 있는 카드

카드에 둘 이상의 인물이 있는 경우는 자신을 누구에게 대입하여 읽어내는가가 매우 중요하다. 〈펜타클 6〉은 자신이 베풀고 있는 쪽인지, 그것을 받아들이는 쪽인지에 따라 의미가 크게 달라진다. 그 당시의 영감에 따라 판단하자.

---

## POINT

### 사람이 아닌 동물에 투영되기도 한다

카드에는 사람만 있는 것이 아니다. 때로는 동물이 해석에 중요한 의미를 부여하기도 한다. 〈힘〉이 나오면 여성이 아니라 사자의 입장이 될 수도 있다. 〈펜타클 9〉의 여성은 손에 든 맹금을 마음대로 조종하는 매사냥꾼이라고도 여겨지는데, 새에 자신을 투영하는 사람도 있다.

힘

펜타클 9

# 코트 카드를
# 구별하기 어렵다
## ⬇
## 인물의 캐릭터를 상상하자

마이너 아르카나 중에 코트 카드는 직접적으로 인물상을 나타내는 카드다. 하지만 구체적인 장면이 아니기 때문에 다른 카드에 비해 의미를 읽어내기 어렵고 구별이 잘 안 된다고 느껴질 수 있다. 그럴 때는 그림을 자세히 들여다보자.

코트 카드는 슈트별로 그 슈트를 상징하는 무늬의 옷을 입고 있거나 배경이 비슷하다. 게다가 같은 '나이트'여도 슈트에 따라 타고 있는 말의 색깔이나 움직임이 다르다. 이처럼 공통점과 차이점을 찾아보면 각 카드의 의미를 쉽게 파악할 수 있다.

실제 존재하는 사람이라고 생각하고 이미지를 넓혀보는 것도 좋은 방법이다. '네 명의 나이트 가운데 나는 어떤 사람을 좋아하는가?', '네 명의 킹 중에 내 직장상사로 좋을 것 같은 사람은?' 등을 상상해보자. 그것만으로도 의미를 파악하는 데 도움이 될 것이다.

## 코트 카드의 계급을 이해한다

코트 카드에는 미숙한 〈페이지〉, 신념에 따라 행동하는 〈나이트〉, 사랑을 표현하는 〈퀸〉, 각 슈트의 우두머리인 〈킹〉이라는 네 가지 계급이 있다. 네 종류의 슈트를 각각 가족이라고 상상해보자.

**킹(왕)**

당사자보다 나이가 많은 사람(그렇게 보이는 사람), 남성적, 능동적이고 의지가 되는 사람.

**퀸(여왕)**

당사자보다 나이가 많은 사람(그렇게 보이는 사람), 여성적, 수동적이며 사랑이 넘치는 사람.

**나이트(기사)**

당사자와 또래(그렇게 보이는 사람), 에너지 넘치고 행동적인 사람.

**페이지(소년)**

당사자보다 나이가 어린 사람(그렇게 보이는 사람), 중성적이고 순수하고 앳되게 느껴지는 사람.

# 네 명의 페이지를 비교해보자

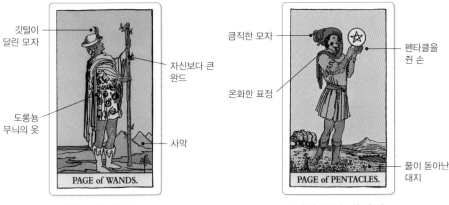

깃털이 달린 모자

자신보다 큰 완드

도롱뇽 무늬의 옷

사막

큼직한 모자

펜타클을 쥔 손

온화한 표정

풀이 돋아난 대지

### 완드의 페이지

속으로 정열을 감추고 소년의 마음을 잊지 않는 사람. 꿈과 희망을 연료로 활동하는 타입이다. 이 사람은 어떤 야유에도 열정을 잃지 않는다. 세상 사람들이 믿지 않아도 열의와 근성으로 기적을 일으키는 사람이다.

### 펜타클의 페이지

진지하게 하나의 일에 열중하는 노력파. 시간을 투자하는 일과 노력하는 일의 가치를 알고 있는 인물이다. 위험한 일은 가까이하지 않고 가장 안전하고 확실한 길을 선택한다. 신중하고 견실한 사람이다.

진중하고 신묘한 표정

바람에 날리는 머리카락

움켜쥔 검

떠오르는 구름

컵에서 얼굴을 내민 물고기

애교 있는 표정

백합 무늬의 옷

잔잔한 바다

### 소드의 페이지

냉정하고 머리가 좋은 현실주의자. 항상 자기 주변을 관찰하고 어떤 상황에서도 바로 대처할 수 있도록 주의하고 있다. 계산적이고 빈틈이 없는 성격인 만큼 이 사람을 적으로 삼으면 성가신 일이 생길 수 있다. 조금 신경질적인 면도 있다.

### 컵의 페이지

순수하고 친절한 마음을 가진 아이디어뱅크. 아무것도 아닌 것에서 힌트를 발견하여 도움을 주는 것이 특기인 인물이다. 꿈을 좇는 경향이 다소 있지만 다른 사람에게는 없는 발상으로 세상을 풍요롭게 하는 힘을 가지고 있다.

# 네 명의 나이트를 비교해보자

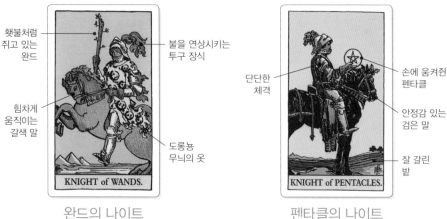

**햇불처럼 쥐고 있는 완드**

**불을 연상시키는 투구 장식**

**힘차게 움직이는 갈색 말**

**도롱뇽 무늬의 옷**

KNIGHT of WANDS.

**단단한 체격**

**손에 움켜진 펜타클**

**안정감 있는 검은 말**

**잘 갈린 밭**

KNIGHT of PENTACLES.

## 완드의 나이트

자신감 넘치는 모험가. 꿈을 제시하며 동료를 이끌고 개척의 길로 뛰어든다. 이기지 못할 싸움에서도 열의를 앞세워 저돌적으로 도전하며 주위의 말은 귀담아듣지 않는 타입이다. 항상 선두에 서서 활약하고 싶어 한다.

## 펜타클의 나이트

견실한 조직의 브레인. 이 사람은 무언가를 시작하기 전에 실현 가능성을 신중히 조사하고 이길 수 없는 싸움에는 나서지 않는다. 그 대신 한번 손을 댄 것은 반드시 끝까지 해내는 책임감이 있어서 의지할 만한 사람이다.

**번쩍 치켜든 소드**

**힘찬 울음소리를 내며 전속력으로 달리는 백마**

**바람에 휘어진 나무와 구름**

**역풍에 맞서고 있다**

KNIGHT of SWORDS.

**깃털 장식이 달린 투구**

**컵을 똑바로 들고 있다**

**아름답고 온화한 백마**

**고요히 흐르는 강**

KNIGHT of CUPS.

## 소드의 나이트

총명하고 결단력 있는 합리주의자. 이 사람은 목적지에 이르는 최단 거리를 알고 있으며 그 길이 아무리 험한 길이라도 과감하게 돌진하는 배짱 좋은 사람이다. 집단행동보다 개인행동을 좋아하며 자신에 대한 애착이 강한 면도 있다.

## 컵의 나이트

온화하고 성실하며 믿음직한, 말 그대로 백마를 탄 왕자다. 깃털 장식은 동경을 의미하며 이 인물이 꿈과 희망을 향해 진지하게 나아가고 있음을 나타낸다. 겉치레처럼 들리는 말도 이 사람은 진심을 담아 하는 말이다.

# 네 명의 퀸을 비교해보자

도롱뇽 무늬의
왕좌

태양(불)이
떠오르는
해바라기

호쾌하게
벌어진 다리

발밑에 앉은
검은 고양이

흐드러지게
핀 풀꽃

긴 베일

애틋하게 안고
있는 펜타클

풍작을
상징하는
토끼

## 완드의 퀸

사람을 매료시키는 카리스마 협상가. 열린 마음으로 스스럼없이 다가가므로 상대 역시 마음을 열게 된다. 이 사람의 '부탁'에는 마법 같은 강제력이 있어 누구도 저항할 수가 없다.

## 펜타클의 퀸

남에게 베풀고 더 많은 것을 얻는 사람이다. 작물을 키우려면 먼저 물을 줘야 하듯 사람을 도움으로써 기적을 일으킨다. 이 사람의 힘으로 모두가 일치단결하여 노력한 결과 커다란 수확을 얻는다.

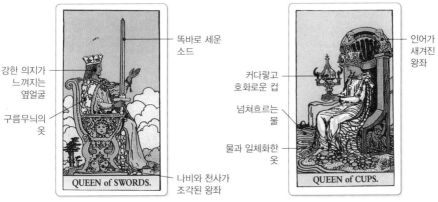

똑바로 세운
소드

강한 의지가
느껴지는
옆얼굴

구름무늬의
옷

나비와 천사가
조각된 왕좌

인어가
새겨진
왕좌

커다랗고
호화로운 컵

넘쳐흐르는
물

물과 일체화한
옷

## 소드의 퀸

급소를 꿰뚫는 눈을 가진 조언자 같은 존재. 이 사람의 발언은 항상 핵심을 찌르므로 주위로부터 인정받는다. 의외로 상처받기 쉬운 여린 구석이 있는데, 그것은 타인의 감정을 이해하는 현명함과 부드러운 감수성으로 나타나기도 한다.

## 컵의 퀸

감수성이 풍부하고 무엇이든 받아들이는 사람이다. 이 사람의 행동 원리는 자애이며, 슬퍼하는 사람이 있으면 함께 눈물 흘리고, 기뻐하는 사람이 있으면 함께 웃는다. 누군가를 섣불리 판단하지 않고 있는 그대로의 모습을 사랑한다.

# 네 명의 킹을 비교해보자

**완드의 킹**

- 먼 곳을 응시하는 시선
- 불을 연상시키는 왕관
- 곧 일어나려는 듯한 자세
- 도롱뇽을 떠올리게 하는 그림자

강력한 카리스마와 행동력을 갖춘 진정한 왕. 몸과 마음이 강인하여 모든 역경을 이겨내는 힘을 가지고 있다. 이 사람이 '괜찮다'라고 말하면 아무리 절망적인 상황에서도 희망이 보일 것이다. 듬직한 리더 기질이 있다.

**펜타클의 킹**

- 소가 새겨진 왕좌
- 근심 어린 표정
- 견고하게 세워진 성
- 풍작을 의미하는 포도 무늬 옷

지식이나 인맥, 돈 등 노력으로 모든 재산을 손에 넣는 사람이다. 왕답게 자신이 가진 것을 내놓기 아까워하지 않고 주위에 베푼다. 드러내지 않고 뒤에서 최선을 다하는 타입으로 그림자 리더로서 집단을 든든하게 받쳐준다.

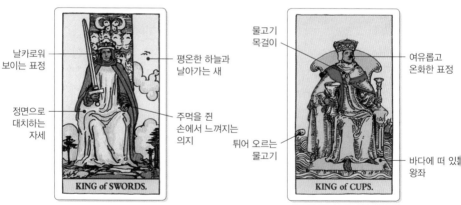

**소드의 킹**

- 날카로워 보이는 표정
- 평온한 하늘과 날아가는 새
- 정면으로 대치하는 자세
- 주먹을 쥔 손에서 느껴지는 의지

이제껏 쌓아온 지식과 경험을 무기로 완벽한 판단을 내리는 인물이다. 자신에게도 타인에게도 엄격한 타입으로 절대 응석을 받아주지 않는다. 지적이고 똑똑한 왕이지만 끝까지 이론만 따지며 밀고 나가려 하는 성질도 있다.

**컵의 킹**

- 물고기 목걸이
- 여유롭고 온화한 표정
- 튀어 오르는 물고기
- 바다에 떠 있는 왕좌

부드러움 속에 확고한 정열을 감추고 있는 사람이다. 이 사람은 인생의 거센 파도를 이미 경험했기 때문에 어떤 일도 용서하는 깊은 마음을 가지고 있다. 속세에 흥미가 없다고도 말할 수 있지만 꿈을 좇는 열정은 아직 건재하다.

# 사사로운 문제가 많이 발생하는
# 인간관계를 간단하게 점칠 수 없을까?

## 코트 카드 16장만으로 점칠 수 있다

코트 카드는 인물상을 나타내고 있으므로 '사람과 사람' 사이의 관계성을 알기 쉽게 점칠 수 있다. 완드·펜타클·소드·컵과 각각의 코트 카드 16장으로 궁합점을 쳐보자.

방법은 매우 간단하다. '자신과 상대', 'A 씨와 B 씨'처럼 두 사람을 상정하여 한 장씩 카드를 뽑아 나열하면 된다. 카드별 궁합은 98쪽에 해설해두었다. 단순하게 두 사람을 나타

내는 카드가 나오기 때문에 궁합을 읽어내기 쉽다.

사랑하는 사람뿐만 아니라 친구나 동료 등 성별을 불문하고 다양한 사람과의 관계성을 점치기 위한 가장 이상적인 방법이라고 할 수 있다.

제대로 연습해두면 어떤 사람과의 관계성이라도 단 16장의 카드로 읽어낼 수 있다.

## 코트 카드로 궁합점을 보는 방법

카드의 의미에 얽매이지 말고 나열된 두 장의 카드를 보고 자유롭게 이미지를 넓혀보자. 각 카드뿐만 아니라 두 장 세트로 봤을 때 어떤 인상을 받았는지도 주목한다.

인물이 서로 다른 쪽을 향하고 있다면 어딘가 잘 맞지 않는 부분이 있다는 것을, 서로 바라보고 있다면 서로에 대한 마음이 뜨겁다는 것을 나타내고 있을지도 모른다.

두 캐릭터가 만나면 어떤 드라마가 시작될지 상상력을 발휘해보자.

사신     상대

서로 열렬하게 바라보는 두 사람…

마음이 잘 통하지 않는다

A 씨     B 씨

# 코트 카드별
# 궁합

나온 카드의 조합으로 두 사람의 관계성을 살펴보자.
관계를 더욱 좋게 만드는 조언도 참고하기 바란다.

## 완드의 페이지 ○
### ×완드의 나이트

의욕이 넘치는 뜨거운 두 사람. 라이벌 의식이 있어 서로 경쟁하기도 하지만 형제 같은 사이다. 〈완드의 나이트〉가 〈완드의 페이지〉를 이끌어주면 관계가 부드러워진다.

## 완드의 페이지
### ×완드의 퀸

누나와 동생 같은 두 사람. 서로에게 호의는 있지만 상대에 대한 일방적인 태도가 화를 부른다. 〈완드의 페이지〉가 〈완드의 퀸〉을 존경하는 태도를 보인다면 원만한 관계를 유지할 것이다.

## 완드의 페이지
### ×완드의 킹

스승과 제자 같은 두 사람의 관계는 〈완드의 킹〉의 마음에 달려 있다. 〈완드의 페이지〉가 자신의 뒤를 따르고 있다는 것을 이해하고 따뜻하게 지켜주는 관계를 구축하면 좋은 관계가 유지된다.

## 완드의 페이지 ○
### ×펜타클의 페이지

스타일은 다르지만 의외로 의기투합하는 두 사람. 대등한 관계를 유지하므로 서로를 편하게 느낀다. 대등한 만큼 충돌했을 때는 회복이 어렵다. 솔직하게 사과하는 용기가 필요하다.

## 완드의 페이지
### ×펜타클의 나이트

낭만주의자와 견실한 사람의 관계. 〈완드의 페이지〉가 무언가에 도전하려고 할 때 혹독한 현실을 일깨우는 〈펜타클의 나이트〉. 양호한 관계를 위해서는 서로 양보하는 자세가 필요하다.

## 완드의 페이지
### ×펜타클의 퀸

관심받고 싶은 사람과 어르고 달래는 사람의 관계. 〈완드의 페이지〉를 따뜻하게 지켜보는 〈펜타클의 퀸〉. 〈펜타클의 퀸〉이 방향성을 결정하고 이끌면 건설적인 관계가 된다.

## 완드의 페이지
### ×펜타클의 킹

정신연령이나 경험의 차이가 있는 두 사람. 서로 상대가 되지 않는다. 〈펜타클의 킹〉이 친근하게, 〈완드의 페이지〉가 진지하게 대한다면 관계를 쌓을 수 있을지도.

## 완드의 페이지 ○
### ×소드의 페이지

사람을 잘 따르는 〈완드의 페이지〉와 신중한 〈소드의 페이지〉라는 불균형 관계. 이야기하는 사람과 듣는 사람 역할이 정해져 있다. 서로 너무 깊이 관여하지 않는다면 좋은 관계가 될 수 있다.

## 완드의 페이지 ★
### ×소드의 나이트

놀림을 당하는 사람과 장난치는 사람. 〈완드의 페이지〉는 별것 아닌 일에 화를 내고 〈소드의 나이트〉는 그런 모습을 놀린다. 장난을 장난으로 받아들인다면 원만한 관계를 유지할 수 있다.

## 완드의 페이지
### ×소드의 퀸

기죽지 않는 〈완드의 페이지〉의 솔직한 기분을 헤아리는 〈소드의 퀸〉. 응석 부리고 응석을 받아주는 관계에서 〈완드의 페이지〉가 성장한다면 관계성이 진보할 것이다.

## 완드의 페이지 ★
### ×소드의 킹

관심이 가는 대로 열의를 불태우는 〈완드의 페이지〉를 보고 이해하지 못하는 〈소드의 킹〉. 서로 존경심을 유지할 수 있다면 잘 지낼 수 있다.

## 완드의 페이지
### ×컵의 페이지

소년과 소녀 같은 두 사람. 무언가에 흥미가 생기면 〈완드의 페이지〉는 도전하고 싶어 하고 〈컵의 페이지〉는 공감하는 것에 만족한다. 이러한 차이를 서로 존중한다면 관계가 지속된다.

**연애에 좋은 궁합**
서로 마음이 통하고 사랑이 생겨나거나 발전할 수 있는 관계다.

 **충돌하기 쉬운 궁합**
갑자기 말다툼하거나 어색해지기 쉬운 관계다.

 **일에 좋은 궁합**
부족한 것을 서로 보완하는 등 비즈니스 면에서 유익한 관계다.

 **우정에 좋은 궁합**
사적으로 대화를 나누거나 즐겁게 지내는 관계다.

### 완드의 페이지 ✕ 컵의 나이트

꿈을 좇는 두 사람이지만 사람과 관계를 맺는 방법이 다르기 때문에 잘 맞지 않는 구석이 있다. 솔직한 〈완드의 페이지〉와 이상을 좇는 〈컵의 나이트〉인 만큼 서로에 대한 이해가 중요하다.

### 완드의 페이지 ✕ 컵의 퀸

솔직한 사람과 그것을 받아주는 사람이다. 〈컵의 퀸〉의 친절함을 믿고 〈완드의 페이지〉가 제멋대로 행동하면 문제가 생긴다. 서로 배려하며 힘의 균형을 지켜야 한다.

### 완드의 페이지 ✕ 컵의 킹

천진난만한 사람과 지켜보는 사람. 따뜻한 분위기의 두 사람. 〈완드의 페이지〉가 제멋대로 굴어도 〈컵의 킹〉이 모든 것을 이해하고 허용할 수 있다면 관계를 유지할 수 있다.

### 완드의 나이트 ✕ 완드의 퀸

서로 도발하고 거리낌 없이 자신을 내던질 수 있는 사이다. 변덕이 심한 〈완드의 나이트〉에게 〈완드의 퀸〉이 집요하게 물고 늘어지지 않는다면 양호한 관계를 지속할 수 있다.

### 완드의 나이트 ✕ 완드의 킹

말이 잘 통하고 의기투합하기 쉽다. 말한 것은 반드시 실행하는 〈완드의 킹〉과 열정이 가득한 〈완드의 나이트〉는 즉시 행동에 옮긴다. 둘이 함께라면 일이 빠른 속도로 진척된다.

### 완드의 나이트 ✕ 펜타클의 페이지

동경을 품는 사람과 해내고 말겠다고 벼르는 사람의 관계. 지시에 따라 움직이고 싶은 〈펜타클의 페이지〉를 〈완드의 나이트〉가 악용하지 않는다면 양호한 관계가 된다.

### 완드의 나이트 ✕ 펜타클의 나이트

저돌적으로 돌진하는 사람과 현실적이고 전략적인 사람의 관계. 마무리가 부족한 점을 지적당한 〈완드의 나이트〉가 〈펜타클의 나이트〉에게 적의를 품지 않는다면 나름의 관계를 구축할 수 있다.

### 완드의 나이트 ✕ 펜타클의 퀸

망설여지지만 서로가 아주 싫지는 않은 두 사람. 활기가 넘치는 〈완드의 나이트〉에게 힘을 얻는 〈펜타클의 퀸〉이 살갑게 보답하는 관계. 역할에 충실한다면 좋은 관계가 된다.

### 완드의 나이트 ✕ 펜타클의 킹

무언가를 시작하는 사람과 이미 달성한 사람의 관계. 의욕에 찬 〈완드의 나이트〉에게는 은둔자처럼 보이는 〈펜타클의 킹〉이지만 서로의 이점을 알아차린다면 잘 지낼 수 있다.

### 완드의 나이트 ✕ 소드의 페이지

신중한 〈소드의 페이지〉에게 도전 정신이 강한 〈완드의 나이트〉는 눈부신 존재. 〈완드의 나이트〉가 〈소드의 페이지〉를 겁쟁이 취급하지 않는다면 관계가 성립된다.

### 완드의 나이트 ✕ 소드의 나이트

좋지도 나쁘지도 않지만 서로를 의식하는 관계. 〈소드의 나이트〉의 지성에 〈완드의 나이트〉의 실행력이 더해져 더욱 강력해진다. 충돌해도 금세 화해하기 때문에 본심을 털어놓는 사이가 된다.

### 완드의 나이트 ✕ 소드의 퀸

자극을 즐기는 사람과 이해력이 있는 사람으로 안정적인 관계다. 〈소드의 퀸〉이 자신감을 주고 〈완드의 나이트〉가 등을 밀어주며 둘도 없는 소중한 사이가 된다.

## 완드의 나이트
### ✕ 소드의 킹

상반된 성격의 두 사람이지만 궁합은 나쁘지 않다. 〈완드의 나이트〉가 자만하지 않고 〈소드의 킹〉이 너그러이 봐주는 태도를 지킨다면 원만한 관계를 유지할 수 있다.

## 완드의 나이트
### ✕ 컵의 페이지

부끄러움이 많고 의리가 두터운 동생과 강한 척하는 형. 〈컵의 페이지〉가 믿고 따르기 때문에 〈완드의 나이트〉도 허세만 부릴 수는 없다. 미묘한 관계가 되기 쉽다.

## 완드의 나이트
### ✕ 컵의 나이트

첫인상은 별로지만 이야기를 나누면서 서로 이해하게 된다. 〈컵의 나이트〉는 섬세하지만 〈완드의 나이트〉는 걱정이 될 만큼 털털하다.

## 완드의 나이트
### ✕ 컵의 퀸

본심을 털어놓는 〈완드의 나이트〉를 받아들이는 〈컵의 퀸〉. 본심을 지나치게 드러냈을 때는 어떻게 해명을 하는가에 따라 관계를 회복할 수 있을지 없을지 결정된다.

## 완드의 나이트
### ✕ 컵의 킹

서두르는 사람과 느긋한 사람. 박자가 안 맞는다고 느낀다. 지켜보는 〈컵의 킹〉은 즐기고 있을 터이니 〈완드의 나이트〉가 따분함을 느끼지 않는다면 관계는 어떻게든 지속된다.

## 완드의 퀸 ♥
### ✕ 완드의 킹

정열적으로 움직이는 〈완드의 킹〉을 독재자처럼 느끼면서도 한편으로 존경하는 〈완드의 퀸〉. 〈완드의 킹〉이 스스로 반성하고 상대를 돌아본다면 최고의 관계가 된다.

## 완드의 퀸
### ✕ 펜타클의 페이지

반짝거리는 존재인 〈완드의 퀸〉에게 여러 가지 이유로 열등감을 느끼는 〈펜타클의 페이지〉. 둘 사이에 감정적인 거리가 생기지 않도록 〈완드의 퀸〉이 한발 다가서면 좋은 관계가 된다.

## 완드의 퀸
### ✕ 펜타클의 나이트

안정적으로 앞으로 나아가는 〈펜타클의 나이트〉와 즐거움을 추구하는 〈완드의 퀸〉이라는 상반된 성향의 두 사람. 같은 곳을 목표로 삼는다면 협력체제를 구축할 수 있을지도.

## 완드의 퀸
### ✕ 펜타클의 퀸

'상대방을 위해'라는 마음은 같지만 스타일이 다른 두 사람. 명랑한 〈완드의 퀸〉이 〈펜타클의 퀸〉을 즐겁게 해줄 수 있다면 양호한 관계를 이룰 수 있다.

## 완드의 퀸
### ✕ 펜타클의 킹

재능이 있는 〈펜타클의 킹〉과 인간으로서 매력 넘치는 고상한 〈완드의 퀸〉. 멋진 두 사람이지만 〈펜타클의 킹〉이 독점욕에 치우치면 관계에 균열이 생긴다.

## 완드의 퀸 ◯
### ✕ 소드의 페이지

열린 마음으로 대하는 〈완드의 퀸〉은 상대방의 사고방식이 신경 쓰이는 〈소드의 페이지〉에게 있어서 편한 상대. 하지만 〈완드의 퀸〉에게 〈소드의 페이지〉는 변덕스러운 존재다.

## 완드의 퀸 ♥
### ✕ 소드의 나이트

서로 원하는 것을 채워주는 관계. 많은 이야기를 하고 싶은 〈소드의 나이트〉와 최고의 리액션을 보여주는 〈완드의 퀸〉. 서로 기분 좋게 만날 수 있다.

## 완드의 퀸
### ✕ 소드의 퀸

담백하게 만날 수 있는 관계지만 〈소드의 퀸〉에게 억지로 권한다면 소원해질 가능성도 있다. 뭐든지 말과 행동으로 표현하는 〈완드의 퀸〉은 불만을 느낄 수 있다.

## 완드의 퀸 ♥
### ✕ 소드의 킹

자유분방한 〈완드의 퀸〉에게 신선함을 느끼는 〈소드의 킹〉. 양호한 관계를 구축한다. 시간이 흘러 온도차를 느끼게 되었을 때 양보할 수 있는가가 관계 유지의 관건이 된다.

## 완드의 퀸
### ✕ 컵의 페이지

자신감이 넘치는 여장부 〈완드의 퀸〉과 주뼛거리면서도 이상을 좇는 〈컵의 페이지〉. 여장부를 따르는 〈컵의 페이지〉가 노력하는 모습을 보여준다면 좋은 관계가 될 수도 있다.

## 완드의 퀸
### ✕ 컵의 나이트

기본적으로는 잘 어울리는 두 사람이지만 〈완드의 퀸〉의 열정에 〈컵의 나이트〉가 따라가지 못하는 경향이 있다. 서로 자신을 어디까지 드러내는지가 관건이다.

## 완드의 퀸
### ✕ 컵의 퀸

서로를 이해하는 부분이 있지만 너무 다른 타입이라 다가가기 어렵다. 기가 센 〈완드의 퀸〉이 자기도 모르게 〈컵의 퀸〉에게 상처를 줄 위험이 있다.

## 완드의 퀸
### ✕ 컵의 킹

여왕과 신사의 관계. 신사적인 태도가 여왕의 콧대를 더욱 높게 만들면 문제가 생긴다. 〈완드의 퀸〉을 치켜세워주면서도 〈컵의 킹〉이 고삐를 쥔다면 극복할 수 있을 듯하다.

## 완드의 킹 ★
### ✕ 펜타클의 페이지

주종관계. 〈완드의 킹〉을 실리 면에서 지원하는 〈펜타클의 페이지〉라는 구도를 목표로 한다면 좋은 에너지를 발휘할 수 있다.

## 완드의 킹 ★
### ✕ 펜타클의 나이트

무엇이든 끝까지 해내는 〈펜타클의 나이트〉와 신념을 관철하는 〈완드의 킹〉. 하나의 목표를 세운다면 마지막까지 손을 놓지 않는 끈끈한 신뢰 관계가 형성된다. 서로 적이 되면 만만치 않은 상대가 될지도.

## 완드의 킹
### ✕ 펜타클의 퀸

서로 자랑스러워할 만한 상대라는 인식이 있지만 대담한 〈완드의 킹〉에게 〈펜타클의 퀸〉이 불안함을 느끼고 찬물을 끼얹는 관계. 서로의 차이를 이해하고 도움을 주는 것이 과제.

## 완드의 킹 ✕
### ✕ 펜타클의 킹

열정적인 〈완드의 킹〉과 온화한 〈펜타클의 킹〉. 잘 어울릴 것 같지만 성미가 급한 〈완드의 킹〉이 문제의 원인이 된다. 관계에 있어서 어른스러운 태도가 필요하다.

## 완드의 킹 ★
### ✕ 소드의 페이지

상대의 눈치를 살피는 〈소드의 페이지〉와 모든 것이 얼굴에 그대로 드러나는 〈완드의 킹〉은 균형이 좋은 관계. 상하 관계일 때에도 문제없이 잘 지낸다.

## 완드의 킹
### ✕ 소드의 나이트

서로를 인정하고 양보하면서 협력체제를 구축한다. 생각이 깊어 망설임이 많은 〈소드의 나이트〉를 〈완드의 킹〉이 단호하게 이끌어주는 관계.

## 완드의 킹 ♥
### ✕ 소드의 퀸

열정이 넘치는 사람과 냉정하고 침착한 사람. 〈소드의 퀸〉의 냉정한 말이 〈완드의 킹〉에게 자신감을 주는 한 잘 지낼 수 있다. 서로를 부정하면 회복할 수 없다.

## 완드의 킹 ○
### ✕ 소드의 킹

정열적인 〈완드의 킹〉과 냉정하게 분석하는 〈소드의 킹〉. 무언가를 처리하는 방식은 다르지만 서로를 이해하고 있다. '너답다'라고 웃고 넘길 수 있다면 좋은 관계가 될 수 있다.

## 완드의 킹
### ✕ 컵의 페이지

모든 것을 자기 뜻대로 하려고 하는 〈완드의 킹〉과 시키는 대로 움직이는 〈컵의 페이지〉. 〈완드의 킹〉이 〈컵의 페이지〉의 노고를 위로해줄 수 있을지가 포인트.

## 완드의 킹 ✕
### ✕ 컵의 나이트

〈컵의 나이트〉의 의견에 〈완드의 킹〉이 따르지만 막상 행동에 옮기려고 하면 〈컵의 나이트〉가 꽁무니를 뺀다. 서로의 진심을 파악하는 것이 실망하지 않는 비책.

## 완드의 킹 ✕
### ✕ 컵의 퀸

외모뿐만 아니라 내적인 공통점도 발견하기 힘든 두 사람. 〈완드의 킹〉의 난폭한 태도를 어떻게든 하지 않으면 〈컵의 퀸〉이 견뎌내지 못할지도.

## 완드의 킹
### ✕ 컵의 킹

감성이 다르므로 모든 것에 동의할 수는 없지만 서로를 인정하며 존경하고 있다. 자신감 넘치는 〈완드의 킹〉을 〈컵의 킹〉이 응대할 수 있다면 가능성은 있다.

### 펜타클의 페이지
#### ✕ 펜타클의 나이트

한 가지 일에 열중하는 성실한 두 사람. 〈펜타클의 나이트〉가 자신을 동경하는 〈펜타클의 페이지〉를 잘 이끌어준다면 좋은 관계를 구축할 수 있다.

### 펜타클의 페이지
#### ✕ 펜타클의 퀸

이것저것 갖고 싶은 것이 많은 〈펜타클의 페이지〉에게 뭐든지 베풀고 싶은 〈펜타클의 퀸〉이라는 수요와 공급의 조합. 그에 대한 보답을 잊지 않는다면 관계에 문제는 없다.

### 펜타클의 페이지
#### ✕ 펜타클의 킹

책임감이 강한 〈펜타클의 킹〉과 걱정 없이 몸이 가벼운 〈펜타클의 페이지〉는 서로를 부러워하기도 한다. 〈펜타클의 킹〉이 여유를 갖고 대한다면 오랫동안 관계를 유지할 수 있다.

### 펜타클의 페이지
#### ✕ 소드의 페이지

주변을 살피는 〈소드의 페이지〉와 자기 일에만 열중하는 〈펜타클의 페이지〉는 서로에게 의문을 품는다. 착안점이 다르다는 점을 이해하고 '나는 나'라고 생각하자.

### 펜타클의 페이지
#### ✕ 소드의 나이트

제멋대로 행동하는 〈소드의 나이트〉와 주변을 신경 쓰지 않는 〈펜타클의 페이지〉. 비슷한 두 사람이므로 비위에 거슬린다면 거리를 두는 것이 좋다.

### 펜타클의 페이지
#### ✕ 소드의 퀸

한 걸음씩 나아가는 사람과 갑자기 결론을 내리는 사람. 〈소드의 퀸〉의 발언을 〈펜타클의 페이지〉가 긍정적으로 받아들이는가에 따라 관계가 달라진다.

### 펜타클의 페이지
#### ✕ 소드의 킹

눈앞에 닥친 일에 필사적인 〈펜타클의 페이지〉와 전체를 보고 판단하는 〈소드의 킹〉. 성에 차지 않아도 상황에 따라서는 서로의 옳은 점을 인정하는 것이 중요하다.

### 펜타클의 페이지 ○
#### ✕ 컵의 페이지

굳이 말로 하지 않아도 잘 통하는 두 사람. 〈펜타클의 페이지〉의 성실함과 〈컵의 페이지〉의 배려는 다른 것 같지만 닮아 있다.

### 펜타클의 페이지 ★
#### ✕ 컵의 나이트

온화한 관계지만 추상적인 〈컵의 나이트〉와 현실적인 〈펜타클의 페이지〉. 서로 다른 가치관을 이해할 수 있다면 잘 지낼 수 있다.

### 펜타클의 페이지 ♥
#### ✕ 컵의 퀸

부족한 자신을 지켜보고 항상 마주해주는 〈컵의 퀸〉과 그것에 응하고 싶은 〈펜타클의 페이지〉. 서로에 대한 성실함을 잃지 않는다면 안정적인 관계가 된다.

### 펜타클의 페이지 ★
#### ✕ 컵의 킹

배우는 사람과 타이르는 사람. 순수하고 솔직한 〈펜타클의 페이지〉와 올바른 길로 이끌어주는 〈컵의 킹〉이라는 관계를 확립할 수 있다면 오랫동안 관계를 유지할 수 있다.

### 펜타클의 나이트 ♥
#### ✕ 펜타클의 퀸

실행력이 있고 믿음직한 〈펜타클의 나이트〉에게 안심하고 희망을 걸고 필요한 것을 베푸는 〈펜타클의 퀸〉. 현실적인 관계를 중시하기 때문에 문제는 없어 보인다.

### 펜타클의 나이트
#### ✕ 펜타클의 킹

숙련된 연장자 〈펜타클의 킹〉과 수행 중인 젊은이 〈펜타클의 나이트〉. 입장은 다르지만 느낌은 비슷하므로 호감을 느끼는 두 사람. 서로 협력한다면 좋은 관계를 구축할 수 있다.

### 펜타클의 나이트
#### ✕ 소드의 페이지

주변 눈치를 보며 주뼛거리는 〈소드의 페이지〉와 제멋대로 움직이는 〈펜타클의 나이트〉. 서로 '왜?'라고 의문을 품는 관계. 서로 고유의 색깔과 사고방식을 인정해줘야 한다.

### 펜타클의 나이트
#### ✕ 소드의 나이트

눈앞에 닥친 일에 집중하는 두 사람이지만 〈소드의 나이트〉는 주변 사람을 끌어들이고 〈펜타클의 나이트〉는 홀로 묵묵히 작업한다. 캐릭터가 다르므로 접점을 찾기 힘들다.

### 펜타클의 나이트
### ✕ 소드의 퀸

감상적인 판단으로 본질에 다가가는 〈소드의 퀸〉과 경험을 통해 깊이 이해하는 〈펜타클의 나이트〉. 스스로 수긍해야만 하는 두 사람이므로 깊은 대화를 나눠야 한다.

### 펜타클의 나이트
### ✕ 소드의 킹

착실하게 목표를 향하는 〈펜타클의 나이트〉와 냉정한 〈소드의 킹〉. 〈펜타클의 나이트〉가 야심을 드러내지 않고 두 사람의 관계를 구축하려고 한다면 가능성이 있다.

### 펜타클의 나이트
### ✕ 컵의 페이지

현실적으로 행동하는 〈펜타클의 나이트〉를 동경하는 〈컵의 페이지〉. 선후배 혹은 형제처럼 지낸다면 유연한 관계를 유지할 수 있다.

### 펜타클의 나이트
### ✕ 컵의 나이트

이상을 좇는 〈컵의 나이트〉와 현실을 보는 〈펜타클의 나이트〉지만, 서로를 이해하는 부분도 있다. 너무 붙어 다니지 말고 필요에 따라 행동을 함께 하는 편이 좋다.

### 펜타클의 나이트
### ✕ 컵의 퀸

구체적인 말과 행동을 하는 〈펜타클의 나이트〉에게 〈컵의 퀸〉이 안도감을 느낀다. 〈컵의 퀸〉이 서포터 역할을 맡아야 관계가 원활하다.

### 펜타클의 나이트
### ✕ 컵의 킹

길을 벗어나지 않도록 조심스레 전진하는 〈펜타클의 나이트〉와 그 점을 높이 평가하는 〈컵의 킹〉. 상대의 의도를 이해하고 있고 서로를 필요한 상대로 인식하고 있다.

### 펜타클의 퀸
### ✕ 펜타클의 킹

누군가를 돕는 것을 기쁨으로 느끼는 두 사람. 〈펜타클의 킹〉의 깊은 마음과 실력, 〈펜타클의 퀸〉의 관용이 있다면 목표를 실현할 수 있다. 이인삼각으로 천하무적이 된다.

### 펜타클의 퀸
### ✕ 소드의 페이지

평화주의자이며 보수적인 〈펜타클의 퀸〉과 신중하고 상대를 쉽게 믿지 못하는 〈소드의 페이지〉. 방어적인 자세는 닮아 있기 때문에 뜻을 하나로 모은다면 함께하는 의미가 생긴다.

### 펜타클의 퀸
### ✕ 소드의 나이트

안전한 길을 선택하는 〈펜타클의 퀸〉과 과감하게 길을 개척하는 〈소드의 나이트〉. 성격이 맞지 않는 두 사람이지만 양보하고 의견을 교환한다면 서로의 장점을 끌어낼 수 있다.

### 펜타클의 퀸
### ✕ 소드의 퀸

물질적인 면에 사로잡힌 〈펜타클의 퀸〉과 정신적인 면을 중시하는 〈소드의 퀸〉. 서로를 용납하지 않는 두 사람이지만, 인간으로서 성숙한다면 이해할 수 있다. 어른스럽게 행동하라.

### 펜타클의 퀸
### ✕ 소드의 킹

진지하게 마주하는 관계를 원하는 〈펜타클의 퀸〉과 일정 거리를 두고 싶은 〈소드의 킹〉. 바라는 바가 다름을 이해하려고 노력하는 것이 첫걸음.

### 펜타클의 퀸
### ✕ 컵의 페이지

〈펜타클의 퀸〉의 친절함을 〈컵의 페이지〉가 그대로 받아들이면 좋은 관계가 된다. 〈펜타클의 퀸〉은 자신을 받아줄 상대를 찾고 있다.

### 펜타클의 퀸
### ✕ 컵의 나이트

서로를 받아들이는 두 사람. 말하기 좋아하는 〈컵의 나이트〉와 잘 들어주는 〈펜타클의 퀸〉, 양쪽 모두 자신의 역할을 편안하게 느끼고 있다. 온화한 관계를 유지하는 것이 중요하다.

### 펜타클의 퀸
### ✕ 컵의 퀸

느낌이 통하는 두 사람. 〈펜타클의 퀸〉은 상대를 받아들이고 〈컵의 퀸〉은 최선을 다해 상대에게 다가간다. 좋아하는 것이 비슷한 만큼 경쟁자가 되기도 한다.

### 펜타클의 퀸
### ✕ 컵의 킹

보상을 바라지 않는 〈컵의 킹〉의 친절함에 성심성의껏 응하려고 하는 〈펜타클의 퀸〉. 함께 있으면 마음이 평온하고 솔직해진다. 갑옷을 벗을 수 있는 관계를 확립하라.

### 펜타클의 킹
#### ✕ 소드의 페이지

누구에게나 손을 뻗는 〈펜타클의 킹〉과 상대를 지켜보고 싶은 〈소드의 페이지〉. 〈소드의 페이지〉가 상대를 믿어야 관계가 성립된다.

### 펜타클의 킹
#### ✕ 소드의 나이트

성실하고 정직한 〈펜타클의 킹〉과 요령이 좋은 〈소드의 나이트〉. 서로의 행동에 의문을 느끼지만 자신의 약점을 보완해줄 수 있는 사람이라는 사실을 깨달으면 관계에 변화가 생긴다.

### 펜타클의 킹
#### ✕ 소드의 퀸

모든 것을 받아들이는 〈펜타클의 킹〉과 자기 자신을 관찰하는 〈소드의 퀸〉. 대화를 나누면 서로 이해할 수 있지만 원하는 것의 차이가 걸림돌이 된다. 거리를 두는 것이 좋다.

### 펜타클의 킹
#### ✕ 소드의 킹

인간관계에서 친절함을 중시하는 〈펜타클의 킹〉과 가벼운 관계를 원하는 〈소드의 킹〉. 서로의 행동을 이해할 수 있다면 좋은 관계가 될 수 있다.

### 펜타클의 킹
#### ✕ 컵의 페이지 ◯

현실을 직시하는 〈펜타클의 킹〉과 꿈을 좇는 〈컵의 페이지〉지만 서로 신뢰할 수 있는 면이 있다. 어깨에 힘을 뺀 관계를 목표로 하라.

### 펜타클의 킹
#### ✕ 컵의 나이트 ★

서로 이해하고 협력하는 관계. 〈펜타클의 킹〉의 구체적인 의견이 〈컵의 나이트〉에게 용기를 주고 이끌어준다. 신뢰관계와 협력체제를 구축하면 좋다.

### 펜타클의 킹
#### ✕ 컵의 퀸 ♥

〈펜타클의 킹〉의 안정감과 〈컵의 퀸〉의 편안한 분위기가 만나 안정적인 관계를 이룬다. 새로움이나 재미는 없지만 시간이 지날수록 애착이 강해진다.

### 펜타클의 킹
#### ✕ 컵의 킹 ◯

〈펜타클의 킹〉은 물리적으로 〈컵의 킹〉은 정신적으로 상대를 지지하며 누군가에게 도움이 되려고 노력한다. 배포가 큰 두 사람이 협력관계를 구축하면 최고의 관계가 된다.

### 소드의 페이지
#### ✕ 소드의 나이트 ◯

신출내기와 뭐든지 척척 해내는 선배. 선배를 보고 배우는 〈소드의 페이지〉와 잘못을 지적하는 〈소드의 나이트〉지만 힘겨루기를 즐길 수 있다면 좋은 자극 상대가 된다.

### 소드의 페이지
#### ✕ 소드의 퀸

신경질적인 〈소드의 페이지〉와 섬세하게 두루 생각하는 〈소드의 퀸〉은 생각이 깊다는 점이 일치한다. 〈소드의 페이지〉가 불안정함을 극복할 수 있다면 관계를 유지할 수 있다.

### 소드의 페이지
#### ✕ 소드의 킹

실패를 용서하지 않는 〈소드의 킹〉으로 인해 긴장의 끈을 놓지 못하는 〈소드의 페이지〉. 〈소드의 킹〉이 〈소드의 페이지〉에게 여유 있는 태도로 대하는 것이 관계 유지의 열쇠가 된다.

### 소드의 페이지
#### ✕ 컵의 페이지

마음을 쓰는 〈컵의 페이지〉와 경계심을 늦추지 않는 〈소드의 페이지〉. 서로 다른 타입이기는 하지만 상대를 신경 쓴다는 점이 같다. 이런 공통점을 발견하는 것이 관계의 첫걸음.

### 소드의 페이지
#### ✕ 컵의 나이트

버티고 있는 것처럼 보이는 〈소드의 페이지〉에게 다가가고 싶은 〈컵의 나이트〉. 〈소드의 페이지〉가 마음을 열 수 있다면 나름의 관계를 구축할 수 있다.

### 소드의 페이지
#### ✕ 컵의 퀸

마음을 닫은 듯한 〈소드의 페이지〉가 걱정되는 〈컵의 퀸〉이 어떻게든 해주려고 하는 관계. 너무 깊이 관여하지 않도록 거리감을 유지한다면 좋은 관계가 될 수 있다.

### 소드의 페이지
#### ✕ 컵의 킹

마음을 열지 않는 사람과 마음 열기를 기다리는 사람. 사람을 믿지 못하는 것은 〈소드의 페이지〉가 미숙하기 때문. 〈컵의 킹〉의 관용에 따라 관계가 좌우된다.

### 소드의 나이트
### ×소드의 퀸

합리적으로 움직이는 〈소드의 나이트〉와 현실을 직시하는 〈소드의 퀸〉은 모순이 없어 사이좋게 지낼 수 있다. 상대를 속이지 않는다면 양호한 관계를 유지한다.

### 소드의 나이트
### ×소드의 킹

기본적으로 잘 맞는 두 사람이지만 〈소드의 킹〉의 커리어에 대한 자부심과 〈소드의 나이트〉의 경쟁심으로 인해 충돌하면 문제가 발생한다. 냉정하게 서로를 바라보는 것이 중요하다.

### 소드의 나이트
### ×컵의 페이지

〈컵의 페이지〉는 솔직하고 정직하지만 무언가에 집착하는 면이 있다. 그런 점을 부담스럽게 느끼는 〈소드의 나이트〉. 사람을 대하는 방법에 차이가 있음을 이해할 수 있는가가 관건.

### 소드의 나이트
### ×컵의 나이트

잘 맞지 않는 것은 아니지만 표면적인 관계가 되기 쉽다. 박식한 〈소드의 나이트〉에 호감을 느끼는 〈컵의 나이트〉지만 상대는 모른 체한다. 온도 차에 연연하지 않는다면 가능성이 있다.

### 소드의 나이트
### ×컵의 퀸

말솜씨가 좋은 〈소드의 나이트〉와 그 말에 휘둘리는 〈컵의 퀸〉. 〈컵의 퀸〉이 〈소드의 나이트〉의 발언을 곧이곧대로 받아들이지 않고도 만날 수 있는가가 관건이다.

### 소드의 나이트
### ×컵의 킹

차가운 사람과 인정이 넘치는 사람. 대화를 나누면 이해할 수 있지만 서로 지나쳐버리고 만다. 느긋한 〈컵의 킹〉을 〈소드의 나이트〉가 어디까지 참아낼 수 있는가가 갈림길이 된다.

### 소드의 퀸
### ×소드의 킹

엄격한 〈소드의 킹〉도 사려 깊은 〈소드의 퀸〉 앞에서는 마음을 내려놓는다. 이해득실의 판단 기준이 비슷하다. 정신적으로 자립하여 서로를 대한다면 최고의 파트너가 된다.

### 소드의 퀸
### ×컵의 페이지

마음을 털어놓고 싶은 〈컵의 페이지〉, 그의 이야기를 들어주고 정신적인 안정을 주는 〈소드의 퀸〉. 〈컵의 페이지〉가 지나치게 의존하지 않도록 거리를 유지해야 한다.

### 소드의 퀸
### ×컵의 나이트

상대의 예기치 못한 반응에 당황하면서도 서로의 마음속 깊은 곳에 있는 친절함을 느끼는 두 사람. 〈컵의 나이트〉가 다가가서 〈소드의 퀸〉의 부드러움을 끄집어낸다면 희망이 있다.

### 소드의 퀸
### ×컵의 퀸

인간에 대한 이해가 깊은 두 사람. 정서적인 〈컵의 퀸〉과 논리적인 〈소드의 퀸〉이라는 태도의 차이를 딛고 균형을 잡는다면 좋은 관계가 된다.

### 소드의 퀸
### ×컵의 킹

관대한 〈컵의 킹〉과 공감 능력이 뛰어난 〈소드의 퀸〉은 사물의 본질을 꿰뚫어본다. 서로의 핵심에 다가가는 것이 어려워 보이지만 마음속으로는 같은 것이 있다고 생각하고 있을 터.

### 소드의 킹
### ×컵의 페이지

뭐든지 잘하는 〈소드의 킹〉과 부드러움이 장점인 〈컵의 페이지〉. 열등감을 느끼지 않고 서로를 인정한다면 좋은 관계가 될 수 있다.

### 소드의 킹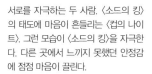
### ×컵의 나이트

서로를 자극하는 두 사람. 〈소드의 킹〉의 태도에 마음이 흔들리는 〈컵의 나이트〉. 그런 모습이 〈소드의 킹〉을 자극한다. 다른 곳에서 느끼지 못했던 안정감에 점점 마음이 끌린다.

### 소드의 킹
### ×컵의 퀸

기분이나 상황에 따라 움직이는 〈컵의 퀸〉과 객관적으로 판단하는 〈소드의 킹〉. 서로 다름을 즐기거나 한쪽이 상대방에게 맞추면 관계가 유지된다.

### 소드의 킹
### ×컵의 킹

기본적인 자세는 같지만 마음을 따르는 〈컵의 킹〉과 냉철한 〈소드의 킹〉은 서로를 용납하지 않는다. 이해관계가 얽히지 않는다면 관계가 원만하지만, 거리를 두는 편이 좋다.

### 컵의 페이지
### × 컵의 나이트

배려하는 정도가 비슷해서 함께 있으면 마음이 편한 두 사람. 언변이 뛰어난 〈컵의 나이트〉를 지나치게 의식하지 않고 〈컵의 페이지〉가 자기다움을 잃지 않는다면 좋은 관계가 된다.

### 컵의 페이지
### × 컵의 퀸

마음의 의지가 되는 관계. 〈컵의 퀸〉이 베푸는 쪽으로 보이지만 〈컵의 페이지〉가 〈컵의 퀸〉을 받아들이고 지지하는 면도 있다. 서로 솔직하게 대하면 좋은 관계가 유지된다.

### 컵의 페이지
### × 컵의 킹 ★

마음속 깊은 곳에서 연결되는 관계. 순수한 〈컵의 페이지〉와 덕이 있는 〈컵의 킹〉이므로 본질적인 부분이 이어진다. 서로를 뒷받침해주면 더욱 좋은 관계가 된다.

### 컵의 나이트
### × 컵의 퀸 ♥

함께 있는 것이 자연스러운 두 사람. 감각적으로 통하는 안정된 관계. 〈컵의 나이트〉의 말을 편하게 듣는 〈컵의 퀸〉이 자신을 있는 그대로 드러낸다면 더욱 원만한 관계가 된다.

### 컵의 나이트
### × 컵의 킹

사람의 감정을 중요하게 생각하는 두 사람. 하지만 〈컵의 나이트〉가 폼을 잡고 거짓말을 하면 〈컵의 킹〉은 난감해한다. 서로를 믿고 자신을 속이지 않는 것이 중요하다.

### 컵의 퀸
### × 컵의 킹 ♥

서로 용서하는 관계. 말없이도 안심할 수 있는 두 사람이다. 친절함을 태도로 표현하는 〈컵의 킹〉과 모든 것을 이해하는 〈컵의 퀸〉이라는 관계를 구축한다면 최고의 관계가 된다.

---

## — POINT —

## 코트 카드 궁합점에서는 역방향을 채용한다

역방향 해석에 익숙하지 않은 사람이라도 코트 카드 궁합점에서는 역방향을 채용하길 권장한다. 두 사람이 그 관계에 어떤 자세로 임하고 있는지, 문제가 어느 쪽에 있는지 카드의 정·역방향으로 나타나기 쉽기 때문이다.

한쪽에 역방향 카드가 나왔다면 그 사람은 상대와의 관계를 긍정적으로 생각하고 있지 않다거나 발뺌하고 있다고 해석할 수 있다. 양쪽 모두 역방향이라면 서로에게 솔직하지 못한 상태로 관계가 꽤 악화되어 있다고 예측할 수 있다.

그런 경우 역방향 카드를 정방향 상태로 되돌리려면 어떻게 해야 좋을지 떠올려보자. 정방향 상태, 즉 악화되지 않은 본래의 모습으로 되돌리는 것이 관계를 개선하기 위한 조언이 된다.

자신　　상대

〈컵의 퀸〉이 정방향이라면 사랑을 쏟아부었을 테지만, 지금은 사랑을 쏟아부을 수 없는 상태라고 해석할 수 있다.

A 씨　　B 씨

서로 날카로운 소드(지성)를 휘두르고 있다. 한쪽이 소드를 거두면 깊은 대화를 나눌 수 있을지도 모른다.

자신　　상사

자신 쪽에 나온 〈펜타클의 페이지〉가 정방향이 되기 위해서는 '꾸준히 노력하는 자세를 보이는 것이 좋다'라고 해석할 수 있다.

# 다양한 사람과의 궁합을 점쳐보자

코트 카드 16장을 이용한 궁합점은 1대1 궁합뿐만 아니라 여러 명과의 궁합이나 그룹 내에서 주목해야 할 사람이 누구인지 등 힘의 균형을 살펴보기에도 적합하다. 높은 계급이 나온 사람일수록 강한 존재감을 가진다.

만난 적 없는 사람을 점쳐볼 수도 있는데, '내일 새로운 미팅이 있다. 누가 주도권을 쥐게 될까'라는 식으로 질문을 던지면 된다.

그럴 때 참고가 되는 것이 네 가지 슈트의 관계도표(p71)다. 불(완드)·땅(펜타클)·바람(소드)·물(컵)의 힘 관계도 해석의 힌트로 삼는다.

코트 카드별 궁합(p98)에서 상대의 카드와 궁합이 좋은 사람을 본보기로 삼으면 좋은 관계를 만들어 갈 수 있다.

---

Case 1 | 요즘 마음에 두고 있는 거래처 그 사람과의 궁합은?

자신
**완드의 킹**

상대
**컵의 킹**

성격이 다르므로 용납할 수 없는 부분은 있지만 사실 왕끼리 서로 강렬한 인상을 남기고 있다. 각각의 시선이 밖을 향하고 있어 연애 감정으로 이어지기는 어려워 보이지만 업무상 등을 맞대고 서로 신뢰할 수 있는 사이가 되면 좋을 듯하다.

---

Case 2 | 직장 분위기가 별로 좋지 않다. 누구와 문제가 있는 것일까?

자신
**펜타클의 퀸**
(역방향)

A 씨
**완드의 페이지**

B 씨
**펜타클의 페이지**

C 씨
**소드의 퀸**
(역방향)

네 가지 슈트가 모두 나온 만큼 부서 전체의 균형은 좋아 보인다. 다만 역방향으로 나온 자신과 C 씨 사이에 뭔가 문제가 있어 보인다. 지금은 다소 거리감이 느껴지지만, 시선이 서로를 향하고 있으므로 내심 대화를 나누고 싶다고 생각하고 있을지도 모른다.

# 스프레드를 어디부터
# 읽어야 좋을지 모르겠다

**↓**

## 우선 스프레드 전체를 바라보자

카드를 스프레드에 배열하면서 뒤집을지, 아니면 모두 배열한 뒤에 뒤집을지는 자유다. 다만 물 흘러가듯 카드의 이미지가 머릿속에 들어오는 상태가 이상적이므로 중간에 멈추지 말고 집중해서 한 번에 뒤집도록 하자.

그때 '과거의 위치에 이 카드가 나왔으니까…' 같은 생각은 하지 않는 편이 좋다. 그렇게 되면 손이 멈추게 되고 생각하는 데 방해가 되어 물 흐르듯 읽어내지 못한다.

뒤집는 중에 눈에 띄는 카드가 있다면 그것이 문제의 핵심이 될 가능성이 크므로 기억해 두자.

모든 카드를 뒤집었다면 전체적인 인상을 살핀다. 각각의 카드를 읽는 것이 아니라 전체를 하나의 그림으로써 바라본다. 완드만 나왔다, 역방향이 많다, 메이저 아르카나가 적다, 어두운 이미지의 카드만 나왔다 등 대략적인 인상이 중요한 힌트가 된다.

## 스프레드는 균등하게 읽지 않아도 된다

스프레드를 읽어낼 때 모든 카드를 균등하게 읽지 않아도 된다.

위치가 갖는 의미와 카드의 의미가 어긋나서 어떻게 끼워 맞춰도 말이 안 되는 부분이나 해석하기 모호한 부분이 있을 수 있다. 그런 부분은 무리해서 읽지 말고 일단 넘어가자. 우선 눈길을 끌었던 중요한 부분부터 읽어나가다 보면 그 카드의 의미와 연결되는 부분을 발견하게 되기도 한다.

그렇게 마지막 순간에 모든 카드의 수수께끼가 풀리는 경우도 많다.

# 그림을 전체적으로 바라보자

## Case 1 | 좀처럼 연애를 시작하지 못하는 이유는?

스프레드를 전개했을 때 가장 먼저 눈길을 끈 것은 전체적으로 회색 카드가 많다는 점이었다.

회색 배경의 카드 가운데 〈컵 A〉의 빛나는 황금 컵이 눈에 띈다.

이런 경우 새로운 만남을 원한다면 〈컵 A〉가 말하듯 '자신의 마음속에서 샘솟는 강렬한 사랑을 더 많이 표현하는 것이 좋다'라는 메시지로 해석할 수 있다. '구제의 컵(사랑)'의 의미로 해석하는 것이다.

과거

최종 예상

현재

방해가 되는 것

가까운 미래

주변(혹은 상대) 상황

조언

## Case 2 | 지금 직장에서 성장하기는 어려울 것 같다. 이직하는 것이 좋을까?

전체적으로 어두운 느낌의 스프레드다. 검정에 꼭 나쁜 의미가 있는 것은 아니지만 어딘가 분위기가 무겁다.

이 가운데 '잠재의식' 위치에 나온 〈펜타클 5〉가 시선을 끌었다. 본래 굶주림을 나타내는 카드지만 역방향이라 발밑에 있는 하얀 구름이 빛나고 있는 것처럼 보였기 때문이다.

따라서 '발밑, 가장 가까이에서 빛나고 있는 자기 자신을 깨닫지 못하고 있다'라는 영감을 얻었다.

결국 '현재의 직장에서 좀 더 배울 것이 있지 않을까'라고 해석했다.

질문자의 현재 의식 (생각하고 있는 것)

최종 예상

질문자의 상황

질문자의 소망

가까운 미래

방해가 되는 것

과거

주변 (혹은 상대) 상황

질문자의 잠재의식 (느끼고 있는 것)

질문자가 처한 상황

# 스프레드에서 어떤 카드가
# 중요한 카드인지 모르겠다
## ➡
## 카드의 힘의 세기에 주목하자

카드를 전개했지만 딱히 눈에 띄는 카드가 없어서 어떤 카드부터 읽어야 할지 망설여질 때는 카드의 강약에 주목하자.

단서가 되는 것은 메이저 아르카나가 나온 위치다. 78장의 카드 가운데 22장뿐인 메이저 아르카나가 나온 곳은 숙명적으로 중요한 열쇠를 쥐고 있는 경우가 많다.

양자택일(p40)로 점쳤는데 한쪽에 메이저 아르카나가 나왔다면 '그쪽 선택지가 우세하다'라고 해석할 수 있다.

다음으로 강한 것이 각 슈트의 A가 나온 위치다. 그리고 숫자 카드는 숫자에 따라 세기가 달라진다.

홀수·짝수 등 특징적인 부분이 있다면 그것을 판단 기준에 추가해도 좋다.

카드의 세기를 의식하면 평면적으로 보이던 스프레드의 해석이 명확해지고 해석의 실마리를 발견하기 쉽다.

## 78장 카드의 강약을 의식한다

22장의 메이저 아르카나는 문제의 핵심, 혹은 질문자의 의식이 향하고 있는 부분을 나타낼 때가 많다.

다음으로 중요한 것은 각 슈트의 A다. 이것은 무언가의 '시작'이나 포석을 암시한다. 처음에는

2~10이나 코트 카드가 나온 부분은 그다지 큰 문제를 내포하고 있지 않다고 해석해도 상관없다. 중요한 부분을 중심으로 읽다 보면 마이너 아르카나의 의미가 보이기 시작할 것이다.

| 메이저 아르카나 | 마이너 아르카나 | 그밖의 마이너 아르카나 |
|---|---|---|
|  |  |  |
| 22장(숙명적) | 각 슈트의 A 4장(확정적) | 52장(일상적) |

# 숫자 카드의 강약을 의식한다

마이너 아르카나의 숫자 카드는 할당된 숫자에
주목해야 한다.

'반올림'처럼 A를 제외한 4 이하의 숫자는 이제
막 시작되어 어떻게든 변화하는 상태, 일시적인
상태인 경우가 많다. 5 이상이 되면 점차 중요도
가 높아진다. 숫자가 커질수록 문제가 막바지에 접
어들고 있어 곧 결과가 나온다는 것을 의미한다.
'과거'보다 '미래'의 위치에 있는 숫자가 크다면 기
세가 올라가고 있는 것을, '과거'보다 '미래'의 숫자
가 적다면 기세가 꺾이고 있는 것을 암시한다. 질
문한 내용에 따라서는 '문제가 해결되고 있다'라
고 해석할 수 있다.

# 홀수·짝수를 의식한다

숫자는 홀수와 짝수로 나뉜다. 만약 스프레드 전
체를 보고 '홀수(혹은 짝수)가 많다'라는 식으로 한
쪽으로 치우쳐 있는 것을 발견했다면 그것에 의미
가 있다고 생각하고 해석해보자.

홀수는 남성성, 능동성, 정신성, 행동력을 나타낸
다. 그에 비해 짝수는 여성성, 수동성, 물질성, 소
극성을 나타낸다

홀수가 많다면 질문자가 열정이 넘치고 문제를
적극적으로 해결하고자 하는 것을 뜻한다. 짝수
가 많다면 일어나는 모든 일을 받아들이려는 태
도로 해석할 수 있다.

같은 숫자 카드가 여러 장 나왔다면 그 숫자의 의
미가 강한 상태라고 해석해도 좋다.

# 카드 중에
# 중요한 조합이 있는가?
⬇
## 카드에 주목하자

스프레드에서 어떤 위치의 카드끼리 근본적으로 이어져 있거나 깊은 연관성을 보일 때가 있다. '11 타로'를 알아두면 그 연관성을 쉽게 간파할 수 있다.

11 타로란 메이저 아르카나 22장의 번호를 더해서 20이 되는 카드를 말하며 총 11세트가 있다. 단 〈운명의 수레바퀴〉와 〈세계〉는 더해서 21이 된다.

세트가 되는 두 장은 어떤 테마에 대해 정반대의 성질을 갖는다. 〈전차〉와 〈죽음〉은 '맞서는 기사'와 '끝내려는 죽음의 신'이 된다.

스프레드를 전개했을 때 11 타로를 발견했다면 그 세트가 의미하는 테마가 어떤 형태로든 문제 해결의 열쇠가 된다.

〈황제〉와 〈탑〉은 안정과 붕괴라는 테마가 문제의 핵심이 되기도 한다.

물론 모든 경우에 맞아떨어지지는 않지만 힌트가 될 수 있으니 참고하도록 하자.

## 타로가 역방향으로 나왔다면?

어차피 두 장의 카드가 정반대의 의미를 갖는다면 역방향까지 고려할 필요가 없다고 생각할 수 있겠지만 여기에는 미묘한 차이가 있다.

예를 들어 〈교황〉과 〈악마〉는 '신을 섬기는 자', '신에 맞서는 자'라는 차이가 있지만 〈교황〉이 역방향으로 나왔다고 해서 그것을 악마로서 해석할 수는 없다. 마음속에 사악함을 품고 있다고 해도 겉으로는 드러내지 않을 것이기 때문이다. 마찬가지로 〈악마〉가 역방향으로 나왔다고 해도 성직자인 〈교황〉이 될 수는 없다. 정방향이었을 때의 카드 자체의 의미를 정확히 이해하고 이미지를 넓혀보자.

# 타로 세트에 주목하자

## Case 1 | 사이가 좋지 않은 후배와 잘 지내려면?

궁합을 보기에 적합한 헥사그램 스프레드다. '상대'의 위치에 〈힘〉, 그리고 '자신'의 위치에 〈매달린 남자〉라는 11 타로 세트가 나온 사례다.
이 세트의 테마는 '동적임과 정적임'이다. 〈힘〉이 나온 상대 쪽이 관계를 개선하기 위해 노력하고 있고 〈매달린 남자〉인 당신은 자신 안에 숨어 있는 상태일지도 모른다. '조언'에 〈펜타클 6〉이 나온 것으로 보아 상대의 선의를 솔직하게 받아들이는 것이 중요해 보인다.

과거
상대의 마음
질문자의 마음
최종 예상
가까운 미래
현재
조언

## Case 2 | 새로운 프로젝트가 궤도에 오르지 못하는 이유는?

과거에 의기양양하게 시작한 것이 〈마법사〉에 나타나 있다. 현재에 〈달〉이 나와 있는 것으로 보아 불안정하고 막연한 상태다. 〈마법사〉와 11 타로 세트인 〈태양〉이 최종 결과에 나온 것이 인상적이다. 이 세트의 테마는 '시작과 도달'이므로 프로젝트는 무사히 완성될 것이다. 조언에 〈소드 9〉(역방향)가 나왔으므로 악몽(망상이나 의심)에서 깨어나는 것이 중요하다고 해석할 수 있다.

과거
최종 예상
연재
방해가 되는 것
가까운 미래
주변(혹은 상대) 상황
조언

# 메이저 아르카나
# 11 타로

타로 조합과 각 세트의 테마를 정리해두었다.

**0 바보**

**20 심판**

## 잠자는 젊은이와 잠을 깨우는 알림

〈바보〉는 매사가 불확실한 단계를 의미한다. 계속해서 꿈을 꾸고 싶어 하지만 〈심판〉은 결정의 시기가 왔음을 알리고 있다. 나팔 소리가 '빨리 깨어나라'라며 잠에서 깨어날 것을 종용하고 있다.

**1 마법사**

**19 태양**

## 출발 신호와 도착 지점

〈마법사〉는 새로운 전개를 맞이하여 기대와 자신감이 가득한 상태. 지금부터 파티를 준비하려는 모습으로도 보인다. 〈태양〉은 기쁨과 최고조를 의미한다. 축제의 주인공으로서 분위기를 띄우고 그 만족감에 환하게 웃고 있는 것일까.

**2 여사제**

**18 달**

## 분리와 모호함

〈여사제〉는 흑백을 확실히 가르고자 하는 데 반하여 〈달〉은 무엇도 확실히 말하지 않는 카드이다. 달빛이 비치는 세상은 하늘과 산, 물조차 모두 파란색이다. 달의 모호함과는 달리 〈여사제〉는 세세한 부분까지 확실하게 색이 나뉘어 있다.

**3 여황제**

**17 별**

## 유복한 숙녀와 순수한 소녀

〈여황제〉는 풍요로움을 의미하는 카드이다. 호화로운 의상은 이 여성이 모든 것을 손에 넣어 충족된 상태임을 말하고 있다. 〈별〉은 실오라기 하나 걸치지 않은 모습이지만 이 젊은 여인은 '무언가를 손에 넣는다'라는 가능성이 가득한 상태다.

**4 황제**

**16 탑**

## 안정과 쇄신

〈황제〉는 안정, 〈탑〉은 파괴를 의미하는 카드이다. 전자는 조직이나 가족을 지키는 질서의 힘. 후자는 규칙이나 상식 등을 파괴하는 힘이다. 다만 이 둘은 적대적인 관계가 아니라 오래된 것이 쇄신되어 가는 과정. 새로운 것이 묵은 것을 대신하는 것을 의미한다.

**5 교황**

**15 악마**

## 인간의 이성과 동물의 본능

〈교황〉은 이성이나 도덕을 의미하는 성직자의 카드이다. 그는 앞에 있는 두 사람에게 신의 가르침을 전하고 있는 것일까. 그에 비해 〈악마〉는 욕망이나 쾌락을 상징한다. 〈교황〉의 가르침을 받은 자를 유혹하고 타락의 길로 끌어들이려 하고 있다.

## 6 연인

### 표면적인 동조와 진정한 이해

〈연인〉이 의미하는 것은 동조이다. 두 사람은 말하지 않아도 감각적으로 통하는 사이다. 그에 비해 〈절제〉는 오랜 세월 함께한 부부처럼 서로 깊이 이해하고 있다. 다른 가치관을 받아들이듯 컵 안에 든 액체를 섞고 있다.

**14 절제**

## 7 전차

### 치열하게 사는 자와 죽음을 극복한 자

〈전차〉는 전쟁터를 향하고 있고 〈죽음〉은 전쟁의 끝을 알리고 있다. 무적의 〈전차〉는 배웅하는 사람도 없이 어딘가 서두르는 기색이다. 그에 반해 〈죽음〉은 죽은 자의 여유로 말 위에서 목숨을 구걸하는 인간을 내려다보고 있다.

**13 죽음**

## 8 힘

### 능동적인 힘과 수동적인 힘

〈힘〉은 맹수를 앞에 두고도 두려워 않고 자기 힘으로 상황을 타개하려고 한다. 〈매달린 남자〉는 손도 다리도 움직이지 못하는 상태지만 꿋꿋이 견뎌내는 모습이다. 조용히 생각하고 지혜를 짜내 탈출하려는 것일지도 모른다.

**12 매달린 남자**

## 9 은둔자

### 낭만주의자와 현실주의자

〈은둔자〉는 사물의 진리를 탐구하는 카드이다. 눈을 감고 고개를 숙인 그는 명상에 잠긴 듯하다. 그에 반해 〈정의〉는 눈앞에 있는 현실을 중시한다. 정면을 응시한 채 당장이라도 입을 뗄 것 같다. 검과 지팡이, 둘이 손에 든 것조차 대조적이다.

**11 정의**

## 0 운명의 수레바퀴

### 과정과 결과

〈운명의 수레바퀴〉는 흐름을 의미한다. 이 카드는 항상 현재진행형이며 결코 멈추는 일이 없다. 그에 반해 〈세계〉는 결과가 나온 상태다. 무언가 완성을 이루고 행복한 상태에 있음을 나타내고 있다.

**21 세계**

# 스프레드 카드의 의미를 하나로
# 연결 지을 수 없다

⬇

## '눈에 보이지 않는 끈'을 발견하자

11 타로 이외에도 밀접한 관계를 갖는 카드들이 있다.

예를 들어 구도나 아이템에 공통점이 있거나 슈트나 숫자가 일치하는 경우다.

과거에 같은 테마를 점쳤을 때 나온 카드가 다시 나왔거나, 일에 대해 점쳤을 때 나온 카드가 연애를 점쳤을 때도 나오는 등 결과가 연결되기도 한다.

그렇지만 그것은 '이 조합이 나오면 연결이 된다'라고 단순하게 규칙화할 수는 없다. 점친 내용, 해석하는 사람의 상태나 영감 등에 따라 달라지기 때문이다.

그 시점에 그 사람이 그 부합을 발견해야만 비로소 중요한 힌트가 된다.

여기에서 주목해야 할 점과 공통점을 쉽게 발견할 수 있는 포인트를 소개한다. '어디에서 힌트를 찾지?'라는 생각이 들 때 확인해보길 바란다.

## 한 장의 그림을 보듯 바라본다

스프레드는 모든 카드를 배열한 뒤 고개를 들고 한 장의 그림을 보듯 전체를 바라보는 것이 중요하다. 그렇게 하면 공통점이나 위화감이 느껴지는 부분이 눈에 들어온다. 이런 포인트가 중요한 열쇠를 쥐고 있을 때가 많다.

익숙해지면 카드를 뒤집으면서 '아까 나온 카드와 비슷하다'라고 알아차릴 수 있게 된다. 더욱 숙련되면 카드를 뒤집기 전에 '여기에 그 카드가 나올 것 같다'라는 예감대로 카드가 나오기도 한다. 이럴 때는 직감적으로 해석이 잘 되고 다른 카드 역시 물 흐르듯 읽히며 적중 확률도 높아진다.

# 이런 공통점을 살펴보자

소드 2　　완드의 나이트　　소드 7

펜타클 4　　완드 6　　펜타클 9

## 비슷한 구도나 같은 아이템

구도나 아이템 종류는 구별해내기가 쉽다. 〈소드 2〉, 〈펜타클 4〉는 의자에 앉아 있는 자세가 공통점. 〈완드의 나이트〉, 〈완드 6〉은 말, 〈소드 7〉, 〈펜타클 9〉는 몸동작의 분위기가 닮았다.

완드 10　　소드 3　　펜타클 6

소드 10　　컵 3　　펜타클 10

## 같은 숫자, 같은 슈트

스프레드에 특정 슈트가 얼마나 나왔는가는 그 문제에 원소의 불(열정)·땅(물질)·바람(사고)·물(감정) 가운데 어떤 요소가 깊이 관여하고 있는가를 판단하는 기준이 된다. 같은 숫자의 카드도 그 의미를 조사해 보자.

두 번째
'OO의 흐름을 알고 싶다!'

현재
**전차**

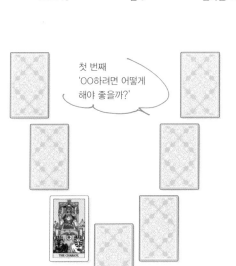

첫 번째
'OO하려면 어떻게 해야 좋을까?'

미래
**전차**

## 과거에 점쳤을 때 나왔던 카드

하나의 문제에 질문을 바꿔서 복수의 스프레드를 전개했을 때 첫 번째 스프레드에 나왔던 카드가 두 번째에도 나왔다면 그 카드가 문제 해결의 열쇠일 가능성이 크다. 예를 들어 일전에 '미래'로서 나왔던 카드가 시간이 흐른 뒤에 '현재'로서 나오기도 한다.

# 카드가 역방향으로 나오면
# 어떻게 해석을 해야 좋을지 모르겠다

⬇

## 문제의 핵심이 있다고 생각하자

역방향 해석에 어려움을 겪는 사람이 많다. 처음에는 역방향을 채용하지 않아도 괜찮다고 이야기했지만, 사실 각 카드의 역방향 의미를 정확히 몰라도 카드가 역방향으로 나왔다는 사실만으로도 정보를 끄집어낼 수 있다. 하나는 문제가 있는 부분을 알려주고 있을 가능성이 크다는 점이다. 대부분 무언가 고민에 대해 점을 치기 때문에 악화되어 있거나 꼬여 있는 부분, 즉 문제를 안고 있는 부분에 역방향이 나오는 경우가 많다. 스프레드 전체에서 역방향이 어느 정도 나왔는지, 다른 위치의 카드와 비교해서 어떤 상태인지와 같은 점은 중요한 힌트가 된다.

역방향을 꺼리지만 말고 잘 활용해서 깊이 있는 해석을 해보자.

## 다른 카드와 비교해본다

역방향으로 나온 카드는 카드 한 장 한 장보다 스프레드 전체를 보면 의미가 더욱 명확해진다. 궁합을 점쳤는데 '상대'를 나타내는 위치에 메이저 아르카나가 정방향으로 나왔고 '자신'에는 마이너 아르카나가 역방향으로 나왔다면 상대방이 더 강한 마음을 품고 있다고 해석할 수 있다. 또한 양자택일로 점쳤을 때 역방향이 나온 선택지는 잘 풀리지 않는다고 판단하고 선택 후보에서 제외시킬 수 있다.

이것은 다른 카드와 비교를 통해 비로소 보이는 것들이다. 역방향으로 나온 한 장에만 연연하지 말고 전체를 살펴보도록 하자.

# 역방향의 비율에 주목한다

역방향이 많으면 어떻게 읽어야 할지 몰라서 당황할 때가 있다. 그럴 때는 스프레드 전체를 보고 '질문자가 이 문제를 진지하게 받아들이려고 하지 않는다'라고 해석할 수 있다. 보고도 못 본 척하거나 정면으로 맞서지 않거나 문제점을 눈치채지 못한 상태. 사실은 이 문제를 해결하고 싶은 마음이 없는 등 진심이 결여되어 있기도 하다. 역방향이 지나치게 많이 나왔을 때는 그런 가능성도 생각해보는 것이 좋다.

대부분 역방향이 나온 가운데 한 장만 정방향으로 나왔다면 그것에 질문자의 본심이 짙게 드러나 있을 때가 많다.

# 결과를 바꾸는 힌트로 해석한다

'미래'나 '최종 결과'에 역방향이 나오면 낙담하기 일쑤다. 하지만 이럴 때일수록 스프레드 전체를 바라보자.

스프레드 가운데 몇 장이 역방향으로 나온 경우, 핵심이 되는 카드가 역방향에서 정방향의 의미로 돌아간다면(그 원인이 해소된다면) 다른 카드도 정방향이 되고, 자연스레 미래나 최종 결과도 달라지면서 문제가 해결된다는 식으로 해석하기도 한다. 역방향 카드가 나타내는 '뒤틀림'이 해소된다면 결말도 바꾼다는 해석 방법은 타인을 점칠 때도 적용할 수 있다.

가령 A카드가 역방향이므로 B카드도 역방향으로 나왔다. 바꿔 말하면 A카드가 정방향이 되면 B카드도 정방향이 된다고 해석할 수 있다.

문제의 원인
**여황제(역방향)**

미래
**별(역방향)**

문제의 원인
**여황제**

미래
**별**

# 유니크한 타로를
# 모아보자!

현재 시중에 나와 있는 타로는 수천 종류가 넘는다고 알려져 있다. 타로의 기본적인 의미를 이해했다면 다른 종류의 타로도 사용해보자. 같은 타로여도 그림이 바뀌면 신선한 영감을 얻을 수 있으며, 이제까지와는 다른 새로운 리딩을 할 수 있게 된다.

### 미니 마더피스
### 라운드 타로

고대 신화를 바탕으로 한 타로. 웨이트판과는 다른 세계관으로 그려져 있기 때문에 카드에서 떠오르는 단어를 새롭게 하고 싶을 때 사용하는 것을 추천한다. 원형이므로 정·역방향에 연연하지 않고 그림에서 떠오르는 이미지를 확장시킬 수 있다.

### 헤르메틱 타로

마술결사 '황금새벽회'에서 만든 타로. 행성이나 별자리 심벌이 그려져 있으므로 점성술을 좋아하는 사람이라면 한층 더 쉽게 영감을 넓힐 수 있다. 신비한 흑백 그림이 점치는 분위기를 북돋아준다.

### 트랜스포메이셔널
### 타로

고전 명화를 참신하게 콜라주한 타로. 〈정의〉에는 보티첼리의 '비너스의 탄생' 여신이 그려져 있고 〈바보〉는 〈몽상가〉가 되어 있는 등 이름도 독자적으로 변형시켰다. 새로운 상상력을 펼치기에 좋은 카드다.

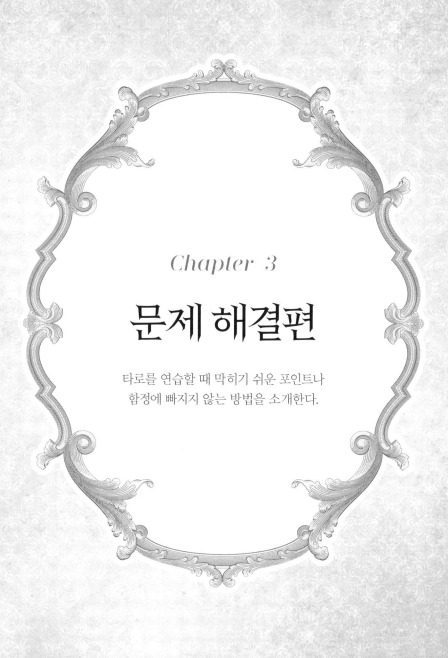

Chapter 3

# 문제 해결편

타로를 연습할 때 막히기 쉬운 포인트나
함정에 빠지지 않는 방법을 소개한다.

# 중급자가 흔히 겪는
# 문제를 살펴보자

## 카드를 신뢰하면
## 좌절을 극복할 수 있다

점친 결과가 잘 맞지 않는 것 같거나 나쁜 카드가 반복해서 나오면 '더는 하기 싫다'라며 타로를 손에서 놓아버리기 쉽다. 사실 이런 이유로 타로를 그만두는 사람이 많다. 하지만 당신이 점친 염원이나 고민은 그렇게 간단하게 포기할 수 있는 것들인가?

만약 당신이라면 이런 상황에서 어떻게 하겠는가? 회의 중에 엄청난 이익이 예상되지만 고된 일을 감수해야 하는 기획안이 나왔다. 거기에서 그만둘 것인가, 아니면 실현할 방법을 고민할 것인가?
타로도 마찬가지다. 사랑을 점쳤는데 좋지 않은 카드가 나왔다면? 어차피 이루어지지 않을 테니 포기하고 말 것인가, 아니면 그런 상황에서도 사랑을 이루어내기 위해 어떻게 할지 고민할 것인가?

이럴 때 관건은 질문자의 마음과 염원이나 고민에 대한 의지가 얼마나 강한지에 달려 있다. 열의가 있다면 부정적인 카드가 나왔다고 해도 거기에서 힌트를 얻어내고자 노력할 것이다.

'느낌이 좋지 않은 데다가 카드도 잘 못 읽겠으니 그만둬야겠다' 하고 포기한다면 그것으로 끝이다. 좌절을 극복하기 위해 필요한 것은 마지막까지 읽어낼 수 있는 끈기다.
모든 우연에는 의미가 있다. '이 카드는 나에게 무엇을 말하려는 걸까?' 하고 우선 카드를 믿어보자.

# 당신과 카드는
# 부모와 아기 같은 관계

타로와 타로를 읽는 사람은 아기와 부모 같은 관계다. 아기는 말을 못 하지만 부모는 '이렇게 하고 싶구나'라고 직감적으로 알아차리고 아기와 최선을 다해 커뮤니케이션한다.

이와 마찬가지로 카드가 당신에게 어떤 메시지를 전하려고 하는지 아기를 지켜보는 부모의 마음으로 마주하기 바란다. '어쩌면 이 카드는 이런 것을 말하고 싶었을지도 몰라!'라고 카드를 이해하는 순간이 올 것이다.

# 가장 중요한 것은
# 카드를 신뢰하는 마음

한 가지 덧붙이자면 부모에게는 아기를 있는 그대로 받아들이는 힘이 있다. 그러니 카드라는 당신의 아기가 던진 메시지를 우선 받아들여야 한다. 제대로 해석할 수 없었다면 그것은 카드(아기) 탓이 아니라 읽는 사람(부모)이 아직 완전히 이해하지 못했기 때문이다. 나온 카드를 반드시 읽어내려는 습관을 들이는 것만으로도 리딩 스킬은 확연히 높아질 것이다.

'Chapter 3 문제 해결편'에서는 항상 비슷한 상황에서 해석이 막힌다거나 이 부분을 조금 더 제대로 해석하고 싶을 때 그 문제를 해결하는 힌트를 소개한다.
분명 '이렇게 하면 되는구나!'라는 깨달음을 얻을 수 있을 것이다.

# 새로운 의미를 끄집어내기
# 어려운 카드가 있다
⬇
## 시점을 바꿔서 생각해보자

타로에 익숙해지면 카드에서 도출해내는 단어가 권태로워지기도 한다. 그렇게 되면 점차 점치는 행위 자체가 지겹게 느껴질 수 있다.

본래 카드의 의미는 점치는 내용에 따라 달라진다. 가령 〈악마〉는 욕망에 사로잡히도록 유혹하는 나쁜 카드라는 이미지가 강하지만 관계가 식어가는 부부를 점칠 때 이 카드가 나오면 지금보다 관계성이 친밀해진다고 해석할 수 있다.

헤어지고 싶은 연인과의 미래에 〈죽음〉이 나오면 '뒤탈 없이 헤어질 수 있다'라고 해석하는데 이것은 본인에게 좋은 의미로 받아들일 수 있다. 해석의 매너리즘에 빠지지 않기 위해서는 당신의 마음속에 있는 '이 카드는 이런 의미'라는 선입견을 버려야 한다.

카드를 보고 다른 해석을 떠올려보거나 카드 종류를 바꿔 새로운 힌트를 찾아보도록 하자.

## 머리를 깨끗이 비우고 다시 살펴본다

사람의 눈을 피해 몰래 무언가를 하는 〈소드 7〉. 그의 표정에서 부정적인 느낌을 받는 사람이 많을 것이다. 하지만 만약 그가 사랑하는 연인을 위해 깜짝 파티를 준비하는 중이라면?

굶주림에 지친 〈펜타클 5〉는 어려운 상황에 놓여 있지만 교회에 도움을 구하지 않는다. 즉 이 카드는 높은 자존심을 의미한다.

이처럼 카드의 또 다른 측면을 발견하는 연습을 해보자.

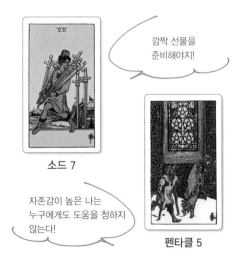

깜짝 선물을 준비해야지!

소드 7

자존감이 높은 나는 누구에게도 도움을 청하지 않는다!

펜타클 5

# 카드 종류를 바꿔본다

사고방식을 전환하는 가장 간단한 방법은 카드를
바꾸는 것이다.

시중에 나와 있는 카드 대부분은 이 책에서 소개
하는 웨이트판 78장과 구성이 같다. 개성 넘치는
전 세계의 아티스트가 자기 나름대로 타로의 세
계를 표현하고 있다.

그림은 달라도 카드의 의미는 같다. 하지만 눈에
들어오는 정보가 다르면 자연스럽게 새로운 해석
이 떠오를 것이다.

### 〈탑〉

《이상한 나라의 앨리스》를 테마로 한 '원더랜드
타로'의 〈탑〉이다. 웨이트판에서 탑은 하늘에서 떨
어지는 번개로 인해 붕괴하지만, 원더랜드 타로에
서는 거대해진 앨리스에게 버티지 못하고 내부에
서부터 붕괴하고 있다.

〈탑〉은 '갑작스러운 문제'를 암시하는 카드다. 문
제는 대체 누가 일으킨 것일까? 하는 상상력을
자극한다.

### 〈태양〉

'뱀파이어 타로'의 〈태양〉이다. 흡혈귀에게 태양은
죽음을 가져오는 존재로 불길한 카드일 것 같지
만 사실은 그렇지 않다. 흡혈귀에게 죽음은 저주
받은 영혼의 정화이며, 인간에게는 기쁨을 암시하
고 있을지도 모른다.

그렇게 생각하면 〈태양〉이 나타내는 '기쁨'이라는
의미가 한층 더 깊어질 것이다.

# 많은 카드를 배열하는
# 스프레드 해석이 어렵다
⬇
## '지금의 자신 카드'를 활용하자

스프레드를 어디서부터 읽어야 할지 모르겠거나 해석을 위한 힌트가 필요할 때 추천하는 것이 '지금의 자신 카드'다.

단순하게 '지금 자신의 상태는?'이라고 질문하면서 카드 한 장을 뒤집는다. 나온 카드가 스프레드를 해석하는 힌트가 될 때가 많아서나 역시 감정 전에 한 장 뽑아두는 편이다.

'지금의 자신 카드'에 메이저 아르카나가 나왔다면 '지금 리딩은 중요한 결과가 나올 듯

하다'라고 예측할 수 있다.

마이너 아르카나가 나왔다면 스프레드에 같은 슈트나 숫자 카드가 나와 있는지 살펴보자. 스프레드에 나온 카드를 '지금의 자신 카드'와 연관 지으면서 생각하면 해석이 한결 수월해진다.

당신도 '지금의 자신 카드'를 사용하는 습관을 들이기 바란다.

## '지금의 자신 카드'는 아무 때나 뽑아도 괜찮다

'지금의 자신 카드'는 카드 맨 위 혹은 위에서 몇 장째 등 자신이 원하는 곳을 정해서 한 장 뽑는다. 뽑은 카드는 카드 뭉치에 되돌려놓아도 되고 무슨 카드가 나왔는지 까먹을 것 같으면 옆에 두고 점쳐도 된다.

감정 전에 뽑아두면 리딩이 수월해지는데, 나중에라도 '스프레드를 전개했지만 아무것도 모르겠다'라고 느껴질 때 한 장 뽑아도 된다. 스프레드를 해석하는 좋은 힌트를 얻을 수 있다.

# 해석에 활용해보자

Case
1
친구와 다툰 후
관계를 개선하기 위해서는?

'현재'에 〈완드의 퀸〉(역방향)이, '과거'에 〈컵의 나이트〉가 나왔으므로 감정적으로 엇갈려 있다고 판단할 수 있다.

하지만 '상대의 마음'은 〈소드의 나이트〉이므로 대화를 나누고 싶은 마음이 있는 듯하다.

게다가 '지금의 자신 카드'에 〈펜타클의 나이트〉가 나와 있으므로 같은 나이트끼리 마주할 각오가 되어 있는 것은 아닐까?

'조언'의 〈완드 4〉가 나타내듯 대화의 장이 마련된다면 관계가 개선될 듯하다.

지금의 자신 카드
**펜타클의 나이트**

과거

상대의 마음

질문자의 마음

최종 예상

가까운 미래

현재

조언

Case
2
회사 실적이 악화되었다.
구직 활동을 해야 할까?

처음에는 즐겁게 일하고 있었지만 〈달〉(역방향)이 나타내듯 업무 환경을 직시하게 되면서 '이럴 거라고는 생각 못 했다'라고 느끼는 듯하다.

'지금의 자신 카드'에 나온 〈소드 2〉를 봐도 계속할지, 이직할지 두 가지 선택지 사이에서 상황을 살피고 있다.

'조언'과 '최종 예상'에 두 장의 A가 나와 있으므로 '돈 〈펜타클 A〉(역방향)을 선택할지 보람 〈완드 A〉을 선택할지'의 문제일지도 모른다.

과거

최종 예상

현재

방해가
되는 것

가까운
미래

주변(혹은 상대)
상황

조언

지금의 자신 카드
**소드 2**

# 적당한 말이 떠오르지 않아
# 점치는 데 시간이 걸린다

⬇️

## 3초 룰을 지키자

카드를 봐도 아무런 단어나 이미지가 떠오르지 않을 때가 있다. 그럴 때는 카드를 뒤집고 3초 이내에 느낀 점을 말로 내뱉어보자. 3초가 중요한 이유는 시간이 오래 걸릴수록 불필요한 생각을 하게 되기 때문이다. '이 카드는 이런 의미고, 이 위치에 있으니까…'라고 생각하기 시작하면 끼워 맞추기식 해석이나 매번 틀에 박힌 해석만 하게 된다.

타로를 읽을 때 중요한 것은 직감이다. 카드를 뒤집고 처음 본 순간 자신의 마음속에 떠오른 것은 무엇인가? 불안인가, 기쁨인가, 꺼림칙함인가…. 그것이야말로 카드를 통해 당신의 잠재의식에서 나온 답이다.

'생각하지 말고 느껴라', 이것이 진정한 의미의 '정확성을 높이는 리딩 비법'이라고 할 수 있다.

## '느낀 것'과 '생각한 것'은 다르다

스스로 자신감이 부족하다고 말하는 사람에게 카드를 뽑고 그 순간 떠오른 것을 말해보라고 한 적이 있다.

나온 카드는 〈펜타클 9〉였고, '이렇게 화려하고 반짝이는 여성과 자기 자신을 비교하는 버릇이 있다'라고 답했다.

본래 〈펜타클 9〉에 그런 의미는 없다. 하지만 카드를 보고 그렇게 느꼈다면 그 사람에게는 그것이 정답이다.

사고 회로가 작용하면 '주위의 보살핌'이나 '지위를 얻는다'처럼 책에 나온 그대로 해석하게 된다. 생각하는 것이 아니라 느낀다는 것은 이런 식이다. 그것을 자기만의 방식으로 표현할 수 있다면 더할 나위 없다.

# 카드를 보고 '느끼는 연습'을 한다

무엇이 직감인지 모르겠다거나 단어를 떠올리는 방법을 잘 모르겠다는 사람도 있다. 그런 사람을 위해 만든 연습 방법이 '풀 오라클'이다. 이는 반복해서 타로에 질문을 던지는 방법이다. 앞에서 질문을 만드는 연습법으로도 소개했는데(p77), 3초 룰 연습에도 효과적이다.

78장의 카드를 손에 쥐고 질문을 던지면서 한 장씩 뒤집는다. 떠오른 단어를 3초 이내에 입 밖으로 내뱉으면서 또다시 다음 질문을 던지고 카드를 뒤집는 것을 반복한다.

친구와의 대화를 떠올리면 된다. '이거 어떻게 생각해?', '이러는 편이 더 좋지 않을까?'라는 식으로 계속해서 타로에 질문을 던져보자. 도중에 말문이 막혀도 풀이 죽을 필요는 없다. 78장 모든 카드에 질문을 던질 수 있다면 좋겠지만 처음에는 10장 정도도 괜찮다.

나중에 내용을 검증해보고 싶다면 녹음기 등으로 녹음을 해두는 것도 좋은 방법이다. 질문뿐만 아니라 나온 카드의 이름도 함께 읽어두면 복습하는 데 도움이 된다.

**탑**

3초 만에 읽으면…

◆ 모든 것을 1부터 다시 시작해야 한다
◆ 지면이 흔들릴 정도의 커다란 사건
◆ 무슨 일이 벌어질 것 같다

LUA라면…
나쁜 이미지의 〈탑〉이지만 낙하하는 사람의 표정이 즐거워 보였다. 그 표정을 보고 '작정하고 뛰어든다'라고 연상했다.

**심판**

3초 만에 읽으면…

◆ 과거 일이 되살아난다
◆ 병원에서 치료를 받는다
◆ 지금껏 진 빚을 갚는다

LUA라면…
죽은 자가 욕조에 들어가 있는 것처럼 보여서 '온천'이 떠올랐다. 피로가 풀려서 되살아났기 때문에 카드의 의미와도 맞아떨어진다.

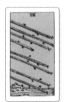

**완드 8**

3초 만에 읽으면…

◆ 강풍으로 인해 사건의 흐름이 빨라진다
◆ 갈 길을 막는 펜스
◆ 운동, 전망대

LUA라면…
완드가 파스타로 보였다. 나뭇잎을 바질이라고 하면 제노베제 파스타. 메뉴를 점칠 때는 이런 영감을 받을 수도 있다.

# 풀 오라클에 도전해보자

오늘도 야근. 너무 피곤하다.
나는 왜 이렇게 일하는 속도가
느릴까….

**소드 7**

중요한 것을 놓치고
있다는 건가? 그게 뭐지?

**컵 8**

목표만 바라보느라 바로 앞을
내다보지 못하고 있는 걸까.
그것을 개선하려면 어떻게 해야
할까?

**완드 3**

밤늦게 집에 돌아가는 길목이랑
비슷해 보이네…. 야근을 당연하게
생각하면서 일하는 것은 좋지
않은 것 같아. 그렇다면 내 인생은
어떻게 될까?

**펜타클의 퀸**

결실을 의미하는 카드.
왠지 결혼할 것 같다!
그나저나 이번 이벤트에서
좋은 사람을 만날 수 있을까?

**소드의 페이지**

과거를 나타내는 카드….
전부터 알고 지내던 사람과
만나게 되려나?
어떤 옷을 입고 가야 좋을까?

**컵 6**

날카로운 소드니까
조금 샤프하고 지적인 분위기가
좋을 것 같아.

풀 오라클은 카드의 의미를 생각하기보다는 그림
을 보고 그 순간에 떠오른 것에서 연상을 확장해
가야 한다. 모두 3초 이내에 답할 수 있도록 연습
하자.

# 타로와의 대화를 즐긴다

풀 오라클은 사고할 틈을 주지 않고 바로 말을 이어가는 것이 중요하다. 때로는 의미를 알 수 없는 말이 튀어나오기도 하지만 예상치 못했던 단어에 자신의 속내가 드러나기도 한다. 의외의 단어가 나왔다면 깊이 생각해보자. 분명 뜻밖의 결론으로 이어질 것이다.

타로가 마음을 비추는 거울이라고 한다면 풀 오라클로 끄집어낸 단어는 자신의 마음 그 자체다. 시간과 체력이 있다면 78장 모든 카드를 사용해서 풀 오라클에 도전해보길 바란다.

# '느낀 것'에서부터 리딩을 시작한다

풀 오라클로 연습한 대로 단어를 뽑아내는 감각을 실제 리딩에서도 떠올리자. 우선은 카드를 뒤집었을 때 느낀 점에 주목하여 표현한다. 질문한 내용과 연결되는 것이 있는지 생각하자. 스프레드 전체를 보거나 11 타로, 정·역방향의 비율, 시간 순서로 어떤 흐름을 보이는지 등 세세한 부분을 살피는 것은 그다음으로 미뤄도 괜찮다. 사고하기 전에 느낀 점을 우선하여 리딩한다.

—————————— P O I N T ——————————

## 친구와 함께하면 영감을 넓히는 데 도움이 된다

3초 룰의 풀 오라클은 혼자보다는 여럿이서 하는 것을 추천한다. 한 장의 카드를 보고 떠오른 단어를 각자 말로 뱉어보자. 그때 타로를 전혀 모르는 사람과 함께하면 예상외의 단어가 나오기도 하므로 또 다른 재미를 느낄 수 있다.

다만 너무 비약하면 연상 게임이 되기 때문에 점으로 성립하지 못한다. 따라서 본래 카드의 의미를 의식하면서 도전해보자.

# 역방향 의미를 완벽히 외우지 못해서 도중에 해석이 끊긴다

⬇

## 세 개의 기본 패턴을 이해하자

역방향의 의미는 많은 사람이 어려움을 느끼는 걸림돌 중 하나다. 심지어 카드가 거꾸로 나온 순간 시무룩해지는 사람이 있을 정도다. 타로를 시작하는 단계에서는 역방향을 채택하지 않아도 괜찮지만, 역방향을 해석할 수 있게 되면 해석의 폭을 넓힐 수 있다.

역방향 역시 의미를 무턱대고 암기할 것이 아니라 눈에 띄는 부분이나 떠오른 영감에서 해석을 넓혀가는 것이 중요하다.

그래도 모르겠다면 먼저 정방향의 의미로 해석해보길 바란다. 역방향이란 '본래 이런 상태(정방향)여야 하지만, 그렇지 않은 상태'이기 때문이다. 여기에서는 정방향의 상태가 '① 정반대로 나와 있다', '② 부정적으로 나와 있다', '③ 도달하지 못했다'라는 세 가지 패턴을 이용해 역방향을 해석하는 방법을 소개한다. 이것을 마스터하면 어떤 상황에서 역방향이 나와도 해석할 수 있다.

## 우선 직감적으로 읽어보자

거꾸로 된 카드에서 어떤 영감이 느껴지는지 실제로 연습해보자. 카드를 거꾸로 보면 정방향에서 눈치채지 못했던 곳에 눈길이 가기도 한다. 거꾸로 뒤집힌 그림에서 본래의 의미와는 전혀 다른 이야기를 발견할지도 모른다.

정방향의 〈전차〉는 정면으로 돌진할 것처럼 보였지만 역방향으로 보면 도망치거나 잘못된 방향으로 나아가거나 혹은 역주행할 것 같은 느낌마저 든다. 아니면 이미 사고가 나서 전복된 상태일 수도 있다. 그렇게 생각하면 젊은이는 들것에 실린 환자로, 스핑크스는 간호사로 보이지 않는가?

**전차**

정방향

역방향

# 카드를 거꾸로 놓고 바라보자

## 정의

정방향

역방향

정방향으로 나오면 선악의 판단을 공정하게 내리는 〈정의〉가 된다. 역방향으로 보니 오른발의 하얀 구두가 조금 삐져나와 있는 것이 눈에 띈다. 그것에서 '본심을 숨기고 있다', '사실은 한쪽 편을 들고 있다'라는 느낌을 받을 수도 있다.

## 소드의 퀸

정방향

역방향

정방향에서는 강한 의지를 표명하듯 늠름하게 검을 치켜들고 있는 〈소드의 퀸〉이지만, 역방향이 되면 그 검이 압정이나 이쑤시개처럼 보인다. 따끔하게 충고하는 선배처럼 느껴지기도 한다.

## 소드 3

정방향

역방향

정방향에서 볼 때는 고통스러워 보이는 〈소드 3〉이지만 역방향이 되면 검의 손잡이가 아래로 오기 때문에 오히려 안정적으로 보인다. 그것에서 '오래 지속되는 마음의 고통', '힘든 상태에 취해 그 속에 빠져 있다'라고 해석할 수 있다.

## 완드 A

정방향

역방향

막대기를 힘껏 움켜쥔 〈완드 A〉. 마치 '굿(good)'이나 '좋아요'라는 손동작처럼 보인다. 그것을 뒤집으면 야유를 뜻하는 손동작이 된다. 그것에서 '주변의 반발에 부딪힌다', '주위의 불만을 산다'라는 해석이 가능하다.

# 해석의 세 가지 패턴을 이해한다

여기에서는 세 종류의 역방향 해석 패턴을 소개하고 있는데, 의미가 전혀 다르기 때문에 '결국 무엇을 채택해야 하는가?'라며 혼란스러워할 수 있다. 하지만 그 부분은 스스로 판단해야 한다. 역방향 카드는 나온 순간에는 비관하기 쉽지만 무엇을 어떻게 읽을지는 자기 자신에게 달렸다. 카드에 모든 것을 떠넘기지 말고 스스로 결정하려는 의지를 갖도록 하자.

① 카드의 의미가
　정반대로 나와 있다
② 카드의 의미가
　부정적으로 나와 있다
③ 카드의 의미에
　도달하지 못했다

**별**
KEYWORD 희망

❶ 카드의 의미가 정반대로 나와 있다
　➡ 희망이 없다, 희망이 사라졌다
❷ 카드의 의미가 부정적으로 나와 있다
　➡ 잘못된 희망(목표)에 빠져 있다
❸ 카드의 의미에 도달하지 못했다
　➡ 희망을 실현하기 위해서 아직 갈 길이 많이 남았다

**완드 7**
KEYWORD 분투

❶ 카드의 의미가 정반대로 나와 있다
　➡ 두려워하고 있다, 불리한 상황에 놓였다
❷ 카드의 의미가 부정적으로 나와 있다
　➡ 힘든 싸움을 강요당한다, 패배할 것이다
❸ 카드의 의미에 도달하지 못했다
　➡ 기력이나 체력이 낮은 상태다

--- POINT ---

## 긍정적인 의미가 되는 역방향

역방향일 때 반드시 카드의 의미가 나빠지는 것은 아니다. 본래 의미가 그다지 좋지 않은 카드는 역방향에서 오히려 긍정적으로 해석되기도 한다.

대표적인 것은 〈달〉이다. 정방향에서는 '어슴푸레하여 불확실하다'라는 의미지만, 역방향은 달이 지고 아침이 온다는 점에서 '상황이 점차 명확해진다'라고 해석하는 경우가 많다.

그밖에도 〈컵 5〉는 쓰러진 컵 사이에서도 무사히 서 있는 두 개의 컵에 초점을 맞춰 '슬픔에서 빠져나온다'라고 해석한다. 또한 고요하게 휴식을 취하고 있는 〈소드 4〉를 역방향으로 하면 '휴식 시간이 끝나서 다시 움직인다'라고 해석할 수 있다.

그 외의 카드에서도 긍정적인 이미지가 떠오른다면 그것을 채택해도 괜찮다.

## Case 1 | 마음에 드는 사람의 현재 심리 상태는?

절제(역방향)

물속에 한쪽 발을 담그고 있는 〈절제〉를 뒤집어 보면 발이 지면에 닿지 않아 마치 땅으로 떨어지는 모습처럼 보인다. 굳게 감은 눈은 타인을 거부하는 듯하다.

정방향이라면 '서로를 이해한다'라는 의미가 되지만, '어차피 서로를 이해할 수 없다' 하고 포기해버린 심경으로 보이기도 한다. 지금은 마음을 닫아버린 상태일지도.

## Case 2 | 자격시험 공부가 순조롭지 않은 이유는?

| 원인 | 결과 | 조언 |
|------|------|------|
| 정의(역방향) | 펜타클의 나이트 (역방향) | 세계 |

원인에 나온 〈정의〉(역방향)는 공부가 잘 되지 않는 이유를 남 탓으로 돌리는 철없는 사고방식을 지적하고 있다. 결과에 나온 〈펜타클의 나이트〉(역방향)는 정방향이라면 꾸준한 노력을 의미하지만 역방향일 때는 타성에 젖은 모습을 의미한다. 조언의 〈세계〉가 '마지막까지 해내는 것'을 시사하고 있으므로 마음을 다잡고 게으름을 피우지 않는다면 점차 결과가 좋아질 것이다.

## Case 3 | 현재 직장과 나의 궁합은?

전체적으로 컵이 많이 보인다. 상대(회사)는 〈컵의 퀸〉으로 질문자에게 사랑을 쏟고 있다는 것을 알수 있지만, 현재는 〈컵 7〉, 질문자의 마음은 〈컵 10〉(역방향)인 것을 보면 지금의 직장에 권태로움을 느끼고 있는 듯하다.

최종 예상에 나온 〈운명의 수레바퀴〉(역방향)는 〈컵 10〉(역방향)에서 떨어지는 물로 인해 반대 방향으로 돌아가고 있을지도 모른다. 조언에 나온 〈컵의 킹〉(역방향)도 질질 끌려다니지 말고 자신만의 기준을 갖는 것이 중요하다고 말하고 있다. 이처럼 역방향으로 나온 카드가 스프레드상에서 다른 카드에 영향을 끼치고 있다는 식으로 해석할수도 있다. 그림을 천천히 살펴보고 이야기를 발견해내는 것이 중요하다.

# 마이너 아르카나의 해석이
# 전부 비슷해진다
⬇
## 비슷한 카드를 비교하면서 정리하자

마이너 아르카나의 〈소드 6〉과 〈컵 8〉에는 등을 돌리고 어디론가 떠나는 사람이 그려져 있다. 이처럼 느낌이 비슷한 카드의 의미를 혼동하는 일이 많은데, 만약 두 장 모두 '무언가가 사라져간다'라고 해석한다면 마이너 아르카나를 제대로 다루고 있다고 말할 수 없다. 여기에서는 그림이나 느낌이 비슷한 카드의 의미를 정리해두었다. 카드를 서로 비교하다 보면 각각의 카드를 더욱 깊이 이해하게 되므로 의미를 끄집어내기가 쉬워진다.

메이저·마이너 아르카나를 불문하고 그림이 비슷한 카드뿐만 아니라 의미가 비슷한 카드의 차이점도 살펴보자. '끝'을 의미하는 〈소드 10〉과 〈죽음〉의 차이점에 대해 설명하는 것은 쉬운 일이 아니다. 특히 마이너 아르카나는 각 카드만의 세밀한 차이를 발견해내기가 어렵다.

'비슷한 카드가 많은데 왜 하필 이 카드가 나왔을까'라는 점을 생각하고 그 차이를 해석의 재료로 삼는다면 더욱 정확한 결과와 명확한 조언을 얻을 수 있다.

## 느낌이 비슷한 카드를 구별하자

### 〈완드 9〉 〈소드 8〉

〈완드 9〉와 〈소드 8〉은 세로로 늘어선 막대기와 검에 둘러싸인 사람이라는 구도가 비슷하지만 의미는 정반대다. 〈완드 9〉는 자신의 영역을 빼앗기지 않으려고 내부에서 신중하게 지키고 있는 인물이다.

그에 비해 〈소드 8〉은 날카로운 검에 둘러싸여 있어 밖으로 나가려 해도 나갈 수 없다고 생각하는 인물이다.

같은 장소에 있는 듯 보이지만 사실은 전혀 다른 심경인 점에 주목하자.

완드 9

소드 8

### 〈소드 2〉 〈달〉

두 장 모두 달이 그려져 있고 불투명함이나 망설임을 나타낸다는 점에서 의미를 혼동하기 쉽다.
〈달〉은 진실이 가려져 현실을 보고 싶어도 볼 수 없는 상태를 암시한다.
반면 〈소드 2〉는 두 가지 선택지를 두고 갈등한 나머지 문제로부터 시선을 피하고 싶은 망설임을 의미하는 카드다.
소드는 이성을 관장하므로 현실은 파악하고 있는 상태라는 점에서 〈달〉과 다르다.

소드 2        달

### 〈소드의 퀸〉 〈여사제〉

양쪽 모두 차갑고 지적인 여성이라는 점 때문에 같은 해석을 하기 쉽지만 인물의 나이에 주목하면 그 차이를 알 수 있다.
〈여사제〉는 젊은 여성으로 이상이 높고 무엇이든 흑백을 가르려고 하는 미숙함이 특징이다.
〈소드의 퀸〉은 인생 경험이 풍부하므로 이상보다는 경험을 근거로 삼아 현실적으로 사물을 보기 때문에 융통성이 있는 편이다.

소드의 퀸        여사제

### 〈소드 8〉 〈매달린 남자〉

몸을 속박당한 사람이 그려져 있다. 〈소드 8〉은 다리가 자유로운 상태지만 움직이려 하지 않는다는 점에서 자기만의 착각이나 피해망상 같은 부정적인 감정에 휩싸여 있다고 해석할 수 있다.
〈매달린 남자〉는 움직이고 싶어도 움직일 수 없는 상태지만 현재 상황을 받아들이고 깊이 사고하려 하므로 긍정적인 상태로 볼 수 있다.

소드 8        매달린 남자

# 의미가 비슷한 카드를 비교하자

### 〈소드 10〉 〈죽음〉

시체와 사신, 모두 '끝과 시작'을 연상시키는 카드다. 〈소드 10〉은 이성을 관장하는 소드이므로 가치관의 끝을 의미한다. 즉 자신의 약점을 받아들이고 대책을 세우는 정신적 의미에서의 끝과 시작이다. 〈죽음〉은 인간관계나 사랑, 일 등 누구에게나 공평하게 일어나는 숙명적인 끝을 암시한다.

소드 10          죽음

### 〈펜타클 9〉 〈여황제〉

풍요로운 자연에 둘러싸인 신분이 높은 여성이 그려져 있다.
〈펜타클 9〉는 풍부한 재능과 실적으로 인한 성공을 말한다. 모든 것이 충족된 상태여서 여유가 있는 두 사람이지만, 물질적으로 충분히 만족한 〈펜타클 9〉와 정신적으로 충족한 〈여황제〉라는 차이에 주목하자.

펜타클 9          여황제

### 〈펜타클 2〉 〈절제〉

서로 다른 두 가지를 균형 있게 다루는 점이 공통된 카드다.
〈펜타클 2〉는 두 가지를 조종한다는 의미가 강하며 그에 비해 〈절제〉는 섞는다는 의미가 강하다. 가령 대화를 할 때 분위기나 대화 자체를 즐기는 상태를 〈펜타클 2〉라고 한다면 〈절제〉는 상호 이해가 깊어지는 대화를 나누는 상태라고 할 수 있다.

펜타클 2          절제

〈완드 4〉 〈컵 9〉
〈펜타클 10〉
〈컵 10〉 〈세계〉

하나같이 밝은 분위기 속에서 즐기고 있는 카드
지만 사실 미묘한 차이가 있다.

마이너 아르카나는 숫자와 슈트의 성질에 주목해
야 한다. 가장 큰 숫자인 〈펜타클 10〉과 〈컵 10〉
은 '완성'을 뜻한다. 두 장 모두 행복해 보이는 가
족이 그려져 있어서 혼동하기 쉽지만 펜타클은
일의 완성이나 물질적인 면에서 모두 이루어낸 상
태를, 컵은 마음의 충족을 암시한다.

이러한 물질과 마음의 차원을 뛰어넘어 모든 것이
채워진 상태가 〈세계〉다.

10에 이르지 못한 〈완드 4〉와 〈컵 9〉는 미완성 상
태다.

〈완드 4〉는 생일 파티나 결혼식처럼 기쁜 일이나
편안한 행복감을 의미한다.

〈컵 9〉도 손에 쥔 기쁨과 앞으로 잘될 것이라는
믿음을 나타내므로 미완성된 상태를 뜻한다.

완드 4 컵 9 펜타클 10

컵 10 세계

〈완드 2〉 〈완드 3〉

두 장 모두 완드이며 미래를 향한 정열을 품은 남
성의 뒷모습이 그려져 있다.

〈완드 2〉는 이미 무언가를 손에 넣었고 그 만족
감을 음미하며 밝은 미래를 향해 의기양양한 상
태다.

〈완드 3〉은 현재보다는 미래에 중점을 두고 앞으
로 다가올 기회나 과제에 대해 긍정적으로 생각
하려는 상태를 암시한다.

완드 2 완드 3

### 〈소드 3〉 〈소드 9〉
### 〈컵 5〉

처음 본 순간 슬픔을 연상시키는 세 장의 마이너 아르카나다.

〈소드 3〉은 갑작스러운 충격으로 인한 가슴을 찌르는 고통이나 정신적 상처를 나타낸다.

〈소드 9〉는 떠올릴 때마다 마음에 꽂히는 듯한 과거의 후회를 의미한다. 이 두 카드는 이성을 관장하는 소드인 점에서 슬픔 속에 있어도 현실을 받아들이고 깨닫는 전개를 암시하기도 한다.

〈컵 5〉도 후회를 나타내는 카드다. 하지만 컵은 마음을 관장하는 슈트이므로 충격적인 일로 인해 너무 슬픈 나머지 전체 모습을 바라보지 못하는 상태라고 할 수 있다.

소드 3

소드 9

컵 5

### 〈컵 2〉 〈연인〉 〈절제〉

〈컵 2〉와 〈절제〉는 두 개의 컵이 그려져 있는 점이 같고, 〈컵 2〉와 〈연인〉에는 남녀 한 쌍이 그려져 있다.

세 장 모두 누군가와의 만남을 의미하는 카드인데, 가장 깊은 교류를 나타내는 것이 〈절제〉다. 상대와 의견이 맞지 않아도 자기 자신이나 제삼자의 다양한 의견을 종합하여 최선의 답을 이끌어 낸다.

〈컵 2〉는 반대 의견이 없는 순탄한 의사소통을 나타낸다.

〈연인〉은 의견 교환이라기보다는 느낌이 통한다는 의미가 강하다.

컵 2

연인

절제

### 〈펜타클 7〉 〈컵 4〉

막연하고 답답한 심경이 느껴지는 두 장. 구별하는 포인트는 인물의 표정에 있다.
〈펜타클 7〉에서 펜타클을 바라보는 남성은 불만족스러운 현상을 제대로 직시하고 있으므로 미래의 성장을 암시한다. 〈컵 4〉에서 눈을 감은 남성은 현상에서 시선을 회피한 채 대책을 세우지 않고 제자리만 맴돌고 있는 상태다.

펜타클 7      컵 4

### 〈소드 6〉 〈컵 8〉

두 장 모두 운세의 전환기를 나타내며, 떠나가는 사람의 모습이 비슷하다.
소드와 함께 전진하고 있는 〈소드 6〉은 과정을 거쳐 앞으로 나아가는 모습을 의미한다. 여덟 개의 컵을 뒤로하고 떠나가는 〈컵 8〉은 지금까지의 장소에 더는 머무를 필요가 없어졌다는 것을 암시한다. 무언가가 끝남과 동시에 일어나는 변화라고 할 수 있다.

소드 6      컵 8

### 〈소드 5〉 〈소드 7〉

5는 터닝 포인트에 해당하므로 〈소드 5〉는 커다란 과제에 직면한 혼란으로 인해 이기적인 모습을 보이게 되는 것을 암시한다. 또한 소드를 훔치는 사람, 떠나가는 사람 등 어떤 인물에게 자신을 투영하는가에 따라 해석이 달라지는 것도 특징이다.
〈소드 7〉은 갈등을 나타내는 숫자 7이므로 안 보이는 곳에서 교활한 일을 꾀한다는 의미뿐만 아니라 양심과의 싸움을 암시하기도 한다.

소드 5      소드 7

# 22

## 등장인물이 없는 마이너 아르카나 A는 해석하기 어렵다

⬇

## 다른 슈트와 비교해보자

인간의 일상적인 모습을 그린 카드가 많은 마이너 아르카나는 등장인물에 자기 자신을 대입하거나 인물의 표정을 힌트 삼아 어렵지 않게 그 의미를 해석할 수 있다.

오히려 등장인물이 없는 심플한 A 카드를 해석하려고 할 때 곤혹스러워지곤 한다.

그럴 때는 'A에는 각 슈트의 원소가 가장 순수한 형태로 나타난다'라는 점을 떠올리자.

가령 컵은 '사랑'이므로 마음을 다한다, 공감한다, 따뜻하게 대한다는 식으로 원소의 키워드를 바탕으로 연상해보면 의외로 다양한 해석이 가능해진다.

같은 질문에 다른 슈트의 A가 나왔다면 어떻게 해석이 바뀔지도 생각해보자.

나오지 않은 카드와 비교하면 쉽게 해석될 때도 있다.

## 키워드에서 연상해보자

| 완드 | 펜타클 | 소드 | 컵 |
|---|---|---|---|
| 생명력·정열·행동력 | 물질·재산·풍요로움 | 지성·언어·책략 | 감정·사랑·정감 |

| 완드 | 펜타클 | 소드 | 컵 |
|---|---|---|---|
| ◆ 일단 착수한다 | ◆ 부자 | ◆ 지식인 | ◆ 분위기 조성 |
| ◆ 기세가 좋다 | ◆ 보상으로 환심을 산다 | ◆ 말로 표현해본다 | ◆ 마음에 스며든다 |
| ◆ 고조된다 | ◆ 가치 | ◆ 효율을 높인다 | ◆ 넘치는 다정함 |
| ◆ 목소리가 크다 | ◆ 종류가 많다 | ◆ 빠뜨리다 | ◆ 온화한 상태 |
| ◆ 체육 계열 | ◆ 눈에 보이는 성과 | ◆ 공부하다 | ◆ 공감을 이끌어낸다 |

# A 카드를 해석해보자

<table>
<tr>
<td>

Case
1

신제품이 인기를 끌려면
어떤 광고를 해야 좋을까?

</td>
<td>

Case
2

취미로 시작한 테니스지만
시합에서 이기고 싶다!

</td>
</tr>
</table>

펜타클 A

과거      현재      가까운 미래

물질을 의미하는 〈펜타클 A〉가 나왔으므로 신제품을 사용했을 때 얻을 수 있는 구체적인 메리트를 제시하면 지지를 얻을 수 있을 것이다. 다른 슈트의 경우라면 컵은 공감을 부르는 광고, 소드는 인상적인 캐치프레이즈, 완드는 지금 유행에 발맞춘 광고를 하는 것이 좋다고 해석할 수 있다.

과거에 나온 〈죽음〉은 시합에 패배한 뒤 다음 승리를 다짐하는 것을 암시한다. 현재는 〈소드 3〉(역방향)이다. 기대한 만큼 실력이 향상되지 않아 기분이 좋지 않다. 가까운 미래에 승부를 나타내는 〈완드 A〉가 나왔다면 승리를 거두겠지만 〈컵 A〉(역방향)가 나왔으므로 우승에는 미치지 못해도 잘 싸워낸 것에 기쁨의 눈물을 흘린다고 해석할 수 있다.

---

## POINT

### 나오지 않은 카드를 이용해서 해석하자

'나오지 않은 카드'를 통해 해석하는 방법은 마이너 아르카나가 아닌 다른 카드에서도 사용할 수 있는 테크닉이다.

A사와 B사에 취업을 희망한다고 가정하고 양자택일로 점을 쳐보자. 이번에 유일하게 나오지 않은 슈트가 펜타클이다. 돈을 의미하는 펜타클이 없다는 것은 이번 취업에서는 수입이 늘어날 가능성이 적다고 해석할 수 있다. 또한 남성이 그려진 카드가 나오지 않았으므로 여성이 많은 직장일 가능성이 있다고 읽어낼 수 있다.

선택지 A

선택지 B

질문자의 태도

# 안 맞는 카드가 나왔다는
# 확신이 들 때는?

➡

## 마지막까지 읽어내는 '끈기'가 포인트다

점친 결과에 대해 '감이 안 온다', '카드가 잘 못 나온 것이 확실하다'라는 생각이 들 때가 있다.

'카드가 무엇을 말하고 싶은지 모르겠다'라고 느낄 때도 있다.

특정 카드의 해석이 잘 안 된다거나 점치고 있는 내용과 연결되지 않는다, 자신의 기분이나 소원과 전혀 맞지 않는 카드가 나왔다, 혹은 느낌이 좋지 않은 카드가 나왔을 때도 해

석을 포기해버리기 쉽다.

하지만 거기에서 '아닌 것 같은데?', '전혀 맞지 않잖아!'라고 멈추지 말고 어딘가 짐작이 가는 것은 없는지 자기 자신을 의심해보자.

그 문제에 대해 스스로 깨닫지 못한 점이나 그동안 보이지 않았던 것이 있을지도 모른다. 그것을 알려주는 것이 타로다. 잘 안 읽히는 카드일수록 끈기가 필요하다. 분명 그 너머에 진짜 답이 기다리고 있다.

## 시간을 두고 생각한다

의미를 알 수 없는 카드가 나왔다면 무리해서 답을 찾아내려 하지 않아도 괜찮다. 고민이 있을 때는 머릿속이 고민으로 가득 차 있기 때문에 상황을 객관적으로 바라볼 수 없다. 시간을 두고 보면 오히려 중요한 것이 보이기 시작한다. 당시 스프레드를 사진으로 찍거나 메모를 해두고 그 카드들을 마음에 담아두자.

그렇게 하면 일상생활을 하다가 갑자기 떠오르거나 '이런 뜻일지도 몰라!' 하고 깨닫게 되는 순간이 온다. 다만 모르겠다고 내버려두거나 없었던 일로 하지 않도록 주의한다.

# 문제를 회피하고 있지는 않은가?

어째서 안 맞는다고 느끼는 것일까? 어쩌면 당신이 놓치고 있는 것이나 인정하고 싶지 않은 나머지 무의식 중에 회피하고 있는 무언가가 있을지도 모른다.

그럴 일이 없다고 부정하는 것은 바람직하지 않다. 종종 대면 감정을 하는 상황에서 본인이 보고 싶지 않은 사실을 지적했을 때 거부 반응을 보이는 사람이 있는데, 그렇게 회피해서는 아무것도 해결되지 않는다.

성인군자가 아닌 이상 모든 것을 받아들일 수 있는 사람은 없다. 그러므로 타로를 통해 그 문제를 극복하려고 노력하는 것이 중요하다.

읽을 수 없는 카드가 나오면 부정하지 말고 우선 '그렇구나, 그럴 가능성이 있다'라고 받아들인다. 마음을 가다듬고 '이 카드가 말하는 게 맞다면 그게 무슨 뜻일까?'라고 생각해보자.

그런 끈기를 발휘하면 모든 카드를 어려움 없이 읽게 되고 자기 자신의 약점 또한 극복할 수 있다.

# 스프레드와 카드에 갭이 있을 때는?

'소망'의 위치에 자신이 원하지 않는 나쁜 카드 혹은 역방향 카드가 나오거나 '방해가 되는 것'에 긍정적인 카드가 나올 때가 있다. 이처럼 스프레드와 카드 사이에 갭이 생겼을 때 해석을 포기해버리지는 않는가?

그럴 때는 무리해서 정·역방향을 해석하지 않아도 된다. '이 위치에 이 카드가 나왔다'라는 사실만으로 리딩을 해보자.

'소망' 위치에 나쁜 카드가 나오는 것은 표면적으로는 바라고 있지만 내심 정말 그렇게 되면 어쩌지 하고 불안감과 저항을 느끼고 있기 때문이다. 혹은 감정이 너무 격해져서 호의가 증오나 격렬한 감정으로 변해버리는 경우도 있다.

'방해가 되는 것'에 나온 좋은 카드는 질문자가 느끼고 있는 문제가 사실 존재하지 않거나 너무 좋은 상태여서 오히려 방해가 되고 있다고 해석할 수 있다.

질문 내용이나 그 당시의 영감에 따라 판단하면 된다.

# 아무리 노력해도 읽을 수 없는
# 카드가 나왔을 때 힌트가 필요하다
## '다시' 묻지 말고 '더' 묻는다

'같은 질문을 다시 물어서는 안 된다'라는 것은 타로의 기본 규칙이다. 타로와 자기 자신의 신뢰 관계가 무너져버리기 때문이다. 한 번 잘못된 것이 아닌가 의문을 품게 되면 그 후에 무엇을 점쳐도 '지금 나온 답은 없었던 것으로 하자'라며 다시 점치는 습관이 들게 된다.

따라서 질문은 한 번만 던진다. 그런 신중함과 집중력을 소중히 해야 한다. 물론 시간이 흐르거나 상황이 변하면 다시 점쳐도 좋다. 다만 '다시 묻는 것'이 아니라 '더 묻는 것'은 괜찮다. '이 카드를 읽을 수 없으니 힌트가 필요하다'라고 느낄 때 '이것은 어떻게 하라는 뜻인가?'라며 조언을 구하기 위해 추가로 한 장을 더 뽑아보자. 이것이 '조언 카드'다.

타로에 대한 것은 타로에게 묻는다. 더 나은 리딩을 위해 조언 카드를 잘 활용해보자.

## 이런 때에는 더 물어보자

읽을 수 없는 카드가 나왔을 때 '이 카드가 의미하고 있는 것은 무엇일까?'라며 카드를 한 장 추가로 뽑는다. 나온 카드를 실마리 삼아 해석해나간다.

조언 카드는 스프레드를 전개하며 좋은 의미로 받아들일 수 없는 카드가 나왔거나 모든 감정을 끝낸 마지막 순간에 '이 문제에 대해 어떤 자세를 가져야 하는가'처럼 정리의 개념으로 뽑을 수도 있다.

한 장으로 이해가 가지 않는다면 '이것은 무슨 뜻인가? 힌트를 달라'라고 몇 장 추가로 뽑아도 상관없다. 해석이 훨씬 부드러워질 것이다.

# 조언 카드를 활용해보자

## Case 1 | 새로운 사람을 만나지 못하는 이유는?

'과거', '현재', '가까운 미래'의 위치에 나온 카드가 모두 역방향인 것이 눈길을 끈다. 사랑하고 싶다고 말은 하지만 마음은 그렇지 않은 상태일지도 모른다.

'방해가 되는 것'에 나온 〈소드 7〉은 '뒤에서 계략을 꾸미는 사람'이라는 의미다. 그것이 누구인지 판단하기 위해서 조언 카드를 추가로 뽑았더니 〈심판〉이 나왔다. 과거의 연인이 무언가 움직임을 일으킬 가능성이 있다. 조언에 나온 〈컵 8〉(역방향)은 재도전을 의미하므로 새로운 사랑을 방해하고 있는 것은 자기 자신이 과거의 연인과 재결합을 기대하고 있기 때문일지도 모른다.

 과거

 최종 예상 / 조언 카드

 최종 예상

 현재

 가까운 미래

 방해가 되는 것

 주변(혹은 상대) 상황

 조언

## Case 2 | 어떤 직업을 선택해야 할까?

이직을 고려하는 질문자. 현재 직장인 A사, 이직 후보인 B사 그리고 프리랜서라는 세 가지 선택지 중에서 점쳐보았다. '질문자의 태도'에 〈펜타클 10〉(역방향)이 나왔으므로 오랜 기간 해왔던 일에 부담을 느끼고 있는 듯하다. 〈힘〉이 나온 B사는 긴장을 늦출 수는 없지만 얻을 것은 많다. 프리랜서는 〈펜타클 6〉으로 평화로운 나날이 될 듯하다. '무엇을 기준으로 결정해야 할까'라는 질문으로 조언 카드를 뽑았더니 〈마법사〉가 나왔다. 이는 '새로운 일을 시작하자'라는 메시지로 볼 수 있다. 메이저 아르카나가 나왔다는 점에서 B사가 유망해 보인다.

 조언 카드

 A사

 B사

 프리랜서

 질문자의 태도

# 다른 점을 조합하여
# 변화를 준다

타로 이외에도 우연성을 이용한 점은 무수히 많은데, 다른 점을 경험함으로써 세계관을 더욱 넓힐 수 있다.

룬은 타로와 궁합이 좋다. 룬이란 북유럽 신화에 등장하는 고대문자를 말한다. 옛날에는 나무에 새겨져 있었기 때문에 단순한 직선으로 구성되어 있으며 하나하나에 상징적인 의미가 담겨 있다.

신비로운 분위기가 감도는 다우징도 인기가 많다. 그밖에 다른 점을 조합하여 자신만의 감정 스타일을 만들어보자.

### 룬

현재도 룬 문자가 각인된 스톤이 팔리고 있다. 주머니에 넣은 상태에서 무작위로 하나를 뽑아 점친다. 일반적으로 사용되는 룬은 24문자로 된 '엘더 푸사르크(Elder futhark)'다. 각 문자에는 '선물', '인간', '말' 등의 의미가 있다. 시중에는 룬카드 등도 판매되고 있다.

### 다우징

펜듈럼이라고 불리는 추의 움직임으로 점을 친다. 질문에 대한 대답이 'YES'면 시계 방향으로, 'NO'면 반시계 방향으로 빙글빙글 회전한다. 타로로 '양자택일'을 점쳤는데 어느 쪽 선택지를 고를지 고민될 때 사용하면 더욱 깊이 있는 감정을 할 수 있다.

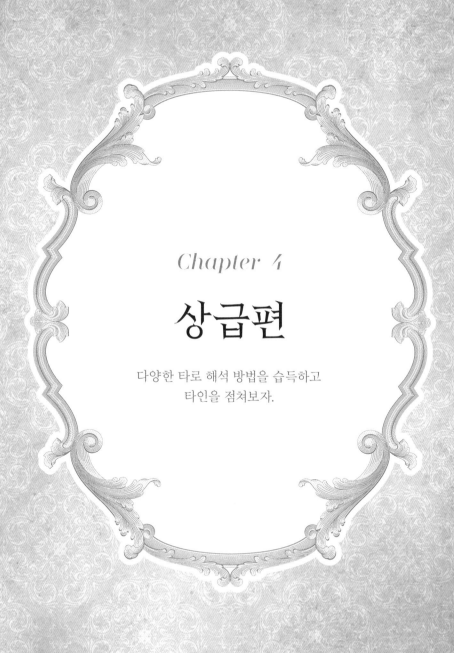

Chapter 4

# 상급편

다양한 타로 해석 방법을 습득하고
타인을 점쳐보자.

# 해석을 도출하는
# 다양한 방법을 알아보자

## 매너리즘을 느꼈다면
## 방법을 바꾸는 것이 중요하다

타로점에 익숙해지면 해석의 매너리즘에 빠지기 쉽다. 반복해서 점을 치는 동안 카드가 눈에 익으면서 비슷한 단어만 떠오르게 되는 것이다.

카드를 뒤집었을 때 느끼는 기쁨이나 슬픔, 의외성 등 마음의 반응이 약해지는 것도 매너리즘의 신호이다. 카드에 익숙해지고 친근함을 느끼는 것은 좋지만 익숙함은 곧 권태로움으로 이어지기 마련이다.

이 같은 매너리즘을 타개하는 두 가지 방법이 있다. 점치는 방법에 변화를 주는 것과 해석의 실마리를 끄집어내기 위한 다양한 시도를 하는 것이다. 'Chapter 4 상급편'에서는 카드 매수에 변화를 주거나 여러 종류의 스프레드를 함께 사용하는 방법, 다른 점과 조합해서 점치는 방법 등 타로를 즐기면서 동시에 리딩 기술을 연마할 수 있는 비법을 소개한다.

## 카드 매수나 스프레드에
## 변화를 준다

가장 간단한 방법은 카드 매수에 변화를 주는 것이다. 마이너 아르카나는 슈트별로 테마가 매우 명확하므로 특정 슈트 열 장만 가지고도 점을 칠 수 있다. 이 방법은 간편할 뿐 아니라 마이너 아르카나를 더욱 깊이 이해하고 각 슈트의 세계에 익숙해지는 계기가 되어준다.

스프레드에 변화를 주는 방법도 있다. 하나의 질문에 복수의 스프레드를 조합하여 다양한 각도에서 해석해보는 것이다. 자기만의 스프레드를 만들어내도 좋다. 그러면 자기 자신이 단어를 연상하기에 최적의 질문을 설정할 수도 있다.

마이너 아르카나 코트 카드의 원소를 이용하거나 숫자 카드를 이야기의 한 장면으로 삼아 해석의 실마리를 잡아가는 것도 중요하다.

타로점과 밀접한 관련이 있는 서양 점성술을 바탕으로 접근해가는 것도 좋다. 서양 점성술에 대한 지식을 갖추면 그만큼 해석의 재료가 풍부해진다.

## 타인을 점치면서
## 새로운 영감을 얻는다

타로를 해석하는 다양한 실마리를 발견해내는 방법으로 한 가지를 더 꼽자면 대면으로 타인을 점치는 것이다. 타로를 이제 막 시작한 사람에게는 불가능한 일이라고 느껴질지 모르지만, 타인을 점치는 것에는 많은 메리트가 있다.

타로를 통해 도출해낸 답은 자신의 마음속에서 나온 것이다. 즉 타인의 고민이나 가치관을 접하는 경험은 자기 자신의 성장이나 다름없다. 그것은 리딩 실력의 향상으로도 이어진다.

카드를 전개했을 때 상대의 반응을 살피고 '이 카드에서 어떤 인상을 받았나요?'라고 질문해보자. 상대의 예상치 못한 말이나 반응에 놀라게 될지도 모른다.

타로를 통해 가치관이나 라이프스타일이 다른 사람을 점쳐보는 것은 해석의 폭을 넓히고 매너리즘을 타개하는 기회가 된다. 아직 자신 이외의 타인을 점쳐본 적이 없다면 이번 장에서 소개하는 조언을 참고하여 도전해보길 바란다.

# 사랑, 일, 돈에 대해
# 더욱 분명한 답을 원한다
➡
## 핍 카드를 활용하자

메이저 아르카나 22장만으로 점치는 것은 78장을 모두 사용하는 것보다 어렵다. 모든 카드가 중요해 보이는 만큼 초점을 좁히기가 어렵기 때문이다. 여기서 조금 더 주목하길 바라는 것이 마이너 아르카나의 핍 카드를 활용하는 것이다.

핍 카드를 이해하는 비법은 사실 코트 카드에 있다. 서양 운명학에서는 만물을 불·땅·바람·물의 네 가지 원소로 나눈다. 네 가지 슈트는 완드(불)·펜타클(땅)·소드(바람)·컵(물)이며 코트 카드도 페이지(땅)·나이트(바람)·퀸(물)·킹(불)처럼 네 가지로 분류할 수 있다.

즉 '펜타클(땅)'의 핍 카드는 '페이지(땅)' 이야기를 연상하면 이해가 빠르다.

각 원소의 특징에 맞는 테마에 대해 열 장의 핍 카드로 점쳐보자. 그렇게 하면 마이너 아르카나에 대한 이해가 더욱 깊어질 것이다.

## 코트 카드를 각 원소로 살펴보자

페이지·나이트·퀸·킹의 코트 카드는 계급 자체도 원소별로 나눌 수 있다.

페이지는 슈트와 관계없이 땅의 원소에 해당한다. 즉 '소드(바람)의 페이지(땅)'처럼 코트 카드는 두 가지 원소(같은 원소일 경우에는 한 가지)를 내포하고 있다.

따라서 땅에 대응하는 펜타클의 핍 카드는 페이지의 이야기로 해석할 수도 있다. 야심에 불타는 킹은 완드, 타인과 마음을 나누는 퀸은 컵, 말을 타고 전진하는 나이트는 소드의 이야기가 된다.

| 코트 | | 원소 | | 슈트 |
|---|---|---|---|---|
| 킹 | ⬅➡ | 불 | ⬅➡ | 완드 |
| 퀸 | ⬅➡ | 물 | ⬅➡ | 컵 |
| 나이트 | ⬅➡ | 바람 | ⬅➡ | 소드 |
| 페이지 | ⬅➡ | 땅 | ⬅➡ | 펜타클 |

# 코트와 슈트가 만들어내는 이야기

## 페이지 × 펜타클

소년 페이지는 아직 아무것도 이루어내지 못한 미숙한 존재다. 기술을 익혀 자립하고 돈을 벌어 가정을 꾸리고 그것을 다음 세대에 계승해가는 이야기가 펜타클에 그려져 있다.

## 나이트 × 소드

무장한 채 말을 타고 목적지로 향하는 나이트는 자신의 가치관에 따라 세상에서 활약하고자 하는 사람이다. 때로는 타인과 충돌하거나 자신감을 잃고 갈등하면서 점차 성장해가는 나이트의 모습이 소드에 그려져 있다.

## 퀸 × 컵

마치 어머니와도 같은 퀸은 모든 슈트에서 그 내면에 깊은 사랑을 가득 채우고 있는 존재다. 사랑하는 것을 지키고 싶다. 누군가와 마음을 나누고 싶다는 생각을 실현하기까지의 과정이 퀸의 이야기로서 컵에 그려져 있다.

## 킹 × 완드

한 나라의 주인인 킹은 나라를 지키기 위해 사람들을 통솔하는 존재다. 때로는 타국과 전쟁을 치르거나 자신의 지위를 지키기 위해 혹은 영토나 자산의 확대를 꾀하기 위해 계속해서 도전하는 것이 완드에 나타나 있는 킹의 이야기다.

# 완드는 킹의 이야기다

왕이 되려는
야심이 생겨난다

왕으로서 어느 방향으로
나아가야 할지 고심한다

목표하는 땅을 향해
떠나는 시기

멋지게 승리를 거두고
진지를 획득한다

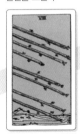

손에 넣은 지위를
지키기 위해 투쟁한다

사건이 빠른
진전을 보인다

승리를 거두고
자랑스럽게 귀환한다

그 후에도 진지를
차지하기 위한
싸움이 발생한다

경계하면서
철저하게 지킨다

책임 등의 무게를
짊어지게 된다

완드는 '정열'이나 '야심'을 나타낸다. 미숙한 청년
이었던 왕의 마음에 한 나라를 통치하고 싶다는
목표가 생겨나면서 이야기가 시작된다. 전쟁을 치
르고 승리의 기쁨을 경험하면서 왕으로 성장해나
가는 과정을 떠올려보자. 영토나 지켜야 할 것을
손에 넣은 뒤 그 지위를 노리는 사람들로부터의
추격, 그것에 대한 방어, 그리고 압박에 짓눌리는
속내까지 그려져 있다.

# 이런 테마에 대해 점쳐보자

완드에 잘 맞는 테마는 열정을 다해 몰두하는 사건의 행방이다.

꿈을 실현하기 위해 해야 할 일, 기회를 잡는 방법, 시험이나 경연 등 승패에 관한 질문에는 완드가 가장 적합하다. 다만 일 중에서도 특히 머리를 써서 해야 하는 일, 토론이나 가치관의 다툼은 소드의 범주에 들어간다. '싸워서 승리한다'라는 의미가 강한 질문에 대해서는 열 장의 완드 카드로 점쳐보자.

의지나 동기 부여에 관한 일, 건강이나 체력에 관한 일도 완드로 점치기에 좋다.

질문 예시

◆ 자격 시험 공부는 어떤 식으로 해야 할까?

◆ 이번 오디션 결과는 어떻게 될까?

◆ 일하기 싫다. 그 원인은?

◆ 프레젠테이션은 A안과 B안 중 어느 쪽에 집중해야 할까?

◆ 사랑을 쟁취하기 위해서는 어떻게 해야 할까?

---

Case 1 | 다음 주에 있을 자격 시험에서 주의해야 할 점은?

완드 8(역방향)

기세 좋게 전진하는 〈완드 8〉이 역방향으로 나왔다. 무언가 흐름이 순탄치 않은 꽉 막힌 상태를 암시한다. 어쩌면 교통 체증으로 인해 시험장에 무사히 도착하지 못할 수도 있다. 어려운 문제에 맞닥뜨리면 손을 놓아버릴 것이 아니라 풀 수 있는 문제부터 차근차근 풀어가야 한다는 조언으로서 해석할 수도 있다.

---

Case 2 | 요즘 모든 일에 의욕이 없다. 왜 그럴까?

완드 10

무거운 짐을 들고 있는 〈완드 10〉이 나왔다. 보이는 그대로 너무 많은 일을 떠안고 있다고 읽을 수 있다. 여러 개의 완드가 그려져 있는 만큼 한 가지가 아니라 복수의 요인이 스트레스의 원인이 되고 있을지도 모른다. 따라서 '모든 것을 내려놓고 쉬는 편이 좋다'라고 해석할 수 있다.

# 펜타클은 페이지의 이야기다

자기 힘으로 돈을
벌겠다고 결의한다

적은 자본을
이리저리 굴린다

조금씩 기술을
습득하기 시작한다

손에 쥔 돈을 확실하게
지키려고 한다

재산을 잃고
가난을 겪는다

현재 상황에 대해
고심한다

다시 한번 꾸준히
노력한다

우쭐거리는 마음을
내려놓는다

쌓아 올린 지위나
돈에 자신감을 갖는다

손에 넣은 재산으로
행복한 가정을 꾸린다

펜타클은 '기술', 그것으로 인해 얻을 수 있는 '물질이나 돈'을 나타낸다. 아직 아무것도 손에 넣지 못한 소년이 미숙하지만 약삭빠르게 처신하면서 기술을 습득하고 돈을 벌어 훌륭한 가정을 꾸려 내기까지의 과정이 그려져 있다. 도중에 자기 보신에 급급한 나머지 모든 것을 잃기도 하고 타인에게 아낌없이 베풀기도 한다. 충분한 재산을 모았지만 더욱 욕심을 내기도 하는 등 물질과 돈을 대하는 태도에 관해서도 연상할 수 있다.

# 이런 테마에 대해 점쳐보자

펜타클은 돈과 물질을 나타내므로 금전운의 좋고 나쁨이나 수입의 증감, 선물, 도박, 쇼핑의 결과, 물건의 소재를 점치기에 적합하다.

지금 당장 손에 넣어야 할지, 더 좋은 것을 손에 넣으려면 어떻게 해야 좋을지 등 '소유'와 관련한 질문은 펜타클 카드 열 장으로 점쳐보자. 기술도 그 사람 고유의 소유물이라고 할 수 있으므로 일이나 배우고 있는 것의 실력 향상에 관한 질문도 좋다.

육체 역시 소유물이므로 건강법이나 미용에 관한 질문도 펜타클로 점쳐보자.

### 질문 예시

◆ 더욱 많은 돈을 저축하려면 어떻게 해야 할까?

◆ 다음 달 예상 매출은?

◆ A 화장품과 B 화장품 중에서 무엇을 사야 할까?

◆ 어느 매장에 가야 사고 싶은 옷을 발견할 수 있을까?

◆ 좀처럼 늘지 않는 바이올린 실력의 원인은?

## Case 1 | 수입을 늘리려면 어떻게 해야 좋을까?

펜타클 10(역방향)

'승계'를 의미하는 〈펜타클 10〉이 역방향으로 나왔다는 것은 나쁜 관습을 이어받게 되는 것을 암시한다. 일의 진행 방법, 돈 관리가 비효율적일지도 모른다. 가족이 그려져 있는 점에 주목한다면 편안한 환경이지만 긴장감이 없어 효율이 낮다고 해석할 수도 있다.

## Case 2 | 아무리 찾아도 보이지 않는 서류는 도대체 어디에 있을까?

페타클 7(역방향)

산처럼 쌓아 올린 펜타클에 초점을 맞춘다면 '수북이 쌓인 서류 더미 속에 섞여 있다'라고 연상할 수 있다. 발밑에 하나 남아 있는 펜타클에 주목한다면 '등잔 밑이 어둡다. 가까운 곳에 있다'라고 해석할 수도 있다. 카드의 의미에 얽매이지 말고 그림을 보고 자유롭게 떠올려보자.

# 소드는 나이트의 이야기다

자기만의 생각이나
가치관이 생겨난다

상반된 생각 사이에서
갈등한다

자기 생각을 부정당하고
상처받는다

상처를 치유하고
재고하기 위해 휴식한다

의심이 생겨나고
적을 속이려고 한다

타인의 생각을 훔치거나
자신을 속인다

타인의 의견을
듣지 않는다

장벽에 부딪혀 새로운
가치관을 모색한다

지금껏 자신이 해온
일을 후회한다

자기 생각을 버리고
다시 태어난다

소드는 '사고', 그에 따른 그 사람만의 '가치관'을
나타낸다. '나는 이렇게 생각한다'라는 의견이 생
기고 그것으로 인해 다양한 사람과 의견을 교환
하고 자신이 옳다는 것을 증명하고 싶어 하는 나
이트의 이야기를 떠올려보자. 때로는 상처 입고,
누군가를 앞지르거나 자신을 속이거나 자기 생각
을 고집하면서 자기만의 세계에 갇혀 있다. 그 후
에 찾아오는 〈소드 10〉은 사고방식의 죽음(자신의
잘못을 인정한다)이라고 해석할 수 있다.

# 이런 테마에 대해 점쳐보자

소드는 생각과 가치관을 나타내므로 자신의 내면이나 고민에 대해 점치는 것에 적합하다. 벽에 부닥쳤다고 느껴지거나 반성하고 싶을 때 소드로 점치면 힌트를 얻을 수 있다.

동시에 바람이라는 원소에 해당한다는 점에서 언어나 그것으로 인한 커뮤니케이션 전반에 대해 점치기에도 좋다. 누군가와의 소통이 어긋나는 원인이나 문제를 수습하는 방법을 알고 싶을 때, 상대에게 마음을 전하는 대화 방법이나 비즈니스 전략을 짤 때 소드를 활용해보자. 일을 진행하거나 무언가를 배우는 것처럼 머리를 쓰는 일 전반에 응용할 수 있다.

질문 예시

◆ 고민이 끊이지 않는다. 내 사고방식이 문제일까?

◆ 친구와 다퉜다. 상대는 무슨 생각을 하고 있을까?

◆ 상대를 화나게 했다. 어떤 식으로 사과해야 할까?

◆ 상사가 내 기획안을 받아주지 않는다. 어떻게 설득해야 할까?

◆ 요즘 사람들과 충돌하는 일이 많다. 그 원인은 무엇일까?

---

Case 1 | 소원해진 친구와의 관계는 어떻게 될까?

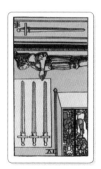

소드 4(역방향)

'회복'을 뜻하는 〈소드 4〉가 역방향으로 나오면 회복이 완료되어 다시 움직이는 시기를 맞이한다는 것을 암시한다. 곧 두 사람의 관계에 움직임이 있을 듯하다. 먼저 연락을 해보는 것도 좋다. 테마가 향상이므로 지금까지와는 다른 관계성을 목표로 하는 것이 좋아 보인다.

---

Case 2 | 괜히 짜증이 난다. 원인은 나에게 있을까?

소드 8

'나는 잘못한 것이 없다', '아무도 도와주지 않는다'라는 기분을 암시하는 카드다. 즉 자기 자신은 아무것도 하지 않으면서 누군가에게 지나치게 의존하고 있는 상태가 원인일지도 모른다. 따라서 '지금 스스로 자신을 얽매고 있다는 사실을 깨달아야 한다'라는 조언을 끌어낼 수 있다.

# 컵은 퀸의 이야기다

마음속에서 조건 없는
사랑이 샘솟는다

누군가와 서로를
이해하는 기쁨을 알게
된다

많은 사람과 서로 이해
하는 기쁨을 알게 된다

행복한 나날 속에서
정체하고 있음을 느낀다

사랑을 잃고 슬퍼한[

정말 원하는 것이
무엇인지 생각한다

한 번 더 누군가를
사랑하겠다고 결의에 차
길을 떠난다

만족할 만한 사랑을 손에
넣고 마음이 충족된다

과거의 순수한
사랑을 떠올린다

마음이 통하는 가족과
행복하게 살아간다

컵은 '마음'이나 '감정'을 나타낸다. 마음속에 생겨
난 사랑을 누군가와 주고받고 싶다는 퀸의 심정을
떠올려보자. 서로 사랑을 나누는 기쁨을 느끼고
나서 문득 권태로움과 불만족스러움을 느끼지만
잃고 난 후에 그 소중함을 깨닫고 '그때가 좋았다'
라고 과거를 돌아본다. 그런 심정이 이해가 가는
사람도 많이 있을 것이다. 〈컵 9〉에서 자기 자신
을 만족시킨 퀸은 〈컵 10〉에서 그토록 바라던 사
랑하는 가족을 손에 넣는다.

# 이런 테마에 대해 점쳐보자

컵은 심정을 나타내므로 사람의 마음 상태를 점 치기에 가장 적합하다. 가령 전화 통화를 하기 전에 연인의 마음 상태를 점쳐두면 어떤 분위기로 대화해야 좋을지 알 수 있다. 연애 상대뿐만 아니라 친구나 동료, 가족 등 다양한 인간관계를 점치는 데 좋다.

A부터 10까지 카드의 과정 중에 어떤 단계에 있는지 점쳐보면 그 사람과의 관계의 깊이를 헤아려 볼 수 있다.

컵은 감정을 나타내는 물의 원소에 대응하므로 '그곳의 분위기는 어떤가?'에 관한 질문도 점칠 수 있다.

### 질문 예시

◆ 다음 주에 있을 회식에서 주의해야 할 점은?

◆ 좀처럼 진척이 없는 짝사랑 상대의 마음은 어떤 상태일까?

◆ 헤어진 연인과의 관계는 진전이 있을까?

◆ 좋은 직장 분위기를 만들기 위해 내가 할 수 있는 일은?

◆ 내가 좋은 사랑을 만나지 못하는 원인은?

| Case 1 | 마음에 두고 있는 그 사람은 나를 어떻게 생각하고 있을까? |

컵 0

〈컵 8〉은 무언가 단락을 짓는 것을 의미하는 카드다. 변화의 시기를 맞이하고 있는 것은 확실하지만 어딘가 부족함을 느끼고 있다. 어쩌면 당신과의 관계에서 이렇다 할 반응을 느끼지 못하고 다른 사랑을 찾으려고 하는 상태인지도 모른다. 그렇게 되고 싶지 않다면 행동으로 보여줘야 한다.

| Case 2 | 오늘 동창회 분위기는 어떨까? |

컵 10

마음이 충족된 상태의 〈컵 10〉은 즐거운 동창회를 암시한다. 이야기가 무르익고 끊임없이 술잔을 주고받는다. 열심히 살아온 자신에게 긍지를 갖고 행동한다. 다만 이 카드에서 조언을 끄집어내자면 '과식·과음에 주의'라고 해석할 수 있다.

# 점친 결과에서 새로운 의문이 생긴다면
# 어떻게 해야 할까?

⬇

## 스프레드를 조합해보자

스프레드에는 시기를 점치는 것, 궁합을 보는 것, 문제점을 밝히는 것, 심층 심리를 분석하는 것 등 각각의 특징이 있다. 스프레드를 전개했는데 무언가 마음에 걸리는 점이 있다면 다른 스프레드로도 점쳐보자. 가령 '이직하고 싶다'라는 고민을 하고 있다면 '켈틱 크로스'로 점치고 왜 지금 회사를 그만두고 싶은지 심층 심리를 살펴본 뒤에 '실제로 이직한다면 언제가 좋을지'를 '쓰리 카드'로 점친다.

복수의 스프레드를 전개하면 정반대의 결과가 나오지 않을까 걱정할 수도 있지만, 의외로 비슷한 느낌의 카드나 똑같은 카드가 나올 때가 많고 그로 인해 문제점이 분명하게 드러나기도 한다.

여러 종류의 스프레드를 사용하면 문제의 핵심을 찾을 수 있다. 지금부터 사용하기 편한 스프레드 조합을 소개한다.

## 연달아 같은 카드가 나왔다면 그 카드에 주목한다

하나의 테마에 대해 복수의 스프레드를 전개했는데 똑같은 카드가 나올 때가 있다. 첫 번째 스프레드에서 '상대의 마음'에 나온 카드가 두 번째에는 '현상'을 나타내는 위치에 나왔다면 상대의 심경이 현상에 강한 영향을 미치고 있다고 읽을 수 있다.

또한 첫 번째 스프레드에 펜타클이 많이 나왔는데 두 번째에서도 펜타클이 나왔다면 근본적으로 금전 문제가 깔려 있다고 해석할 수 있다.

첫 번째와 두 번째 스프레드 사이에 11 타로가 있다면 관련성을 생각해봐야 한다. 스프레드를 조합하면 얻을 수 있는 정보가 훨씬 많아진다.

# 문제의 핵심을 파헤치고 싶다면

감정할 때 많이 사용되는 스프레드는 '헥사그램
(p40)'과 '켈틱 크로스(p41)'의 조합이다. '헥사그
램'으로 현재의 관계성을 파악했지만, 수긍이 가
지 않아 질문자 자신에게 초점을 맞추는 '켈틱 크
로스'로 점쳐보니 숨겨져 있던 다른 본심이 드러
나는 경우도 있다.
문제를 깊이 살펴보기 위해 적합한 조합이다. 두
스프레드 중 어느 쪽을 먼저 전개할지는 질문 내
용에 따라 바꿔도 상관없다.

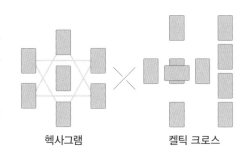

**헥사그램**　　　　**켈틱 크로스**

## Case 1 일은 재미있지만, 미래가 불안하다

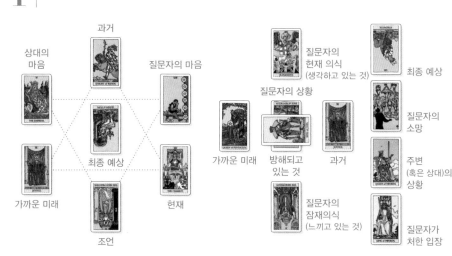

직장과의 궁합을 본 결과 과거와 현재의 위치에
돌진하는 카드가 나와 있으므로 악착같이 일에
매달려온 것을 짐작할 수 있다. 가까운 미래에 나
온 〈정의〉가 심판의 시기가 왔다는 것을 암시하고
있다. 최종 예상의 〈컵의 퀸〉(역방향)도 사랑을 쏟
아부을 곳을 잃은 듯 보인다.

〈컵의 퀸〉(역방향)과 짝을 이루는 〈컵의 킹〉이 방
해의 위치에 있고 첫 번째 스프레드에서 가까운
미래에 나왔던 〈정의〉가 과거의 위치에 나왔다.
지금껏 같은 문제로 망설이고 있었을지도 모르지
만, 〈심판〉은 이번에야말로 이직을 고려하는 마음
이 강해졌음을 암시한다.

# 인간관계를 개선하고 싶다면

상대와 자신과의 관계성의 흐름을 과거·현재·미래 순으로 살펴보는 '헥사그램(p40)'. 그리고 '하트 소나(p43)'는 두 사람이 더욱 좋은 관계가 되는 방법을 알려주는 스프레드다. 우선 헥사그램으로 두 사람의 관계를 파악하고, 상대의 마음을 사로잡는 전략을 짠다. 하트 소나에서의 내면을 '재능', 외면을 '행동거지'라고 변환하면 업무 면에서 자신이 어떤 평가를 받고 있는지도 읽을 수 있다. 헥사그램의 가까운 미래를 '지금 이대로 시간이 흘렀을 때의 미래', 하트 소나의 '가까운 미래'를 '조언을 받아 행동한 미래'라고 설정해도 된다.

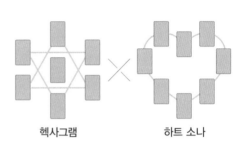

헥사그램 X 하트 소나

요즘 마음에 드는 사람과의 관계가 삐걱거린다

과거

상대의 마음　　　　　　질문자의 마음

최종 예상

가까운 미래　　　　　　현재

조언

상대의 상황　　　　질문자의 상황

현재

질문자에　　　　질문자에
대한 인상　　　　대한 인상
(내면)　　　　　(외면)

조언　　　　상대의 소망

가까운 미래

과거의 위치에 나온 〈죽음〉은 관계가 하나의 끝을 향하고 있다는 것을 암시한다. 현재는 〈컵 10(역방향)〉으로 진전이 없이 불만족스러운 상황이지만, 가까운 미래는 〈소드 4(역방향)〉로 곧 다시 움직이는 시기가 올 듯하다. 둘 사이의 마음은 나쁘지 않으므로 〈소드의 퀸(역방향)〉이 나타내듯 어려워하지 말고 서로 웃는 얼굴을 보이는 것이 좋다.

상대방은 활기차고 활동적인 질문자의 외면 〈완드의 나이트〉와 자신감이 없는 마음 〈완드 A(역방향)〉의 격차로 인해 혼란스러워하고 있다. 조언의 〈완드 4〉가 나타내듯 홈파티 등 편안한 모임을 통해 진짜 자기 모습을 보여주면 다시 좋은 관계로 지낼 수 있을 듯하다.

# 마음을 정리하고 미래를 예상하고 싶다면

고민하고 있을 때 이 조합도 자주 쓰인다. 생각을 정리하는 '켈틱 크로스(p41)'로 마음속에 숨겨진 원인을 찾고 '쓰리 카드(p39)'로 미래를 전망한다. 두 스프레드 사이에 무언가 연결고리가 생겨나는 일이 많기 때문에 공통점 등은 없는지 주의 깊게 살핀다. 두 스프레드를 기록해두고 비교하면서 해석하는 것도 좋다. 또는 순서를 바꿔서 쓰리 카드로 전체 운을 점치고 거기에서 마음에 걸리는 테마에 대해 켈틱 크로스를 전개해도 된다.

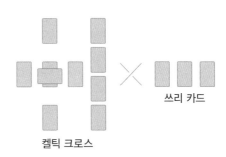

쓰리 카드

켈틱 크로스

## Case 1

사내에서 라이벌과 비교당한다. 상황을 개선하려면?

질문자의 현재 의식 (생각하고 있는 것)

최종 예상

질문자의 상황

가까운 미래

방해되고 있는 것

과거

질문자의 욕망

주변 (혹은 상대) 상황

질문자의 잠재의식 (느끼고 있는 것)

질문자가 놓여 있는 입장

과거

현재

가까운 미래

〈펜타클 8〉(역방향), 〈소드 7〉, 〈마법사〉(역방향), 〈황제〉 등이 자신을 잘 보이기 위해 뒤에서 일을 꾸미는 데 치중하는 것을 암시한다. 다만 전체적으로 소드가 많은 데다가 〈심판〉이 나와 있으므로 올바른 신념을 바탕으로 행동한다면 상황이 개선될 수 있다.

라이벌에게 적의를 품고 있었던 과거를 〈달〉이 보여주고 있다. 현재는 〈소드 8〉이 나타내듯 답답함을 느끼고 있는데 첫 번째에도 나왔던 〈심판〉이 미래의 위치에 나와 있다. 첫 번째 스프레드에서 나왔던 조언을 실행한다면 부활과 해방의 시기가 곧 찾아들 것이다.

# 선택지를 비교하여 결정을 내리고 싶다면

A와 B 등 복수의 선택지를 비교할 수 있는 '양자택일(p40)'. 메이저 아르카나처럼 기운이 센 카드가 나오면 비교하기 쉽지만, 그렇지 않은 경우라면 결국 어느 쪽을 선택해야 좋을지 망설여질 때가 있다.

그럴 때는 선택지를 고른 미래가 어떻게 될지 각각 '원 오라클(p39)'을 뽑아본다. '선택지 A 혹은 B에 어떻게 대응해야 하는가?' 등의 항목을 추가하여 뽑아도 좋다.

양자택일　　　　　　원 오라클

---

**Case 1** | 내일 중요한 회의가 있다.
저녁 모임에 가야 할까? 야근해야 할까?

선택지 A
저녁 모임

질문자의 태도

선택지 B
야근

선택지 A를
고른 미래

선택지 A의
상태(궁합)

질문자의 태도

선택지 B의
상태(궁합)

선택지 B를
고른 미래

---

저녁 모임을 A, 야근을 B로 두고 양자택일로 점쳤는데 두 가지 선택지 모두 A 카드가 나왔다. 저녁 모임은 〈컵 A〉(역방향)이므로 즐겁지 않은 시간을 보내거나 과음하게 될지도 모른다. 야근은 〈펜타클 A〉이므로 확실한 성과를 남길 수 있을 듯하다.

A와 B, 각각 골랐을 때의 미래를 원 오라클로 한 장씩 뽑아보았다. 저녁 모임을 고른 미래는 〈바보〉. 신기한 운이 있는 카드이므로 회의는 가까스로 잘 넘길 수 있을지도 모르지만 무슨 일이 일어날지 예측할 수 없다. 야근을 고른 미래는 〈펜타클의 퀸〉. 착실한 노력을 평가받을 듯하다.

# 미래를 더욱 자세히 읽어내고 싶다면

한 해 운의 흐름이나 현재 다양한 분야의 운세를 점치는 데 적합한 '호로스코프(p42)'. 매달 혹은 각 하우스(p174)의 운세를 더욱 자세히 알고 싶을 때는 '쓰리 카드(p39)'를 조합해서 점쳐보자.

연애를 나타내는 5 하우스에 대해 쓰리 카드로 점치고 과거·현재·미래 운세의 흐름을 살펴보는 것도 좋다. 이를테면 3월에 나온 카드가 마음이 쓰인다면 그때 무슨 일이 일어날 것 같은지 쓰리 카드로 자세히 점쳐보는 것이다.

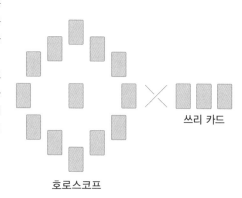

쓰리 카드

호로스코프

(p42)

## Case 1 | 지금 나의 운세, 특히 연애운은 어떤가?

직업·명예
희망·동료
여행·이상
-의식·경쟁자
계승·섹스
질문자·성격
파트너십·결혼
금전·소유
최종 예측·조언
일·건강
지식·커뮤니케이션
연애·오락
가정·가족

과거 　　　 현재 　　　 가까운 미래

1 하우스에서 12 하우스까지 현재의 모든 운세를 전개했다. 그중에서도 특히 궁금한 연애운을 나타내는 5 하우스에는 〈펜타클의 퀸〉이 나왔으므로 결혼으로 이어지는 관계가 싹트기 쉬운 상황임을 암시하고 있다. 결혼을 나타내는 7 하우스에도 〈완드 9〉가 나온 만큼 철저한 준비를 의미하고 있다.

5 하우스가 나타내는 연애운에 대해 쓰리 카드로 운의 흐름을 살펴보았다. 과거는 〈컵 6〉으로 헤어진 연인에 얽매여 있었던 듯하다. 현재는 〈소드 2〉로 마음이 새로운 사랑을 향하고 있으며 미래는 〈펜타클 2〉로 극적이지는 않지만 즐거운 시간을 함께할 수 있는 편안한 상대를 찾을 듯하다.

# 질문에 딱 맞는
# 점을 치고 싶다
⬇
## 자기만의 스프레드를 만들어보자

일반적인 방법으로는 뭔가 부족함이 느껴지거나 다양한 각도에서 질문을 던지고 싶다고 생각할 정도로 실력이 향상되었다면 자기만의 스프레드를 만드는 것을 추천한다.

스프레드는 하나의 테마에 대해 '과거는?', '방해가 되는 것은?', '주변 환경은?' 같은 여러 가지 단편적인 질문을 항목으로써 설정해둔 것이다. 따라서 스프레드를 만드는 첫 번째 단계는 항목을 설정하는 것이다. 일반적인

항목 외에도 '궁합', '상대의 비밀' 등 자신이 알고 싶거나 특히 파헤쳐보고 싶은 것을 중심으로 설정해보자.

다음으로 항목의 개수에 따라 전개도를 정한다. 하트든 소용돌이든 어떤 형태라도 괜찮다. 배열하는 순서도 생각해둔다.

마지막으로 정하는 것은 이름이다. '스파이럴 스프레드' 등 형태에서 떠올려도 좋고 자신의 이름이나 점치는 테마로 정해도 좋다.

## 스프레드를 변형해본다

스프레드를 만들어내는 것이 어렵게 느껴지는 사람은 이 책에서 소개하고 있는 기본 스프레드를 변형하는 것부터 시작해보자.

관계자가 두 사람이라면 '상대' 위치에 'A 씨', 'B 씨'라는 두 장의 카드를 두어도 되고 '가까운 미래' 구체적인 시기가 정해져 있다면 '두 달 후', '석 달 후'라고 설정해도 괜찮다.

본래 스프레드는 쉽게 점치기 위해 존재하는 것이므로 자신이 쉽게 읽을 수 있도록 변형해도 된다. 규칙에 얽매이지 말고 자유롭게 활용하자.

# 나만의 스프레드를 만들어본다

일례로 세 장의 카드를 사용한 스프레드를 생각해보자. 어떤 마음가짐으로 어떤 행동을 해야 할지 살펴보는 '마인드·액션 스프레드'나 시상대 형태로 배치하여 1위, 2위, 3위의 경합을 점치는 '시상대 스프레드'를 만들 수도 있다. 상상력, 창의력, 센스를 발휘하여 매력적인 스프레드를 만들어보자.

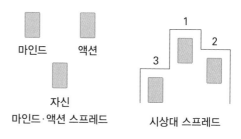

마인드·액션 스프레드

시상대 스프레드

---

## Case 1 | 핵심 인물 스프레드

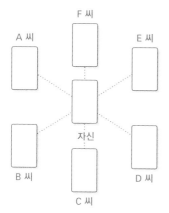

### 원하는 매수로 주변 사람과의 궁합을 점친다

자신을 중심으로 주변 사람들을 각 위치에 설정하고 나온 카드에 따라 그 사람들과의 궁합, 누가 핵심 인물인지를 점치는 스프레드다. 인원수는 더 많아도 적어도 상관없으므로 모든 그룹에 대응할 수 있다.

## Case 2 | 관계 개선 스프레드

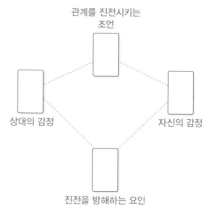

### 한눈에 보고 떠올리기 쉬운 형태로 배치하는 것도 비법

네 장의 카드를 이용해 타인과의 관계를 더욱 좋은 방향으로 이끄는 조언을 밝혀낸다. 좌우에 자신과 상대의 감정을, 위에 관계를 진전시키는 조언을, 아래에는 관계의 발목을 잡는 원인을 배치한다. 의미를 떠올리기 쉽도록 배치한 것이 특징이다.

# 결과의 정확도를 높이는
# 비법은 없을까?
→
## 타로와 점성술을 조합해보자

잘하는 것으로 잘 못하는 부분을 보완하면 길을 찾기 쉬워진다. 타로 습득에 도움이 되는 것은 서양 점성술이다. 실제 감정을 할 때 호로스코프와 타로를 변용하는 경우가 많다. 이 두 세계는 연결되는 측면이 있기 때문에 양쪽 모두 공부해두면 더욱 효율적으로 지식에 깊이를 더할 수 있다.

예를 들어 카발라의 신비학에 나오는 '생명의 나무'는 점성술과 대응한다. 이것을 타로와 연결시킨 사람이 프랑스의 신비학 사상가 엘리파스 레비다. 그는 나중에 발견된 천왕성, 해왕성, 명왕성에 각각 바람, 물, 불이라는 의미를 부여했지만, 이 책에서는 현대 상황에 맞

춰 천왕성=〈바보〉, 해왕성=〈매달린 남자〉, 명왕성=〈심판〉으로 해설한다. 천체로서의 태양은 타로에서도 〈태양〉에 해당하지만 달은 〈여사제〉가 되며 타로의 〈달〉은 물고기자리가 된다는 점이 흥미롭다.

카드와 천체, 별자리의 조합에는 수긍이 가는 점이 많다. 지성을 관장하는 수성은 타로의 〈마법사〉에 대응한다. 서양 점성술을 공부한 적이 있는 사람이라면 커뮤니케이션 능력, 정보 수집, 기민함 등의 단어가 떠오를 것이다. 그것을 〈마법사〉의 해석에 응용하면 된다. 천체나 별자리와 타로의 연결고리를 파악하고 두 세계의 풍요로운 지식을 공유하자.

## 10 천체와 타로는 대응한다

### 마음을 풍요롭게 한다

마음을 관장하는 달은 〈여사제〉의 정신성과 통한다. 조용히 마음으로 생각하는 행위는 정신을 풍요롭게 한다. 마음속에 그리는 이상은 마음의 의지가 되고 동요하지 않는 신념이 생겨난다. 〈여사제〉의 발밑에 보이는 달에도 주목하자.

달

여사제

### 생명력으로 성취한 승리

만물을 비추는 강렬한 〈태양〉은 생명의 에너지 그 자체다. 자신의 존재를 드러내며 의욕과 활기를 의미한다. 자신의 힘으로 붙잡은 기쁨이야말로 성공이라고 부를 수 있다. 목표를 향한 과정도 기쁨이 된다.

태양

태양

## 지성과 커뮤니케이션

로마 신화의 메르쿠리우스에서 이름 붙여진 수성은 장사나 여행, 그에 따른 커뮤니케이션을 관장한다. 모든 것을 자유롭게 조종하는 〈마법사〉의 능력이나 현명함과 상통한다. 창조력으로 불가능을 가능하게 한다.

 수성

 마법사

## 사랑과 아름다움으로 세상을 제압한다

사랑과 아름다움을 상징하는 비너스(금성)는 사랑을 의미하는 〈여황제〉 그 자체라고 할 수 있다. 〈여황제〉 옆에 놓인 방패에는 금성 기호가 새겨져 있다. 어떤 공격에도 사랑으로 맞서는 아름다운 〈여황제〉다.

 금성

 여황제

## 모든 것을 부수는 힘

고대 로마의 군인 마르스의 이름이 어원으로 알려진 화성은 싸움에 필요한 힘을 의미한다. 〈탑〉을 파괴하려면 얼마나 큰 힘이 필요할까? 부딪치면 산산이 부서지는 무시무시한 파괴력이다.

 화성

 탑

## 길조를 나타내는 운명의 수레바퀴

승리와 정의를 상징하는 신 주피터가 어원이 된 목성은 행운과 관련되어 있다. 〈운명의 수레바퀴〉가 운명을 행운의 길로 이끌듯 그 행운은 어쩌면 숙명일지도 모른다.

 목성

 운명의 수레바퀴

## 긴 세월의 끝에 이루어낸 완성

로마 신화의 사투르누스에서 이름 붙여진 토성은 시간과 사회질서를 상징한다. 시간을 들여 구축한 〈세계〉는 완성을 의미한다. 시련의 토성이라고 불리기도 하는데, 그렇기 때문에 비로소 완성이라고 말할 수 있다.

 토성

 세계

## 무슨 일이 일어날지 모른다

로마 신화의 신을 어원으로 하는 천체들과는 달리 유일하게 그리스 신화의 신 우라노스가 어원이 된 천왕성. 무엇에도 얽매이지 않은 자유로운 〈바보〉의 가능성이 미지수인 것처럼 어떤 일이 일어나도 이상하지 않다.

  천왕성

 바보

## 침묵 속에서 커지는 창조성

바다의 신 넵투누스에서 유래된 해왕성은 상상력을 상징한다. 몸이 매여 있는 상태에서 깨달음을 얻으려고 하는 〈매달린 남자〉와 상통한다. 모든 것이 멈춘 상태에서 떠오른 생각은 바다의 은혜와도 같다.

 해왕성

매달린 남자

## 영혼이 되살아나는 것을 암시

지하 세계와 죽음의 신 플루토가 어원이 된 명왕성은 극한을 상징한다. 지금의 모습에서 해방되어 새로운 단계로 나아가는 〈심판〉은 극한을 맞이한 상황에서 다음 길을 선택한다는 점에서 상통한다.

 명왕성

 심판

# 12 성좌와 타로는 대응한다

## 우두머리가 되어 만민을 이끈다

〈황제〉가 앉아 있는 왕좌의 등받이와 팔걸이에는 양이 새겨져 있다. 12 성좌 중 가장 먼저 등장하는 것이 양자리이듯 〈황제〉는 우두 머리가 되어 사람들을 통솔 하는 인물이다. 자기 사회 를 구축하고 유지한다.

양자리

황제

## 마음의 평화를 추구한다

안심과 평화를 추구하는 황 소자리와 사람들의 마음을 안심과 평화로 이끄는 〈교 황〉이다. 배려하는 마음과 친절함으로 엮인 관계는 도 덕을 바탕으로 성립한다. 도덕과 논리를 유지하기 위 해서는 상대에 대한 신뢰와 마음의 여유가 필요하다.

황소자리

교황

## 나와 당신, 페어가 되는 두 사람

두 인물을 의미하는 쌍둥이 자리와 〈연인〉이다. 실제 쌍둥이로 태어나지 않아도 사이가 좋은 두 사람을 쌍 둥이라고 부르듯 함께 있으 면 마음이 편한 관계다. 쌍 둥이자리의 경쾌하고 발랄 한 대인 관계와도 상통한다.

쌍둥이자리

연인

## 지키기 위해 싸우는 모성애

모성애를 상징하는 게자리 에는 사랑하는 사람을 지키 기 위해 목숨을 건 전사의 영혼이 담겨 있는 것일까. 과감히 전장에 나아가는 〈전차〉처럼 에너지가 넘친 다. 믿음을 갖고 돌진하는 에너지다.

게자리

전차

---

## POINT

## 점성술의 지식은 어떻게 응용할까?

타로와 점성술의 관계를 알면 어떤 점이 좋을까? 우선 인물을 특정하는 실마리가 늘어난다. 마음 을 알고 싶은 상대가 양자리인데 스프레드 어딘 가에 〈황제〉가 나왔다면 그 사람 자체를 나타내 고 있다고 해석한다. 일을 원활하게 진행하기 위 한 핵심 인물을 점쳤는데 〈연인〉이 나왔다면 '쌍 둥이자리 인물에 주목하라'라고 해석할 수 있다. 마이너 아르카나에서도 완드는 불의 성좌(양자리· 사자리·사수자리), 펜타클은 땅의 성좌(황소자리· 처녀자리·염소자리), 소드는 바람의 성좌(쌍둥이자 리·천칭자리·물병자리), 컵은 물의 성좌(게자리·전갈

자리·물고기자리)에 대응한다.

만약 호로스코프(p42)로 점칠 때 각 하우스에 천 체 카드가 나왔다면 점성술에서의 해석 방법을 도입해보는 것도 좋다. 예를 들어 '사랑을 나타내 는 5 하우스에 여황제(금성)가 나왔다면 인기운이 상승한다', '지위를 나타내는 10 하우스에 바보(천 왕성)가 나왔다면 직업상 변화가 있다'라고 해석할 수 있다.

자유자재로 조합할 수 있게 되면 해석할 때 표현 이 더욱 풍부해지고 리딩에 깊이가 더해질 것이다.

## 불굴의 의지로 마지막까지 견뎌내는 힘

사자의 모습을 한 사자자리와 사자를 길들이는 여성이 그려진 〈힘〉이다. 동물의 왕이라는 지위를 유지하기 위해서는 매사에 전력을 다하는 것이 아니라 긍정적인 자세와 품격 있는 모습. 불굴의 정신에서 오는 본질적인 힘이 필요하다.

사자자리

힘

## 다양한 지식을 축적한 현자

관찰력이 뛰어난 처녀자리다. 섬세하고 다른 사람이 눈치채지 못한 것까지 아우르며 완벽한 이상을 추구한다. 그동안 쌓아온 경험치만큼 지혜를 축적한 〈은둔자〉의 탐구심과 상통한다.

처녀자리

은둔자

## 서로에게 필요한 것은 균형감각

〈정의〉에 그려진 재판관은 공평함을 뜻하는 천칭을 들고 있다. 천칭자리의 모티브 그 자체. 치우침 없이 순조로운 인간관계를 쌓은 사교가 천칭자리의 균형감각은 〈정의〉의 재판관에게도 빼놓을 수 없는 요소다.

천칭자리

정의

## 독을 가지고 죽음으로 이끈다

전갈자리는 생명을 앗아가는 독침을 지닌 전갈이 상징이다. 독침에 쏘인 사냥감도 목숨을 걸고 저항하므로 양쪽 모두 필사적인 상태다. 어느 쪽에 〈죽음〉이 찾아오는가는 이미 정해진 운명이다. 필사적일 수밖에 없는 상태다.

전갈자리

죽음

## 서로 다른 의견도 받아들이는 열린 마음

고도의 학문을 관장하는 사수자리는 관심 있는 것을 배우면서 지식의 저변을 넓혀간다. 다른 의견을 주고받으면서 알고 있는 지식과 연결시킨다. 〈절제〉가 반응을 살피며 조절해가는 것과 같은 느낌이다.

사수자리

절제

## 지위에 대한 끝없는 야심

〈악마〉에 그려져 있는 것은 염소의 모습을 한 바포메트다. 사회의 정점을 목표로 삼아야 한다는 염소자리의 자부심은 〈악마〉의 주술일지도 모른다. 지위를 추구하면 할수록 자신을 옭아매고 있다.

염소자리

악마

## 미래를 개척하는 희망의 힘

〈별〉에 그려진 여성은 양손에 물병을 들고 있다. 물병은 물병자리의 모티브다. 항상 새로운 아이디어로 주변을 압도하는 물병자리는 희망을 잃지 않는다. 그것은 〈별〉이 의미하는 '희망'과 상통한다.

물병자리

별

## 모든 것이 불분명한 실체 없는 세계

〈달〉에는 가재 같은 생명체가 모습을 드러내는 장면이 그려져 있다. 물속에는 물고기자리가 의미하는 물고기와 미지의 생물이 꿈틀대고 있다. 무엇이 나타날까? 어떤 생명체일까? 어떤 모습일까? 그야말로 신비로운 세계다.

물고기자리

달

# 호로스코프 스프레드는
# 해석할 것이 많아서 대충 읽게 된다
→
## 하우스에 대해 알아보자

연애나 일, 건강 등 열두 가지 운세를 동시에 점치는 호로스코프 스프레드는 매우 편리하지만 깊이 읽어내지 못하고 겉핥기식 해석으로 끝내버리는 일도 적지 않다.

'왜 사업운과 건강운이 하나로 합쳐져 있지?' 하고 의아해할지도 모른다.

신비로운 열두 가지 분류법은 서양 점성술의 호로스코프(별자리) 분할법을 기본으로 한다. 서양 점성술에서는 지구에서 바라본 천체가 어느 위치에 있는가로 길흉을 판단한다. 그 위치를 재는 하나의 기준이 '하우스'다. 하우스란 원형의 호로스코프를 열두 개의 방으로 나눈 것으로 1 하우스는 자기 자신, 2 하우스는 금전 등 각각이 인생의 다양한 부문을 관장한다. 거기에 타로를 한 장씩 배치하고 인생의 열두 가지 장면에서 어떤 일이 일어날지 알려주는 점이 호로스코프 스프레드다.

이 스프레드는 열두 가지 운세를 각각 구분하여 점치는 것이 아니라 하우스의 의미와 연결 지어 해석하는 것이 포인트다. 사랑에 빠지면 기운이 좋아지고 일도 잘 풀린다, 계속된 야근으로 건강이 나빠졌다는 식으로 모든 운세가 이어져 있기 때문이다.

오른쪽 페이지에 해석을 돕는 포인트를 정리해두었으니 참고하기 바란다.

# 호로스코프를 살펴보자

### 상반부
### 공적인 자신

호로스코프의 상반부는 '사회'를 나타낸다. 타인이 바라보는 자신의 이미지나 사람들 앞에서 어떻게 행동할지, 사회적인 위치가 어떻게 변화할지 등을 알 수 있다.

### 우반부
### 타인과의 관계

'타인'의 중요도를 나타낸다. 선택·결정을 타인에게 맡기는 수동적인 태도를 암시하기도 한다. 누군가를 소중히 여기는지, 누군가에게 휘둘리는지 등을 알 수 있다.

### 좌반부
### 자기 자신과의 관계

'자기 자신'에게 얼마나 무게를 두고 있는지를 나타낸다. 앞서 나가는 적극성이나 자립심을 관장한다. 이 적극성이 어떤 결과를 가져올지 카드로 판단하자.

### 하반부
### 사적인 자신

개인적인 감정이나 자기 자신을 마주하는 시간, 가족과의 관계처럼 일상적인 일에 관한 영역이다. 의식주 등 생활 기반에 관련한 운세를 암시하기도 한다.

# 카드와 하우스의 의미를 연결시킨다

### 관련된 하우스를 연결시킨다

돈에 대해 점칠 때 2 하우스뿐만 아니라 일을 관장하는 6 하우스 등 다른 하우스도 함께 점쳐보면 해석에 깊이가 생긴다. 서로 마주 보는 하우스의 의미는 세트이기 때문에 함께 읽는 것도 좋다.

### 카드의 성질로 운세의 강약을 살핀다

메이저 아르카나나 A 등 기운이 강한 카드가 나온 하우스는 그 운이 앞으로 중요해진다는 것을 암시한다. 금전 하우스에 돈을 의미하는 펜타클이 나오는 것도 하우스의 의미가 강조된 상태라고 생각하자.

### 코트 카드는 핵심 인물

코트 카드는 특정 상황에 등장하는 핵심 인물일 가능성이 크다. 특히 5 하우스처럼 연애를 나타내는 하우스에는 미래의 연인상이 코트 카드로 드러나기도 한다.

# 12 하우스의 의미를 알아보자

## 1 하우스
### 타인에게 보이는
### 자기 자신의 모습이다

타인이 바라본 자신의 외모나 인상, 성격 등을 나타낸다. 어떤 옷차림을 하고 어떻게 행동해야 좋은 인상을 줄 수 있을지 알고 싶을 때 유용한 하우스다. 자신의 육체를 나타내기도 하므로 몸 상태가 좋지 않으면 나쁜 의미의 카드가 나오기도 한다. 천체는 화성에, 별자리는 양자리에 대응한다.

## 2 하우스
### 재산이나 소유물,
### 수입을 나타낸다

이 하우스는 일반적으로 금전을 나타내며 수입이나 재산을 관장한다. 일에 관한 하우스와 함께 읽으면 노동에 합당한 대가를 얻을 수 있을지 등도 알 수 있다. 돈 이외에도 물건이나 시간 등 물질적인 자산을 어떻게 사용하고 있는지도 여기에 나타난다. 천체는 금성에, 별자리는 황소자리에 대응한다.

## 3 하우스
### 커뮤니케이션이나
### 지적 활동을 나타낸다

커뮤니케이션이나 대화가 원활한지 알려주는 하우스다. 문자 등의 통신을 관장하기도 하므로 현대 사회에서는 중요한 하우스로 꼽힌다. 지식이나 정보를 나타내기도 하며 그것을 어떻게 활용해야 할지 알려준다. 천체는 수성에, 별자리는 쌍둥이자리에 대응한다.

## 4 하우스
### 친근하고 안심할 수 있는
### 장소를 나타낸다

살아가기 위해 기본이 되는 의식주나 가족, 친척 등 가까운 사람들과의 관계를 나타낸다. 여기에 좋은 카드가 나왔다면 가정이 원만하다는 것을 말하며 나쁜 카드가 나오면 가족 사이에 무언가 문제가 생기거나 사생활을 희생하게 되는 미래를 암시한다. 천체는 달에, 별자리는 게자리에 대응한다.

## 5 하우스
### 연애나 창작 등
### 자기표현을 관장한다

개성이나 재능을 발휘하여 자신을 표현하는 것이 테마인 하우스다. 취미나 오락, 연애도 하나의 자기표현이므로 이 하우스의 담당 분야라고 할 수 있다. 좋아한다고 느끼는 것, 즐겁다고 느끼는 것에 대한 마음이 현실에서 어떻게 반영되는가를 알려준다. 천체는 태양에, 별자리는 사자자리에 대응한다.

## 6 하우스
### 의무나 역할이
### 키워드다

의무나 역할, 습관, 관리를 나타내며 사회에 어떻게 공헌해야 할지, 일상적인 업무를 원활하게 수행할 수 있을지 알려주는 하우스다. 습관이나 관리는 건강 상태나 건강 관리와도 연관이 있다. 좋지 않은 생활 습관을 카드가 알려주기도 한다. 천체는 수성에, 별자리는 처녀자리에 대응한다.

# 7 하우스
## 타인과의 교류나
## 파트너 관계

1 하우스가 '자신'이라면 7 하우스는 '상대'에 해당하며 타인과 교류하는 상황을 나타낸다. 어떤 사람과 만나게 될지, 그 교류가 어떤 결과를 가져올지 등을 읽어보자. 동업자나 결혼 상대 등 특정 인물을 나타내기도 한다. 천체는 금성에, 별자리는 천칭자리에 대응한다.

# 8 하우스
## 깊은 관계나
## 계승하는 일

테마는 '공유'이며 7 하우스보다 더욱 깊은 교류를 나타낸다. 혈연이나 유산상속, 성생활 등 타인과 깊이 관여하지 않으면 안 되는 상황을 담당한다. 무언가의 죽음이 가져오는 것을 나타내기도 한다. 천체는 명왕성, 별자리는 전갈자리에 대응한다.

# 9 하우스
## 미지에 대한 탐구심과
## 심신의 성장

9 하우스는 미지의 세계에 발을 들이고 자신의 영역을 확대하는 것을 관장한다. 즉 물리적으로는 여행이, 정신적인 확대로는 철학이나 해외 문화를 접하는 것이 이에 해당한다. 이제껏 해본 적 없는 일에 도전할 때도 이 하우스에 주목해야 한다. 천체는 목성, 별자리는 사수자리에 대응한다.

# 10 하우스
## 직업을 통해
## 얻는 지위

이 하우스는 사회 속에서 도달하고 싶은 목표나 직업을 나타낸다. 같은 일이라도 실무를 나타내는 6 하우스와는 달리 천직이나 사회적 지위를 뜻한다. 지금의 일이나 활동은 성공할 것인가, 혹은 어떤 지위를 얻을 수 있을 것인가가 여기에 나타난다. 천체는 토성에, 별자리는 염소자리에 대응한다.

# 11 하우스
## 네트워크나
## 인맥의 질을 니디'낸디

집단과의 관계나 인맥을 나타내는 하우스다. 여기에 나온 카드는 자기 인맥이 자신에게 어떤 영향을 끼치는지를 나타낸다. SNS상에서 사람들과의 관계를 나타내기도 한다. 나쁜 카드가 나온 경우 많은 사람을 적으로 삼고 있을 가능성도 있다. 천체는 천왕성을, 별자리는 물병자리에 대응한다.

# 12 하우스
## 눈에 보이지 않지만
## 엉향력이 있는 깃

무의식 중에 생각한 것이나 숨어 있는 적 등 인식할 수 없어도 자신에게 분명히 영향을 미치고 있는 것을 관장하는 하우스다. 해석이 어려운 하우스 가운데 하나다. 혼자만의 시간을 갖는다. 타인에게 절대로 보여주지 않는 행동을 보인다고 해석할 수도 있다. 천체는 해왕성에, 별자리는 물고기자리에 대응한다.

# 타인을 점칠 때
# 주의해야 할 점은?

➡️

## '반드시 맞추겠다'라고 생각하지 않는 것이 중요하다

점성술사가 솜씨 좋게 카드를 늘어놓고 상대의 마음을 꿰뚫어 보는 모습에 매료되어 타로를 시작한 사람도 많을 것이다.

하지만 막상 공부를 시작하면 제대로 하고 있는지 불안감을 느끼거나 실수하지 않으려고 바짝 긴장한 상태로 점치기 일쑤다. 그렇게 되면 책에 나온 내용에 얽매인 채 자기만의 해석을 할 수 없게 되어버린다. 카드를 읽을 때 누군가의 흉내를 낼 필요는 없다. '나와 나 자신'이라는 마음가짐으로 최선을 다해 점쳐보자.

가장 중요한 것은 순수한 마음으로 카드와 상대방을 마주하는 것이다. '반드시 맞춰서 상대를 놀라게 하겠다' 같은 잡념이 들어가면 해석에 부정한 생각이 스며들게 마련이다. 타로에는 읽는 사람의 마음이 그대로 드러나기 때문이다.

여기에서는 타인을 점칠 때 기억해두어야 할 테크닉을 소개한다. 실제 감정 경험을 바탕으로 추려낸 비법이므로 틀림없이 많은 도움이 될 것이다.

## 흥분한 상대는 진정시킨다

점을 치려는 상대가 혼란스럽거나 흥분한 상태일 때가 종종 있다. 상대의 긴장감에 휘둘리면 점치는 사람까지 긴장하게 되고 꼭 맞추어야 할 것 같아 조급함을 느끼기 마련이다.

쉽게 긴장하는 사람에게는 호흡법이 효과적이다. 당황하면 숨이 가빠질 때가 많다. 우선 자신의 호흡을 가다듬으면 상대도 자연스럽게 진정된다. 목소리의 톤을 낮추는 것도 효과적이다.

또한 상대가 빠른 속도로 고민을 쏟아내더라도 자신의 페이스를 잃지 않고 천천히 침착한 상태로 말하며 주도권을 잡는 것이 중요하다.

## 질문을 정리해서 요점을 추려낸다

감정 전에 무엇을 점치고 싶은지 물어본다. 미래 전망이나 조언, 문제의 원인, 사람의 감정에 관한 것이 대부분이지만 뒤죽박죽 섞여 있는 경우가 많다. 점치는 사람이 상대에게 질문을 던지면서 요점을 정리해가야 한다.

'냉담해진 남자친구가 무슨 생각을 하고 있는지 알고 싶다'라는 경우, 우선 어떤 상황인지(냉담해질 만한 이유가 있었는지, 당사자가 그렇게 느낄 뿐인지)를 밝혀낸다.

사실 관계를 제대로 확인하는 것은 매우 중요하다. 의외로 망상에 사로잡혀 있거나 주변 사람이 볼 때는 그저 감정적인 반응으로 여겨지는 일도 있다.

무엇이 상상이고 무엇이 염원인지 구별해내는 냉철한 시각을 유지하는 것이 중요하다.

> 바람피우는 게 확실해요.
> 그가 무슨 생각을 하고 있는지 알고 싶어요!

> 그가 바람피우는 것이 사실인가요?

> 잘 만나주지 않는 건
> 바람을 피우고 있으니까 그런 거잖아요!

> 그럼 우선 그의 현재 상황을 점쳐볼게요.

## 질문자의 의지를 분명히 파악한다

점치기 전에 반드시 확인해둘 것은 그 사람이 어떤 미래를 원하고 있는가이다. 그와 헤어지고 싶은지, 아니면 관계를 이어가고 싶은지. 그것이 명확해지면 점쳐야 할 포인트가 보이기 시작한다. 물론 자신의 의지와 정반대로 말하는 사람이나 현실 파악이 비뚤어져 있는 사람도 있다. '헤어지고 싶다'라고 말하지만 스스로 자신감이 없을 뿐 '사실은 서로 사랑하는 사이가 되고 싶다'라고 생각하고 있거나, 미움받고 있다고 생각하지만 객관적으로 보면 아무 문제가 없을 때도 있다.

이러한 '사람을 보는 눈'은 타로만으로 기를 수 있는 것이 아니다. 일상에서 꾸준히 관찰력을 길러야 한다.

> 그를 좋아해요. 관계를 유지하고 싶어요.

> 그럼 요즘 연락이 뜸한 그가
> 어떤 상황인지 점쳐볼까요.

> 왜 그가 차갑게 대하는지
> 그 원인을 점쳐볼게요.

## 상대에게 질문을 던지면서 해석한다

감정하는 스타일은 제각각이지만 말수가 줄어들거나 혼자 일방적으로 말하기보다는 질문자와 대화를 나누면서 점치는 것이 좋다.

그것은 당사자만 알고 있는 일이 많기 때문이다. 따라서 상대가 카드를 보고 무엇을 느꼈는지 물어보는 것도 매우 중요하다.

같은 카드를 보고 서로 다른 느낌을 받거나 예상치 못한 포인트에 주목하기도 한다.

상대의 마음을 확인하면서 엉뚱한 결론을 내지 않도록 주의한다.

> 눈길을 끄는 카드는 없나요?

> 이 카드를 보고 어떤 느낌이 들었나요?

> 이 카드는 이런 식으로 해석되는데, 마음에 짚이는 것은 없나요?

## 나쁜 결과는 알려야 할까? 알리지 말아야 할까?

점을 치면 나쁜 결과가 나올 때도 있다. 그것을 어떻게 알릴 것인가 혹은 알리지 말 것인가는 중요한 사안이다. 우선 상대의 심리 상태를 파악해야 한다.

결과를 받아들이지 못할 것 같거나 불필요한 불안을 안기지 않는 편이 좋겠다고 여겨진다면 주의할 점과 해결책만 전한다.

씩씩하게 미래를 헤쳐나갈 수 있는 사람, 혹은 꿈만 좇고 있는 사람에게는 현실을 깨달을 수 있도록 냉철하게 결과를 전하기도 한다.

어느 쪽이든 나온 결과는 예상에 불과하며 미래를 스스로 변화시킬 수 있다는 점은 반드시 전하도록 한다.

> 지금 상태라면 이렇게 되어버릴지도 몰라요.

> 그렇게 되지 않으려면 이런 점에 주의해야 합니다.

> 이건 현시점에서의 가능성일 뿐입니다. 미래는 바꿀 수 있어요.

> 진심으로 변하고자 마음먹지 않으면 상황은 변하지 않아요.

> 지금 움직이지 않으면 아무것도 변하지 않죠. 용기 낼 각오는 되어 있나요?

## 마무리가 중요하다

결과가 잘 맞는 것 같다고 느끼기 시작하면 이것저것 더 많은 것을 점치고 싶어지기 마련이다. 감정을 끝내고 싶을 때는 '마지막으로'라고 운을 띄우는 것이 효과적이다. '마지막으로 조언 카드를 뽑을게요'라고 말하며 한 장 뽑고 리딩하면 분위기를 정리하기 쉬워진다.

이때 룬을 사용하여 메시지를 전하는 것도 추천한다(p148). 다른 점술이므로 분위기를 전환할 수 있고 룬은 타로와 달리 무서운 그림이 없으므로 어떤 감정 결과가 나와도 격려를 북돋는 메시지를 전할 수 있다.

다음은 일에 대해서도 점쳐주세요!

이것이 마지막 질문이 되겠네요.

그럼 마지막으로 한 장 뽑아주세요.
조언을 읽어볼게요.

## 처음과 마지막을 분명히 말한다

타인을 점칠 때 주의해야 할 점은 명확하게 선을 긋는 것이다. 너무 친근하게 대하면 친구 같이 느껴져 '뭐든 좋으니까 점쳐봐', '한 장만 뽑아봐'라는 식으로 한도 끝도 없이 늘어질 수 있다. 따라서 '타로점을 시작합니다', '타로점을 끝냅니다'라고 분명히 선언할 필요가 있다.

또한 장소의 힘을 빌리는 것도 효과적이다. 감정이 시작될 때는 둘 사이에 타로를 둔다. 점치는 사람과 질문자는 타로를 통해 이어진다. 타로점이 끝나면 타로를 자신 쪽으로 가져오거나 정리해버리자. 그렇게 행동하면 둘 사이에 거리감을 만들 수 있다.

타로점을 칠 수 있다고?
뭐든 점쳐주라.

하나만 더 부탁해! 금전운!

자, 그럼 이게 마지막 질문이야.

*Start*        *Finish*

# 타로 모임을 통해 즐겁게
# 리딩 실력을 향상시키자

친구끼리 모였을 때 타로가 있으면 분위기가 고조된다. 고민을 말하고 서로를 점치는 것은 재미있는 일이다.

추천하는 방법은 당신처럼 타로를 한창 배우고 있는 친구와 대화를 주고받는 것이다. '좋아하는 카드, 싫어하는 카드를 꼽고 그 이유를 말하라', '멋진 남자, 멋진 여자, 신뢰할 수 없는 사람 등 ○○한 사람에 떠오르는 카드를 골라라', '이 카드가 나오면 이런 일이 생긴다는 자기만의 에피소드를 말하라' 등 테마를 정하고 이야기를 나눠보자.

사람은 각자 받아들이는 방법이 다르기 때문에 타인과의 대화를 통해 미처 깨닫지 못했던 발견을 할 수 있다. 평소 생각하지 못했던 신선한 해석이 튀어나와 한 장의 카드에 새로운 의미가 더해지기도 한다. 어떤 해석에도 정답은 없다. 타로를 즐기면서 유연한 리딩 실력을 키워가자.

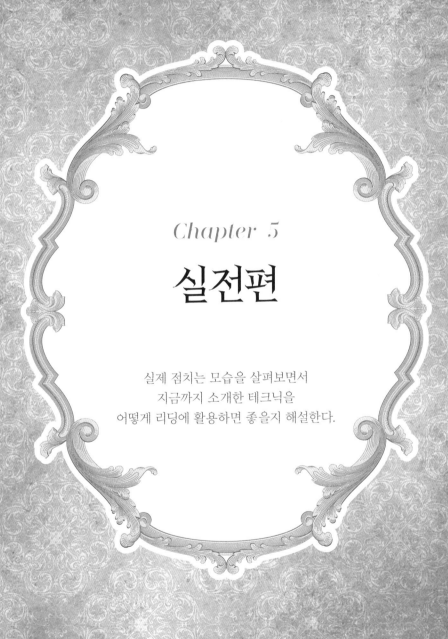

Chapter 5

# 실전편

실제 점치는 모습을 살펴보면서
지금까지 소개한 테크닉을
어떻게 리딩에 활용하면 좋을지 해설한다.

# 다양한 경험을 통해
# 실전 실력을 쌓자

## 틀에 얽매이기보다는
## 자유로운 리딩을 한다

타로에는 무수한 규칙이 존재한다고 생각하는 사람이 많지만 사실 그렇지 않다. 사용하는 카드의 매수를 바꿔도 되고 스프레드를 변형시켜도 된다. 해석하다가 잘 모르겠으면 카드를 더 뽑아도 전혀 문제가 되지 않는다. 카드를 뒤집었을 때 무언가 강한 느낌을 받았다면 책에 나온 의미보다 자신의 직감을 우선해도 좋다. 즉 질문에 대한 힌트나 분명한 답을 얻을 수 있다면 그걸로 된다.

문제는 틀에 박히지 않은 순발력이다. 그것이 바로 타로점의 묘미다. 본래 타로 리딩은 매우 자유롭다. '이렇게 해야만 한다'라는 고정관념에 사로잡히지 않고 자기다운 리딩을 하는 것이 중요하다.

여기에서 내가 실제로 진행했던 감정을 예로 들어 해석해보려 한다. 지금껏 소개했던 테크닉을 어떻게 사용하고 있는지, 거기에서 어떤 답을 끄집어내고 있는지에 주목하면서 읽어주길 바란다. 특히 조언 카드가 해석에 얼마나 중요한 역할을 하는지 알 수 있을 것이다.

조언 카드를 뽑을 때는 전개된 카드를 카드 뭉치에 돌려놓지 않고 남아 있는 카드에서 뽑는다. 그렇게 하면 스프레드와 조언 카드를 잇는 더욱 깊이 있는 해석을 할 수 있다.

실제 감정에서는 나온 카드를 모두 살펴보지만, 여기에서는 중요하다고 판단되는 카드를 중심으로 해설한다.

감정 예시 **1**

# 수입을 늘리기 위해서는 어떻게 해야 좋을까?

'입사 당시보다 급여가 오르지 않은 데다가 보너스도 액수가 너무 적다. 매달 수입을 늘리기 위해서는 어떻게 해야 좋을까? 부업도 고려 중이다.'

**사용 스프레드**
**원 오라클**
(펜타클 카드만 사용)

조언
**펜타클 8**

추천 부업
**펜타클 10**

## 펜타클로 금전운을 점쳐보자

금전적인 고민은 펜타클만으로 점친다. 〈펜타클 8〉은 성과에 수긍하지 못하는 상태를 나타내는 카드이다. 무턱대고 노력할 것이 아니라 매출 등 눈에 보이는 실적을 만들 필요가 있다. 부업에 대한 힌트를 뽑았는데 〈펜타클 10〉이 나왔다. 웨딩 관련 일에 적성이 맞아 보인다. 10은 마이너 아르카나에서 가장 큰 숫자이므로 수입을 크게 늘릴 수 있을지도 모른다.

**25** 사랑, 일, 돈에 대해 더욱 분명한 답을 원한다➡
핍 카드를 활용하자(p152)

감정 예시 **2**

# 마음이 맞는 친구가 필요하다

'취업을 위해 이사한 뒤로 친구라고 부를 만한 사람이 한 명도 없다. 어떤 사람이 내 친구가 되어줄까. 만남이 있을 만한 장소도 알고 싶다.'

**사용 스프레드**
**원 오라클**
(인물점은
코트 카드만 사용)

인물
**컵의 킹**

만남의 장소
**소드 7(역방향)**

## 인물은 코트 카드, 장소는 배경에 힌트가 있다

미래의 친구상이므로 코트 카드만으로 점쳤는데 〈컵의 킹〉이 나왔다. 그 사람은 연상의 남성일 가능성이 크며 포용력이 있고 차분한 성격이다. 만남의 장소에 나온 것은 〈소드 7〉(역방향). 시끌벅적한 장소를 피해 나온 사람을 나타내므로 조용한 장소를 암시한다. 정·역방향 상관없이 읽는다면 배경에 그려진 텐트를 보고 아웃도어 관련 장소라고 해석할 수도 있다.

**11** 사소로운 문제가 많이 발생하는 인간관계를 간단하게 점칠 수 없을까?➡ 코트 카드 16장만으로 점칠 수 있다(p97)

# 요즘 체력이 떨어진 것 같다

'질병이 있는 것은 아니지만 최근 피로를 자주 느낀다. 의지는 있는데 몸이 따라주지 않는다. 기운을 차리기 위해서는 어떻게 해야 좋을까?'

사용 스프레드

원 오라클

원인
펜타클 2(역방향)

조언
운명의 수레바퀴(역방향)

## 본래의 의미에 도달하지 않는 상태를 나타내는 역방향

원인은 〈펜타클 2〉(역방향). 균형을 잡는 것을 나타내는 카드지만 역방향으로 나오면 수면이나 식생활의 불균형이 원인이라는 의미가 된다. 조언은 〈운명의 수레바퀴〉(역방향). '바빠서 식사는 건너뛴다', '짬이 났으니 밥을 먹는다'처럼 되는대로 해오던 생활을 바로잡는 것이 중요하다. 〈악마〉나 〈달〉처럼 질병이나 허약 체질을 나타내는 카드는 아니므로 마음가짐에 따라 체력은 회복될 것이다.

**20** 역방향 의미를 완벽히 외우지 못해서 도중에 해석이 끊긴다 ➡ 세 개의 기본 패턴을 이해하자 (p132)

---

# 업무 관련 이메일은 어떤 식으로 써야 할까?

'처음 대하는 상대에게 이메일로 업무 의뢰를 하려고 한다. 상대의 성향을 고려했을 때 어떤 문장을 써야 좋을까?'

사용 스프레드
원 오라클
(인물은 코트 카드,
문장은 소드만 사용)

인물
소드의 나이트(역방향)

조언
소드 6(역방향)

## 코트 카드로 상대의 성향을 파악한다

상대의 성격은 〈소드의 나이트〉(역방향). 정방향이라면 똑 부러지는 사람을 나타내지만 역방향은 말을 빙 돌려서 말하는 성격이 비뚤어진 사람을 의미한다. 대처 방법은 〈소드 6〉(역방향). 정방향에서는 '도망'을 의미하는 카드지만 역방향이므로 피하지 말고 싸워야 한다.

상대의 지적이나 질문을 예상하여 빈틈없는 설명을 준비해두면 좋은 인상을 줄 수 있다.

**10** 코트 카드를 구별하기 어렵다 ➡ 인물의 캐릭터를 상상하자(p92)

감정 예시 **5**

# 인터넷 기사의 클릭 수를 늘리고 싶다

'인터넷 기사를 연재하는 일을 하는데, 클릭 수가 많지 않다. 인기 기사를 만들어내는 방법과 타인과의 협력 기사나 취재 기사를 위한 조언을 원한다.'

사용 스프레드
원 오라클

전체적인 조언
**펜타클의 나이트(역방향)**

협력 기사에 대한 조언
**컵 2**

취재 기사에 대한 조언
**펜타클의 퀸(역방향)**

미래
**컵 10(역방향)**

## 다른 슈트와 비교하여 해석한다

전체적인 조언으로 나온 것은 〈펜타클의 나이트〉(역방향). 숫자나 돈에 연연하지 말고 쓰고 싶은 것을 써야 매력적인 기사가 된다. 타인과 협력하는 방법에는 〈컵 2〉가 나왔다. 함께 일하는 사람과 대화를 나누다가 서로 '이건 재밌겠다!'라고 마음이 일치한 기획이 인기를 얻는 것을 암시한다. 취재 기사에 대해서는 〈펜타클의 퀸〉(역방향)이 나왔다. 취재처에서 의외의 질문을 하면 좋은 이야기를 들을 수 있을 듯하다. 여기서 소드가 나왔다면 '당연한 것을 무너뜨린다'라는 뜻이 되지만 펜타클이 나왔으므로 '당연한 것을 새로운 관점으로 바라보는 것'이 힌트의 요인이 될 것이다.

◢ 이름이 없는 마이너 아르카나는 그 의미를 잘 모르겠다 ➡ '슈트와 숫자'로 생각하자(p70)

## 나오지 않은 원소를 의식한다

미래는 〈컵 10〉(역방향). '따분함'으로 해석되기도 하는데 '틀에 박히지 않는다', '서브컬처에 대한 기사' 같은 이미지가 떠오른다. 지금까지의 흐름에서 벗어나려는 의욕이 중요해 보인다.

위에 나온 두 장을 포함하여 불과 바람 원소가 나오지 않았다는 점에 주목하는 것도 좋다. 클릭 수가 급상승한다기보다는 시간이 흐르면서 조금씩 인기를 끌 듯하다.

▮✔ 새로운 의미를 끄집어내기 어려운 카드가 있다 ➡ 시점을 바꿔서 생각해보자(p124)

감정 예시

# 고부 갈등 때문에 힘들다

'시어머니께서 내가 하는 모든 행동을 부정한다. 남편을 중개자로 세워야 할지, 시어머니와 거리를 둬야 할지, 대화를 나누어야 할지 고민이다. 어떻게 해야 좋을까?'

사용 스프레드
양자택일

그 후의
전개
완드 7

그 후의
전개
펜타클 A

그 후의
전개
소드 2

그 후의
전개
전차(역방향)

남편이라는
중개자
컵 9(역방향)

거리를
둔다
컵 6(역방향)

대화를
나눈다
소드의 나이트

그냥
둔다
펜타클 2

질문자의 태도
펜타클 4

추가: 조언
컵 5

## 양자택일의 결과에 우선순위를 매긴다

일시적인 시어머니의 심술일 뿐이라면 자연스럽게 해결될 가능성이 있으므로 선택지에 '지금껏 해왔던 대로 한다(그냥 둔다)'를 추가했다. 〈펜타클 4〉에서 나타나듯 질문자는 스스로 뭐라도 해야 한다고 마음먹은 모습이다. 거리를 둔 경우 그 후의 전개에 〈펜타클 A〉가 나온 점이 인상적이다. 〈컵 6〉(역방향)을 보면 시어머니의 고집이 더욱 드세질 것 같지만, 결국에는 포지션을 확립할 수 있을 듯하다. 남편을 중개자로 세우는 것은 〈컵 9〉(역방향)로 그다지 의미가 없고 지금보다 유리한 위치에 선다고 해도 〈완드 7〉이므로 작은 분쟁이 계속될 뿐이다. 대화는 〈소드의 나이트〉로 정론을 내세운다면 〈소드 2〉이므로 관계가 안정될 듯하다. 지금껏 해왔던 대로 하면 〈펜타클 2〉, 당분간은 별일 없이 지내지만 서로 뜻이 맞지 않은 상태로 〈전차〉(역방향)가 되는 것을 암시한다. 추천하는 방법은 거리를 두는 것이고 차선책은 대화를 꼽을 수 있다.

**15** 스프레드에서 어떤 카드가 중요한 카드인지 모르겠다
➡ 카드의 힘의 세기에 주목하자(p110)

--- P O I N T ---

### 카드의 등장인물에 대입해보자

조언 카드는 〈컵 5〉로 이 인물이 시어머니로 보였다. 보고 싶은 것만 보고 싶은 상태이다. 말이 통하지 않는 상대이므로 언동 하나하나에 반응하지 말고 적당히 맞추면서 점차 질문자의 페이스로 끌어오는 것을 목표로 하자. 시어머니는 자신만 홀로 남겨졌다고 느끼고 있을 가능성도 있으므로 표면상으로는 감정을 자극하지 않는 태도를 유지하도록 한다.

# 수험생 아이를 어떻게 대하는 게 좋을까?

'고3 남자아이, 중3 여자아이의 엄마다. 둘 다 올해 수험생이 되는데 아이들의 성격이 너무 달라서 어떻게 대해야 좋을지 고민이다.'

사용 스프레드
양자택일

아들과의 대화
**완드의 킹(역방향)**

아들을 대하는 방법
**소드의 킹**

질문자의 태도
**컵 6(역방향)**

딸을 대하는 방법
**완드 3(역방향)**

딸과의 대화
**펜타클 3(역방향)**

## 구체적인 대응을 타로로 끄집어낸다

아들, 딸에 대한 대응을 양자택일 형식으로 비교하면서 둘과 어떻게 대화를 나누는 것이 좋을지 새로운 항목을 설정하여 점쳤다. 질문자의 태도에 나온 〈컵 6〉은 귀여워하는 마음을 나타내지만, 역방향에서는 과거의 감상에 젖어 지나치게 응석을 받아줘서는 안 된다는 것을 말한다. 뭐든지 극진하게 해줄 것이 아니라 아이들이 필요성을 느낄 때 스스로 다가오게 하는 사랑을 목표로 하면 좋을 듯하다. 아들은 〈소드의 킹〉이므로 논리적인 접근이 좋다. 무조건 '공부해'라고 말하기보다는 '공부 안 해도 되지만, 손해 보는 사람은 너잖아?'라고 말해야 효과적이다. 딸은 〈완드 3〉(역방향). 움직이기 시작하는 카드지만 역방향으로 나왔다는 것은 '알아서 열심히 공부하고 있겠지' 하고 믿었는데 의외로 그 반대의 상태일지도 모르니 주의 깊게 지켜봐 주는 편이 좋겠다.

⚡ 책에 나온 의미에 얽매이다 보니 딱딱한 표현만 떠오른다
➡ 주변 상황에 대입해보자(p84)

### —— P O I N T ——

## 상대에게 건넬 말도 점칠 수 있다!

이번에는 두 아이가 풀이 죽어 있을 때 기운을 북돋아주는 방법을 점쳐보았다. 아들은 〈완드의 킹〉(역방향)으로 '합격할 거야. 엄마 아들이니까!'라고 본인의 열정을 촉발하는 화법이 좋을 듯하다. 딸은 〈펜타클 3〉(역방향). 노력을 인정받고 있다는 실감이 부족해 보이므로 '엄마는 다 알고 있어'라는 태도를 보여주는 것이 좋다.

# 2년 안에 결혼하고 싶다

'부모님이 결혼 이야기를 꺼내시기도 해서 마음이 조급하다.
앞으로 2년 안에 결혼하려면 어떻게 해야 할까?'

사용 스프레드
쓰리 카드

결과(올해)
펜타클 8

원인
컵 10(역방향)

조언
소드 10

결과(내년)
은둔자(역방향)

## 소망에 맞춰 스프레드를 변형한다

'2년 이내'라는 기한이 비교적 명확한 고민이므로 쓰리 카드를 변형하여 '원인', '결과(올해)', '결과(내년)', '조언'이라고 설정한 뒤 네 장으로 점쳤다. 만남의 시기로서는 〈펜타클 8〉이 나온 올해가 유망하다. 내년까지 태평하게 있다가는 쓸쓸하게 서 있는 〈은둔자〉(역방향) 같은 삶이 되어버릴지도 모른다. 〈펜타클 8〉은 꾸준히 쌓아 올리는 카드다. 갑작스러운 만남이 아니라 대화를 나누면서 신뢰를 쌓은 뒤에 비로소 관계가 발전되므로 가능한 한 빨리 만남을 찾아 움직이도록 한다. 결혼에 이르지 않는 원인은 〈컵 10〉(역방향). '가정을 꾸리고 싶다'라고 결혼을 지나치게 의식한 나머지 본래 궁합이 좋은 사람을 후보에서 빼놓고 있을 가능성이 있다. 조언은 〈소드 10〉. 부모, 나이, 주변 상황 등이 칼 한 자루 한 자루가 되어 압박해오지만, 이것은 새로운 시작을 암시하는 카드다. 신경 쓰지 말고 자기 페이스대로 사랑을 즐기는 정신이 중요하다.

**27** 질문에 딱 맞는 점을 치고 싶다➡
자기만의 스프레드를 만들어보자(p168)

---

### POINT

### 슈트는 의외의 힌트가 되기도 한다

〈펜타클 8〉에서 더욱 구체적인 만남의 시기를 추리해보자. 카드 속 인물은 위에서 여섯 번째 펜타클을 만드는 중이다. 이 점을 친 것은 1월이었기 때문에 첫 번째 펜타클을 1월이라고 생각하고 '6월에 인상적인 사건이 있다'라고 해석할 수 있다. 이런 부분에서도 메시지를 읽어보자.

# 갑작스러운 부서 이동으로 혼란스럽다

'지난달에 새로운 부서로 이동했다. 새로운 환경에 적응하고 싶지만 이전 업무를 계속하고 싶은 마음도 있다. 앞으로 어떻게 해야 좋을까?'

사용 스프레드
쓰리 카드

원인
펜타클 3(역방향)

결과
완드 10

조언
컵 2

과거
컵 9

현재
죽음

미래
탑

## 쓰리 카드를 이중으로 사용하여 더욱 세밀하게 점친다

운세와 문제 해결, 쓰리 카드의 중복 조합이다. 현재는 〈죽음〉으로 이동 명령은 거부할 수 없는 규정 같은 것이었음을 나타낸다. 지금은 새로운 단계에 놓여 있다. 과거는 〈컵 9〉로 만족스러운 부서에서 즐겁게 일하고 있었기 때문에 돌아가고 싶은 마음이 크지만, 미래는 〈탑〉으로 앞으로 더 큰 변동이 있을 듯하다. 이렇게 된 원인과 앞으로의 행동지침을 또 하나의 쓰리 카드로 점쳐보니 원인은 〈펜타클 3〉(역방향)으로 사실은 전 부서에서 자신의 능력을 충분히 평가받지 못했고 그것이 부서 이동에 영향을 미친 듯하다. 하지만 이대로 지내면 최종 예상은 〈완드 10〉, 자신의 능력을 넘어서는 일을 떠안게 된다. 조언의 〈컵 2〉는 교섭의 여지가 있다고 말하고 있다. 운세도 움직임이 있는 시기이므로 '내가 정말 하고 싶은 일은 이거다!'라고 사람들에게 자기 뜻을 전달한다면 의외로 순조롭게 받아들여질지도 모른다.

**26** 점친 결과에서 새로운 의문이 생긴다면 어떻게 해야 할까? ➡
스프레드를 조합해보자(p162)

---

## POINT

### 단어에서 이미지를 확장시켜보자

잔을 '나눈다'는 생각은 '나누다'와도 상통하므로 '교섭의 여지가 있다'라고 해석했다. 그 외에도 완드를 '내세우다'는 방침을 '내세우나'라는 의미로 해석할 수 있고 컵을 '내보이다'에는 '뽐내다'라는 의미도 담겨 있다. 이처럼 모티브를 있는 그대로 말로 옮기다 보면 이미지를 넓히는 데 도움이 된다.

감정 예시 10

# 어떻게 해야 운명의 상대를 만날 수 있을까?

'누군가와 사귀어도 결혼까지 이어지지 못한다. 소개팅에도 나가지만 좋은 사람을 못 만나고 있다. 어떻게 해야 운명의 상대를 만날 수 있을까?'

사용 스프레드
호스슈

지금의 자신 카드
**소드의 킹**

과거
**완드 2**

현재
**힘(역방향)**

최종 예상
**펜타클 3(역방향)**

방해가 되는 것
**컵 A(역방향)**

가까운 미래
**은둔자**

주변 상황
**펜타클 A(역방향)**

추가: 조언
**컵 4(역방향)**

조언
**컵 10**

추가: 상대의 인물상
**컵의 킹**

## 좋지 않은 결과라고 섣불리 판단하지 않는다

'지금의 자신 카드'는 〈소드의 킹〉. 질문자는 연애에 냉정한 자세를 보인다. 방해가 되는 것 〈컵 A〉(역방향)와 주변 상황 〈펜타클 A〉(역방향)를 보니 상대가 결혼할 수 있는 사람인지 어떤지 엄격하게 판단하는 질문자의 태도가 이성이 다가오는 것을 막고 있다. 조언의 〈컵 10〉도 연애를 즐기는 순수한 마음이 중요하다고 말하고 있다. 가까운 미래에 고독한 카드 〈은둔자〉가 있지만, 최종 결과는 〈펜타클 3〉(역방향)이다. 본래의 의미대로라면 기회를 잡는 카드이며 배경에 그려진 교회는 결혼을 위한 준비를 암시하고 있다. 이성을 이성적으로 판단하지 말고 넓은 마음으로 받아들인다면 결혼으로 이어질 가능성이 매우 크다. 만남을 위한 조언을 추가로 뽑았더니 〈컵 4〉(역방향)가 나왔다. 가까운 곳에서 찾아보라고 말하고 있다. 상대의 인물상은 〈컵의 킹〉이니 마음이 넓고 애정이 깊은 인물을 찾아보길 바란다.

---

**24** 아무리 노력해도 읽을 수 없는 카드가 나왔을 때 힌트가 필요하다 ➡
'다시' 묻지 말고 '더' 묻는다(p146)

--- **P O I N T** ---

### 핵심이 되는 슈트를 발견하자

컵은 감정을 관장하는 슈트다. 방해가 되는 것과 조언에 컵이 나왔다는 점에서 '감정'이 사랑을 성취시키는 키워드가 된다. 결정적인 근거는 추가로 뽑은 카드다. 조언에 〈컵 4〉(역방향)와 상대의 인물상에 〈컵의 킹〉이 나온 것에서 이미 만난 적이 있는 사람이라고 해석할 수 있다. 이처럼 같은 슈트가 연속으로 나온 경우는 중요한 메시지로 받아들인다.

# 요즘 갑자기 피부가 건조해진 것 같다

'요 몇 달간 피부가 쉽게 건조해지는 것이 고민이다. 화장도 잘 안 받아서 거울을 볼 때마다 우울해진다. 불면증이 영향을 미치고 있는 것일까? 건조한 원인을 알고 싶다.'

사용 스프레드
호스슈

과거
절제(역방향)

현재
컵 9(역방향)

가까운 미래
펜타클의 퀸

조언
소드 9

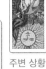

주변 상황
태양(역방향)

방해가 되는 것
소드 7

최종 예상
교황

## 건강 상태나 생활 습관도 카드에 나타난다

가장 먼저 현재에 나온 〈컵 9〉(역방향)가 눈에 들어왔다. 피부에서 대량의 수분이 빠져나간 상황이라고 읽을 수 있다. 과거 〈절제〉(역방향)는 수분이 충분히 보충되지 않았던 상태다. 상황에 나온 〈태양〉(역방향)이 정방향이라면 양호한 건강 상태를 의미하는 카드지만 역방향은 '본래 더욱 빛날 수 있지만 지금은 그늘이 있다'라는 의미가 된다. 방해는 〈소드 7〉로 케어는 하고는 있지만, 그것만으로는 부족할지도 모른다. 조언은 상실의 슬픔을 나타내는 〈소드 9〉다. 본래 자신이 가진 아름다움에 대한 감사함을 깨닫고 자기 자신을 더욱 소중히 대해야 한다. 또한 질문지는 불면증이 있나고 했다. 충분히 잠을 자지 않는 것도 원인일 수 있다. 하지만 가까운 미래에 〈펜타클의 퀸〉이 있으므로 꾸준한 케어로 회복할 수 있을 듯하다. 최종 예상도 메이저 아르카나인 〈교황〉이 나왔으므로 본래의 건강한 피부로 돌아갈 가능성이 크다.

**19** 적당한 말이 떠오르지 않아 점치는 데 시간이 걸린다➡
3초 룰을 지키자(p128)

### POINT

그림을 보고 있는 그대로 읽어보자

책에 나온 대로라면 〈컵 9〉는 '응석 부리다', '흐트러진 생활 습관'이라고 해석되지만, 거꾸로 뒤집힌 아홉 개의 컵을 보고 '피부의 수분이 노방간다'라고 읽었다. 또한 〈태양〉(역방향)은 '자외선이 나쁜 영향을 끼치고 있다'라고 해석할 수도 있다. 이처럼 테마에 맞춰 유연하게 이미지를 넓혀가면 질문에 맞는 분명한 답을 얻을 수 있다.

# 희망 부서에서 일하고 싶다

'회사에 입사한 뒤로 몇 번인가 부서를 이동했는데, 좀처럼 희망하는 부서로 이동하지 못하고 있다. 어떻게 해야 하고 싶은 일을 할 수 있게 될까?'

사용 스프레드
헥사그램

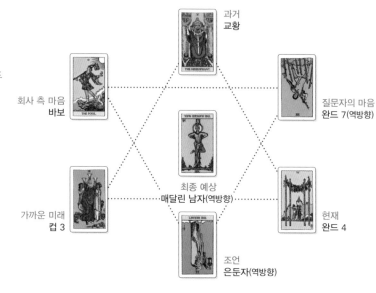

지금의 자신 카드
**컵 7**

과거
**교황**

질문자의 마음
**완드 7(역방향)**

회사 측 마음
**바보**

최종 예상
**매달린 남자(역방향)**

현재
**완드 4**

가까운 미래
**컵 3**

조언
**은둔자(역방향)**

## '상대' 위치에 회사를 대입해서 점쳐본다

'지금의 자신 카드'는 〈컵 7〉. 관심 있는 부서가 여러 군데 있어서 고민하고 있는 듯하다. 질문자의 마음에 나온 〈완드 7〉(역방향)에는 의욕이 넘치지만 능력을 발휘할 수 없는 답답함이 보인다. 과거 〈교황〉은 입사 당시의 기쁨이 나와 있고 현재 〈완드 4〉는 희망하는 부서는 아니지만 나름대로 즐겁게 일하고 있는 모습이다. 가까운 미래의 〈컵 3〉은 '지금의 즐거운 상태가 계속된다'라고도 읽을 수 있지만, 부서 송별회에서의 건배처럼 보이기도 한다. 결과는 〈매달린 남자〉(역방향)이므로 원하는 부서에 이동하게 되더라도 생각했던 미래와 다르다고 느낄지도 모른다. 회사 측의 마음은 〈바보〉로 질문자의 고민을 심각하게 받아들이지 않고 있는 듯하다. 조언은 〈은둔자〉(역방향). 회사 측에 자기 의지를 확실히 전하는 편이 좋다. 희망 부서 가운데 자신에게 가장 잘 맞는 부서는 어디인지, 이상을 명확하게 해둔다면 이동 후에 느껴지는 위화감을 줄일 수 있다.

---

**20** 역방향 의미를 완벽히 외우지 못해서 도중에 해석이 끊긴다 ➡
세 개의 기본 패턴을 이해하자(p132)

---

**━━ POINT ━━**

### 해석이 어려울 때는 일단 정방향으로 생각한다

최종 예상에 나온 〈매달린 남자〉(역방향)는 해석이 어려운 카드다. 역방향을 읽기 어려울 때는 우선 카드의 정방향 의미를 확인하자. 〈매달린 남자〉가 정방향으로 나왔다면 '목표에 대해 긍정적으로 대처하려고 하는 한결같은 마음'을 의미한다. 이것을 반대로 생각하면 '목표로 하는 곳에 제대로 닿지 않은 상태=희망 부서에서의 위화감'으로 해석할 수 있다.

# 아이를 갖고 싶은데 강아지도 키우고 싶다

'작년에 결혼했고 이제 아이를 가져보려 하는데 강아지를 키우고 싶다. 강아지와 아기는 사이좋게 지낼 수 있을까? 내 욕심이 지나친 걸까?'

사용 스프레드

헥사그램

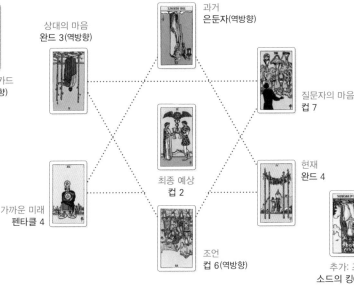

지금의 자신 카드
**완드 9(역방향)**

상대의 마음
**완드 3(역방향)**

과거
**은둔자(역방향)**

질문자의 마음
**컵 7**

최종 예상
**컵 2**

현재
**완드 4**

가까운 미래
**펜타클 4**

조언
**컵 6(역방향)**

추가: 조언
**소드의 킹(역방향)**

## 현재 상황과 연결 지어 마음을 들여다본다

'지금의 자신 카드'는 〈완드 9〉(역방향). '강아지와 아이가 있으면 좋겠지만 지금 상태로도 행복하다'로 해석할 수 있다. 질문자의 마음 〈컵 7〉에서도 '강아지를 기르면서 아이와 함께 사는' 것은 인생의 하나의 선택지에 지나지 않음을 알 수 있다. 상대, 즉 질문자의 파트너는 〈완드 3〉(역방향). 정방향이라면 실현의 기회를 엿보는 상태이지만 이번에는 역방향으로 나와 있는 것을 보아 질문자와 마찬가지로 서두르고 있지는 않다. 실제로는 지금도 충분히 행복한 상태라는 것이 현재의 〈완드 4〉에 나와 있다. 가까운 미래에 〈펜타클 4〉, 최종 견해에 〈컵 2〉가 나온 것에서 강아지는 아이와 사이좋게 지낼 수 있을 듯하다. 조언 〈컵 6〉(역방향)은 선물, 즉 강아지를 무리해서 손에 넣으려고 하지 않는다고 해석했다. 추가로 뽑은 조언 〈소드의 킹〉(역방향)을 봐도 궁합이 좋은 강아지와의 인연은 서두르지 말고 자연스럽게 만날 때까지 기다리는 것이 좋다.

---

**18** 많은 카드를 배열하는 스프레드 해석이 어렵다 ➡
'지금의 자신 카드'를 활용하자(p126)

### POINT

**그림을 우선시하여 해석해보자**

조언에 나온 〈컵 6〉(역방향)은 '과거·추억'이라는 일반적인 키워드로부터 '옛 경험에 힌트가 있다'라는 애매한 답을 끌어내기 쉽다. 이해가 잘 안 될 때는 '선물'처럼 그림을 보고 판단하는 것도 방법이다. 그래도 어렵다고 느껴진다면 추가로 카드를 한 장 더 뽑아도 된다. 이번에 나온 〈소드의 킹〉(역방향)처럼 보충이 되는 답이 나올 것이다.

# 내가 있어야 할 곳이 여기인지 확신이 들지 않는다

'현재 30대 중반이다. 좋아하고 재밌는 일이지만 업무량이 많아서 힘들다. 열심히 하고 있지만 보람이 느껴지지 않는다. 이런 상태를 어떻게든 바꾸고 싶다!'

사용 스프레드

히트 소나

지금의 자신 카드
**펜타클의 페이지**

주변
사람들의 상황
**소드 8(역방향)**

현재
**펜타클 4(역방향)**

질문자의 상황
**완드 7**

추가: 조언
**힘**

질문자에 대한 인상(내면)
**컵 9(역방향)**

질문자에 대한 인상(외면)
**완드의 나이트(역방향)**

조언
**컵 2(역방향)**

가까운 미래
**소드의 페이지**

주변 사람들의 소망
**펜타클 6**

## 역방향 해석을 활용한다

'주변 사람이 질문자에게 무엇을 원하고 있는가'라는 관점에서 연애에 대한 테마는 아니지만 하트 소나로 점쳐봤다. 보는 순간 눈에 띄었던 것이 활기 넘치고 열심히 노력하는 질문자 〈완드 7〉과 가만히 도와주기만을 기다리고 있는 주변 사람들 〈소드 8〉(역방향)의 대비다. 질문자에 대한 인상(외면·내면)을 비롯하여 주변 사람을 의미하는 위치에 모두 역방향 카드가 나와 있다. 즉 질문자에게 모든 것을 의지하고 있는 것에 대한 미안함이 드러나 있다. 주변 사람들의 소망에 나온 〈펜타클 6〉은 유일한 정방향이지만 그것은 '앞으로도 계속해서 도와주었으면 좋겠다'라는 질문자에 대한 간절한 바람일지도 모른다. 해결책으로서 조언 카드를 뽑아보니 〈힘〉이 나왔다. 수동적인 태도로 있으면 억지로 당하는 느낌이 들기 때문에 자신이 나서서 '이건 제가 할게요', '이건 부탁드립니다'라고 적극적으로 주변을 움직이는 존재가 되는 건 어떨까?

**15** 스프레드 카드의 의미를 하나로 연결 지을 수 없다➡
'눈에 보이지 않는 끈'을 발견하자(p116)

---

## POINT

### 편리한
### 하트 소나

하트 소나는 연애점을 위한 스프레드지만 연애 외의 테마에도 사용할 수 있다. '외면(행동, 태도)', '내면(사고방식, 성격, 감정)'이라고 한다면 남들이 자신을 어떻게 바라보고 있는지, 더 좋은 관계를 위해 어떻게 행동해야 하는지 등을 살펴볼 수 있다. 이번처럼 같은 부서의 동료가 자신을 어떻게 생각하고 있는지 알아보는 것도 신선한 사용 방법 가운데 하나다.

# 감정 예시 15

# 항상 돈 문제로 남편과 다툰다

'결혼 1년 차로 남편이 낭비가 심한 점이 마음에 걸린다. 평소 사이는 좋지만 돈 문제로 말다툼을 한다. 돈을 불리려면 어떻게 해야 좋을까?'

사용 스프레드
켈틱 크로스

질문자의 현재 의식
(생각하고 있는 것)
완드 9

방해가 되는 것
펜타클 2

가까운 미래
운명의 수레바퀴(역방향)

질문자의 상황
컵 4

과거
절제

최종 예상
세계(역방향)

질문자의 소망
완드 2(역방향)

주변(혹은 상대)
상황
힘(역방향)

질문자가
처한 상황
여사제

질문자의 잠재의식
(느끼고 있는 것)
전차

## 메이저 아르카나의 대비로 성격 차이를 읽는다

최종 결과에 〈세계〉(역방향)가 나왔다. 역방향이지만 이것은 나쁘지 않다. 돈의 세계에서 완성이란 있을 수 없기 때문이다. 오히려 미완성은 성장의 여지를 느끼게 한다. 그밖에도 〈운명의 수레바퀴〉(역방향), 〈펜타클 2〉, 〈완드 2〉(역방향) 등 원형이 많이 나왔다는 점은 돈에 대한 의식이 높다는 것을 보여준다. 특히 현재 의식 〈완드 9〉, 잠재의식 〈전차〉가 모두 정방향이므로 돈에 관해서는 만전을 기하고 있다. 다만 질문자는 꼼꼼한 〈여사제〉, 남편은 금세 포기해버리는 〈힘〉(역방향)이므로 씀씀이가 정빈데디. 빙해가 뙤는 킷에 나온 〈펜타클 2〉는 릴밍 '변롱(變通) 카드'나. 소액의 변통은 품이 많이 드는 것에 비해 이익이 적고 남편과 싸움이 되기 쉽다. 따라서 그다지 좋은 방법은 아니다. 원만한 가정을 위해서라도 과도한 절약보다는 투자나 부업 등 수입을 늘리는 방법을 생각해보는 것이 좋다.

---

9 그림을 보는 것만으로 해석의 힌트를 발견할 수 있을까? ➡
색깔·사람·슈트에 주목하자(p88)

## POINT

### 그림에서 읽어내는 또 다른 해석

소망에 나온 〈완드 2〉(역방향)를 카드의 의미가 아니라 그림에서 해석할 수도 있다. 남성이 손에 들고 있는 지구를 돈과 연관 지어 생각해보자. 두 개의 완드는 질문자와 배우자를 나타내고 있다. 돈에 대한 주도권을 잡는 것은 어느 쪽일까? 혼자서 저축하고 돈을 늘리는 것은 쉬운 일이 아니다. 함께 해야 가정도 원만해진다.

# 한 해 운세가 궁금하다

'오늘 생일이다. 새로운 한 해의 매달 운세를 알고 싶다. 특히 요즘 회사 일로 무척 바쁜데 앞으로 어떻게 흘러갈지 궁금하다.'

사용 스프레드
호로스코프

지금의 자신 카드
**완드 A**

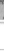
11월 운세
**펜타클 4**

12월 운세
**소드 8(역방향)**

10월 운세
**펜타클 3**

9월 운세
**소드 6(역방향)**

8월 운세
**탑**

1월 운세
**세계(역방향)**

2월 운세
**펜타클 A**

조언
**펜타클의 페이지
(역방향)**

7월 운세
**와드의 나이트(역방향)**

3월 운세
**완드 6(역방향)**

4월 운세
**소드 3(역방향)**

5월 운세
**소드 5**

6월 운세
**컵 8**

## 그림의 공통점을 해석에 활용한다

전체적으로 움직임을 보이는 카드가 많아 변화가 심한 한 해가 될 듯하다. 1월 〈세계〉(역방향)는 완벽하지는 않아도 즐거운 한 달이 된다. 3월 〈완드 6〉(역방향)은 통과됐어야 할 기획서가 지연되는 일이 발생할 수 있다. 4월은 〈소드 3〉(역방향). 거꾸로 된 소드가 삼각형처럼 보이기 때문에 굳은 결심을 하게 될 듯하다. 5월은 사람이 바뀔 것 같다. 7월은 〈완드의 나이트〉(역방향). 지금까지의 상황을 되돌리고자 분투한 결과 8월 〈탑〉에 변화를 일으킨다. 하지만 9월 〈소드 6〉(역방향)은 이런 변화를 받아들이는 데 어려움을 겪을 듯하다. 연말인 12월은 〈소드 8〉(역방향)로 조금씩 자유를 되찾는 것을 암시한다. 2월과 10월, 11월에 펜타클이 모두 정방향으로 나와 있어 금전운이 좋은 한 해가 될 듯하다. 조언은 〈펜타클의 페이지〉(역방향). 지나치게 자세를 낮추지 말고 매사에 굳은 신념으로 임하는 것이 중요하다.

---

**15** 스프레드 카드의 의미를 하나로 연결 지을 수 없다➡
'눈에 보이지 않는 끈'을 발견하자(p116)

---

## ── P O I N T ──

### '지금의 자신 카드'를 근거로 삼자

8월의 〈탑〉. 안 좋은 일에 휘말리게 될지, 스스로 변화를 일으키게 될지에는 커다란 차이가 있다. 해석을 위해 '지금의 자신 카드'인 〈완드 A〉와 7월의 움직임을 나타내는 〈완드의 나이트〉(역방향)를 관련짓는 것이 비법이다. 완드가 지금의 자신을 나타내는 것에서 7월의 〈완드의 나이트〉 역시 자신을 나타내는 카드이며 '스스로 일으킨 변화'라고 읽을 수 있다.

# 제2의 인생, 어떤 운세가 될까?

'아이들은 독립했고 내년에는 나이의 앞자리도 바뀐다. 제2의 인생을 어떻게 살아갈지 고민하고 있다. 앞으로 일이나 사생활이 어떻게 흘러갈지 궁금하다.'

사용 스프레드
호로스코프

지금의 자신 카드
**소드 8**

무의식·
경쟁자(미래) **컵 10**

무의식·경쟁자
**소드 4**

질문자·성격
(미래)
**악마**

질문자·성격
**펜타클 2**

금전·소유(미래)
**연인(역방향)**

금전·소유
**소드의 퀸**

희망·동료(미래)
**완드 8(역방향)**

희망·동료
**펜타클 6(역방향)**

지식·커뮤니케이션
(미래)
**전차(역방향)**

지식·커뮤니케이션
**컵의 페이지(역방향)**

직업·명예(미래)
**완드 10**

여행·이상(미래)
**펜타클 5**

직업·명예
**세계(역방향)**

여행·이상
**교황**

최종 예측·조언
**펜타클 7**

가정·가족(미래)
**운명의 수레바퀴**

가정·가족
**완드 5**

연애·오락(미래)
**펜타클의 페이지
(역방향)**

연애·오락
**정의(역방향)**

계승·섹스
(미래)
**여사제(역방향)**

계승·섹스
**태양(역방향)**

파트너십·결혼
(미래)
**소드 6**

파트너십·결혼
**소드의 킹**

일·건강(미래)
**힘(역방향)**

일·건강
**펜타클 3**

## 스프레드를 변형한다

이번에는 바깥쪽에 이중 스프레드를 전개하고 운세뿐만 아니라 앞으로의 미래도 점친다. 메이저 아르카나가 많은 것으로 보아 전체적인 운세는 양호하다. '지금의 자신 카드'는 〈소드 8〉로 하고 싶은 일을 참고 있는 모습이다. 1 하우스의 자기 자신은 〈펜타클 2〉로 균형 잡힌 상태지만 미래에 〈악마〉가 나왔으므로 건강에 주의하는 것이 좋다. 7 하우스 〈소드의 킹〉은 파트너가 될 남성의 존재를 암시한다. 4 하우스에 〈완드 5〉와 〈운명의 수레바퀴〉가 나와 있어 사생활은 충실할 듯하다. 다만 10 하우스의 〈완드 10〉은 일을 너무 많이 떠안는 것을 암시한다. 너욱이 6 하우스의 미래에 나온 〈힘〉(역방향)은 일을 잘 배분해서 사람들과 함께 하는 편이 좋다고 말하고 있다. 조언은 〈펜타클 7〉. '더욱 즐거운 인생을 위한 방법은 분명히 있다'라는 향상심이 행복한 삶을 위한 열쇠다.

**29** 호로스코프 스프레드는 해석할 것이 많아서 대충 읽게 된다➡
하우스에 대해 알아보자(p174)

**POINT**

## 카드를 입체적으로 생각한다

9 하우스에 〈교황〉과 〈펜타클 5〉가 나왔다. 이 두 장은 모두 다섯 번째 카드이며 '교회 안에 있는 사람'과 '교회 앞을 지나치는 사람'이라는 점이 대조적이다. 이러한 시점에서 보면 무언가를 확립했지만 금세 그만두고 다른 곳으로 옮겨간다고 읽을 수 있다. 이처럼 두 카드의 그림을 입체적으로 생각하면 새로운 해석을 떠올릴 수 있다.

# 다음 달 운세는?

'다음 달 일정이 꽉 차 있다. 회의, 프레젠테이션, 데이트에 좋은 날짜와 피해야 할 날짜를 알고 싶다.'

사용 스프레드
캘린더

## 1월

| 일 | 월 | 화 | 수 | 목 | 금 | 토 |
|---|---|---|---|---|---|---|
|  |  | 1 | 2 | 3 | 4 | 5 |
| 6 | 7 | 8 | 9 | 10 | 11 | 12 |
| 13 | 14 | 15 | 16 | 17 | 18 | 19 |
| 20 | 21 | 22 | 23 | 24 | 25 | 26 |
| 27 | 28 | 29 | 30 | 31 |  |  |

## 주 단위로 의식하면서 읽는다

전체적으로 역방향이 많아 바쁜 한 달에 대한 불안감과 압박이 느껴진다. 1일부터 4일 사이에 연속으로 역방향이 나와 있어 좋지 않은 컨디션으로 한 달을 시작할 듯하다. 펜타클, 컵, 소드 A가 역방향으로 나온 날에는 새로운 일을 시작하지 않는 것이 좋다. 3주 차는 업무 운세가 떨어져 실수가 잦아질 듯하다. 특히 18일 금요일 〈완드 10〉은 일을 팽개치고 싶어지는 것을 암시한다. 그 주가 오기 전까지 할 수 있는 일은 해두는 편이 좋다. 11일과 25일에 회사 회식을 하면 화기애애한 교류를 할 수 있다. 데이트는 3~5주 차 일요일 〈펜타클 9〉, 〈운명의 수레바퀴〉, 〈컵의 킹〉을 추천한다. 또한 전체의 약 3분의 1에 코트 카드가 나온 점에서 타인과의 인상적인 교류가 예상된다. 마지막 3일간은 체력을 앞세워 무리하게 행동하는 것을 암시한다. 다음 달을 생각해서 컨디션 조절에 주의한다.

**16** 카드가 역방향으로 나오면 어떻게 해석을 해야 좋을지 모르겠다 ➡ 문제의 핵심이 있다고 생각하자(p118)

### — POINT —

#### 평범한 일주일을 떠올려보자

요일의 흐름을 의식하면 리딩이 쉬워진다. 자신의 평균적인 일주일 패턴을 떠올리면서 읽어보자. 중요한 의미가 있는 메이저 아르카나나 코트 카드가 나온 날을 수첩에 적어두면 일정을 짜거나 결과를 검증하는 데 도움이 된다. 카드가 잘 안 읽힐 때는 그날에 대해 조언 카드를 한 장 더 뽑아도 된다.

감정 예시
19

# 연휴를 어떻게 보내면 좋을까?

'다음 3일간의 연휴가 어떤지 궁금하다. 첫날은 식사 약속이 있고 다른 날에는 영화를 보러 가기로 했다. 다만 두 편의 영화 중에 어떤 것을 볼지 고민하고 있다.'

사용 스프레드
캘린더, 양자택일

첫날 운세
달

둘째 날 운세
은둔자(역방향)

셋째 날 운세
완드 7(역방향)

작품 A를 선택한 미래
절제

작품 B를 선택한 미래
소드 7(역방향)

## 카드의 전체적인 색상에 총 운세가 나타난다

캘린더 스프레드에서 특별히 알고 싶은 날을 중점적으로 읽어보자. 첫날의 〈달〉은 연회의 밤을 연상시킨다. 불분명함을 암시한다는 점에서 낮 동안 무엇을 할지 고민하다가 밤을 맞이할 듯하다. 둘째 날 〈은둔자〉(역방향)는 정방향이라면 집에 머무른다는 의미지만 역방향에서는 마지못해 집을 나설 일이 생길 듯하다. 셋째 날은 〈완드 7〉(역방향)로 정방향이라면 즐거운 시간을 갖는다는 의미지만 역방향은 '방해받는다'라고 읽을 수 있다. 세 장의 카드는 파랑이나 회색 계열이 눈에 띈다. 주체적으로 즐거운 시간을 갖는다기보다는 조용하게 사색에 잠기는 차분한 연휴가 될 듯하다.

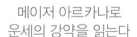
**9** 그림을 보는 것만으로 해석의 힌트를 발견할 수 있을까? ➡
색깔·사람·슈트에 주목하자(p88)

## 메이저 아르카나로 운세의 강약을 읽는다

양자택일로 추천 영화를 점칠 수 있다. 결과는 작품 A에 〈절제〉, 작품 B에 〈소드 7〉(역방향)이 나왔다. 〈절제〉는 '새로운 바람'이라는 의미가 있으므로 새로운 발견이 있을 듯하다. 또한 메이저 아르카나라는 점에서도 작품 A에서 압도적인 감동을 경험할 수 있을 것이다.

**15** 스프레드에서 어떤 카드가 중요한 카드인지 모르겠다 ➡
카드의 힘의 세기에 주목하자(p110)

# 좋아하는 사람이 무슨 생각을 하고 있는지 모르겠다

'짝사랑하는 사람이 있다. 사이가 무척 좋지만, 그 이상의 관계
가 되고 싶은지 그렇지 않은지 그녀의 본심을 모르겠다. 어떻
게 생각하고 있는지 알고 싶다.'

사용 스프레드

하트 소나

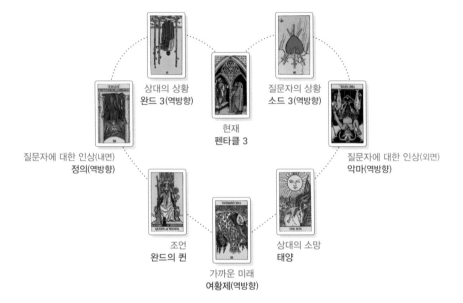

상대의 상황
완드 3(역방향)

현재
펜타클 3

질문자의 상황
소드 3(역방향)

질문자에 대한 인상(내면)
정의(역방향)

질문자에 대한 인상(외면)
악마(역방향)

조언
완드의 퀸

가까운 미래
여황제(역방향)

상대의 소망
태양

## 숫자가 힌트가 될 때도 있다

우선 인상적인 것은 상반부의 세 장 모두 '3' 카드가 나왔다는 점이다. '변
화의 시기'를 나타내므로 두 사람의 관계는 지금이 고비라고 말할 수 있다.
질문자의 상황에 나온 〈소드 3〉(역방향)은 일명 '실연 카드'라고 불리며 '역
시 안될 것 같아'라는 마음이 드러나 있다. 상대의 상황에 나온 〈완드 3〉(역
방향)도 정방향이라면 다음 단계로 나아가는 카드지만 역방향으로 나왔으
므로 두 사람의 관계를 단념하지 않으면 안 되는 상태에 있다는 것을 암시
한다. 현재 상황에 나온 〈펜타클 3〉만 정방향이다. 교회를 뜻하는 카드이
므로 서로 결혼을 의식하고 있을지도 모른다.
질문자의 내면에 대해서는 〈정의〉(역방향)로 대등한 관계라고 느끼지 않고
있다. 외면에 대해서는 〈악마〉(역방향)로 과거에 비하면 남녀 간의 설렘이
감퇴하고 있다고 읽을 수 있다. 더는 꾸미는 것에 신경을 쓰지 않는 등 권
태로움을 느끼고 있다.

━━━ POINT ━━━

### 성별에 따라
### 표현이 달라진다

이번 질문자는 남성이다.
점치는 상대가 남성인지
여성인지에 따라 해석은
당연히 달라진다. 일전에
남성을 점쳤는데 〈펜타클
4〉가 나왔다. 돈을 지키려
는 일명 '구두쇠 카드'지만
이때는 '보란 듯이 돈을 더
많이 벌어서 과시하라'라고
조언했다. 이 카드는 '가지
고 있는 돈을 어필하는 남
성'으로도 보이기 때문이다.

━━━━━━━━━━━━━━

▌이름이 없는 마이너 아르카나는 그 의미를 잘 모르겠다▶
'슈트와 숫자'로 생각하자(p70)

## 키워드를 연결 짓는다

상대의 소망에 〈태양〉이 나온 점이 인상적이다. 혹시 '낮에 만나고 싶다'라는 메시지는 아닐까? 질문자에게 확인해보니 그녀와는 주로 저녁에 만나 술을 마신다고 했다. 따라서 '낮에 제대로 된 데이트를 하고 싶다'라는 뜻일지도 모른다.

더욱이 조언으로 나온 것은 〈완드의 퀸〉. 조언의 위치에 나와 있지만 여성을 나타내는 카드이므로 여성 자체의 이미지와도 겹쳐진다. 활동적이고 여장부 기질이 강한 여성인 듯하므로 원하는 것을 더 많이 들어주는 것이 좋다. 해바라기가 그려진 카드로 태양의 의미를 강조하고 있다고 느껴진다. 낮에 만나고 싶다는 것은 단순히 데이트가 하고 싶다는 것뿐만 아니라 주위 사람들에게 인정받는 커플이 되고 싶다는 여성의 진짜 바람일지도 모른다.

---

**19** 적당한 말이 떠오르지 않아 점치는 데 시간이 걸린다➡
3초 룰을 지키자(p128)

---

**POINT**

### 3초 이내에 떠오르는 단어가 중요하다

〈태양〉을 보고 어떻게 '낮에 만나고 싶다'라는 해석이 나왔는지 모르겠다. 하지만 이런 영감은 중요하다. 직감을 우선시하면 그 후의 해석도 순조롭게 풀린다. 그렇게 되면 이리저리 파생되고 연결되면서 수긍할 수 있는 결과를 얻을 때가 많다. 혼자서 점칠 때도 3초 이내에 떠오른 단어는 소리 내어 말하는 것을 추천한다.

## 그림에서 떠오른 이미지를 확장시킨다

태양에서 떠오른 이미지를 확장시켜보자. 질문자의 상황을 나타내는 〈소드 3〉(역방향)에서 실연에 대한 강한 두려움이 느껴진다. 지금의 관계를 무너뜨리고 싶지 않은 나머지 하고 싶은 말을 하지 못하거나 자기 속마음을 드러내지 못하고 있다. 그것이 상대에게는 무슨 생각을 하고 있는지 알 수 없는, 마치 깊은 어둠처럼 느껴지는 듯하다.

결과에 〈여황제〉(역방향)가 나왔다. 역방향은 권태나 의존을 나타낸다. 여성이 원하는 대로 데이트를 하거나 자기 생각을 적극적으로 말하려고 노력하다며 역방향이었던 〈여황제〉도 정방향으로 돌이오게 되고 행복인 친새가 펼쳐질 듯하다. '아이가 생기는 카드'이기도 하므로 의외로 이른 시일 내에 좋은 소식이 들려올지도 모른다.

---

**2** 무턱대고 외우는 건 너무 어렵다. 한 장 한 장 이해하며 외우고 싶다➡
그림의 디테일에 주목하자(p58)

---

**POINT**

### 나오지 않은 카드에서 힌트를 얻자

메이저 아르카나의 세 번째 카드 〈여황제〉를 비롯하여 각 슈트의 '3'이 세 장이나 나왔다. 나오지 않은 것은 〈컵 3〉뿐이다. 일명 '회식 카드'인데 회식은 보통 저녁에 한다. 즉 이 카드가 나오지 않았다는 것은 '저녁에 술을 마시기보다는 낮에 건전한 연인으로서 만나고 싶다'라는 메시지로 읽을 수 있다. 여기에서도 태양이 힌트가 되고 있다.

# 직장에서 내가 서야 할 위치 때문에 고민이다

'관리직에 취임하면서 앞으로 어떻게 일해야 할지 고민하고 있다. 회사를 위해 내가 무엇을 해야 할까?'

사용 스프레드
켈틱 크로스

지금의 자신 카드
**절제**

질문자의 현재 의식
(생각하고 있는 것)
**탑(역방향)**

방해가 되는 것
**완드의 킹**

최종 예상
**소드 A**

질문자의 소망
**컵 9**

가까운 미래
**소드 4(역방향)**

질문자의 상황
**악마(역방향)**

과거
**컵 2**

주변(혹은 상대)
상황
**완드 9(역방향)**

질문자의 잠재의식
(느끼고 있는 것)
**펜타클 6(역방향)**

질문자가
처한 상황
**연인(역방향)**

추가: 조언
**소드의 페이지**

## 타로에 주목한다

최종 예상부터 말하자면 〈소드 A〉는 새로운 지평을 개척해가는 힘이 넘치고 있으므로 전도유망하다. 그럼 시간 순서대로 살펴보자. 과거에 〈컵 2〉가 나왔다. 지금 회사에 입사한 이유는 보람을 중시하기보다는 조직 속에서 자신의 역할을 다한다는 계약적인 성격이 강한 것이 아니었을까. 현재는 〈악마〉(역방향)로 움직이고 싶지만 움직일 수 없는 상태. 그것과 관련하여 질문자가 처한 상황에 나온 것이 〈연인〉(역방향)이다. '지금의 자신 카드'에 나온 〈절제〉와 11 타로가 된다. 긍정적인 의지를 살리지 못한 어중간한 태도다. 주변 환경도 〈완드 9〉(역방향)로 완전한 체제가 갖추어져 있다고는 말할 수 없는 모습이다. 지금 막 과도기에 들어선 상태일지도 모른다. 다만 가까운 미래에 〈소드 4〉(역방향)가 나와 있다. 이 카드는 역방향으로 나오면 '깨어남'을 의미하므로 곧 움직이기 시작하는 시기가 다가올 듯하다.

▶▌카드 중에 중요한 조합이 있는가? ➡
11 카드에 주목하자(p112)

---

— P O I N T —

## 어떤 카드부터 읽을까?

보통 켈틱 크로스처럼 매수가 많은 스프레드는 눈에 띄는 카드부터 읽어가는데, 시간 순서나 본인, 상대의 이야기 등 대략적으로 묶어서 이야기할 때가 많다. 이번처럼 처음부터 질문에 대한 최종 예상을 전한 뒤에 세세한 부분을 읽어가는 것도 가능하다. 점치는 사람의 센스나 대화 능력을 갈고닦는 포인트가 될 수 있다.

## 코트 카드에 나타난 인물은?

방해가 되는 것에 나온 〈완드의 킹〉이 인상적이다. 여기에 코트 카드가 나오면 방해가 되는 인물을 암시하는 경우가 많기 때문에 질문자에게 짐작이 가는 사람은 없는지 물어봤다. 그러자 아버지가 같은 회사에 계신다고 답했다. 게다가 아버지는 사수자리다. 사수자리에 대응하는 것은 〈절제〉지만 사수자리는 불의 원소이므로 〈완드의 킹〉 그 자체다. 지금은 행동력과 카리스마 있는 아버지를 보좌할 일이 많을지도 모른다.

현재 의식은 〈탑〉(역방향)으로 잡일에 휘둘리고 있는 상황에 대해 조금 조급함을 느끼고 있는 듯하다. 잠재의식에 나온 〈펜타클 6〉(역방향)은 일명 '자원봉사자 카드'인데 역방향으로 나오면 지배하는 사람·지배받는 사람의 관계성을 나타낸다. 회사의 모습에 대해 '불균형을 바로잡아야 한다', '투명해져야 한다'라는 개혁 성향이 높아져 있는 것을 나타내고 있다.

**28** 결과의 정확도를 높이는 비법은 없을까?➡
타로와 점성술을 조합해보자(p170)

## 추가로 뽑은 카드에서 조언을 얻는다

처음에 뽑은 '지금의 자신 카드'에는 〈절제〉가 나왔다. 다양한 사람의 지혜나 의견을 들으면서 새로운 것을 만들어내려고 열중하는 중이다. 동시에 소망에 나온 〈컵 9〉는 쭉 늘어선 많은 컵이 질문자가 애정이 넘치는 인물임을 상징하고 있다. 모두를 위해 최선을 다하고 싶다고 생각하고 있음을 보여준다.

리딩 도중에 추가로 조언 카드를 뽑았더니 〈소드의 페이지〉가 나왔다. 최종 예상의 〈소드 A〉와도 연결되는데, 그냥 아무렇게나 무언가를 시작하지 말고 앞날을 내다보는 신중함이 필요하다는 것을 말하고 있다. 실패가 두렵다고 모든 것을 포기하면 앞으로 나아갈 수 없다. 타인의 의견이나 바람을 들으면서 타이밍을 보고 바꿀 수 있는 부분부터 바꿔나간다. 그럴 때는 적절한 힘 조절이 중요하다.

**21** 아무리 노력해도 읽을 수 없는 카드가 나왔을 때 힌트가 필요하다➡
'다시' 묻지 말고 '더' 묻는다(p146)

# 감정 예시 22

## 아직 나에 대해 자신이 없다

'요즘 새로운 프로젝트를 맡았는데, 좀처럼 익숙해지지 않는다.
아이디어를 떠올려도 자신 있게 의견을 주장하지 못하겠다.'

사용 스프레드
켈틱 크로스

지금의 자신 카드
**펜타클 5**

질문자의 현재 의식
(생각하고 있는 것)
**죽음(역방향)**

방해가 되는 것
**컵의 퀸**

최종 예상
**소드 7(역방향)**

가까운 미래
**완드 A(역방향)**

질문자의 상황
**소드 5**

과거
**연인**

질문자의 소망
**완드 8(역방향)**

주변(혹은 상대)
상황
**완드 2(역방향)**

질문자의 잠재의식
(느끼고 있는 것)
**완드의 나이트(역방향)**

질문자가
처한 상황
**컵의 킹**

추가: 조언
**소드 9(역방향)**

## 역방향의 비율에 주목한다

전체적으로 정열을 의미하는 완드 카드가 전부 역방향으로 나와 있다는
점이 눈에 띈다. 의욕이 감퇴하고 능력을 충분히 발휘하지 못하고 있는 것
은 아닐까? 주변 상황에 〈완드 2〉(역방향)가 나온 것을 보면 직장에 자신감
을 가지고 행동하는 것을 주저하게 만드는 풍조가 있을지도 모른다.

질문자의 상황은 〈소드 5〉로 불온한 느낌이다. 질문자의 현재 의식에 나온
〈죽음〉(역방향), 잠재의식에 나온 〈완드의 나이트〉(역방향) 모두 말을 탄 구
도의 카드가 역방향으로 나와 있는 점도 인상적이다. 땅에 발을 붙이지 않
고 공중에 뜬 채 어디로 가야 좋을지 모르는 상태. 게다가 역방향으로
나온 〈완드의 나이트〉가 과거의 〈연인〉을 바라보고 있는 것도 흥미롭다.
〈죽음〉은 역방향으로 나오면 과거에 대한 집착을 암시하므로 '그때가 좋았
다', '이전으로 돌아가고 싶다'라는 생각에 사로잡혀 있을지도 모른다.

**12** 스프레드를 어디부터 읽어야 좋을지 모르겠다 ➡
우선 스프레드 전체를 바라보자(p108)

--- **POINT** ---

### 스프레드에서
### 시선이 말하는 것

〈완드의 나이트〉처럼 인물
의 시선을 쫓아가다 보면
해석의 힌트를 발견할 때
가 많다. 이번에는 잠재의
식에 대응하는 카드였으므
로 비교적 읽어내기가 쉬웠
다. 마찬가지로 현재 의식
에 나온 〈죽음〉이 가까운
미래를 바라보고 있고 〈완
드 A〉가 상징하는 정열의
불꽃을 끄려 한다고 상상
해보면 전체가 하나의 흐름
으로 보이기 시작할 것이다.

## 해석하기 어려운 위치에 나온 카드를 읽어내려면?

질문자가 궁금해하는 자신감의 유무를 따져보자면, 질문자의 위치에 나와 있는 것이 〈컵의 킹〉이다. 본래는 자신감에 넘치고 작은 일로 흔들리지 않는 정신력을 가진 듯 보인다.

열쇠를 쥐고 있는 것은 '소망'에 나온 〈완드 8〉(역방향)이다. 이것은 '나아가고 싶지만, 한편으로는 나아가길 원치 않는다'라는 딜레마를 나타낸다. 사실은 자기 생각대로 일을 진행하고 싶지만 왠지 불안하다. 누군가의 찬성을 얻어야 비로소 '역시 이게 정답이었다'라고 자신하게 되는 질문자의 심정을 말하는 듯하다. 그렇게 되면 〈완드 8〉(역방향)은 누군가의 확인을 받기 위해 이리저리 뛰어다니는 광경으로 보이기 시작한다. 방해가 되는 것에 나온 〈컵의 퀸〉은 우유부단한 상사를 암시한다. 따라서 상사에게 의견을 구할 때 '어떻게 해야 좋을까요?'가 아니라 '이렇게 진행하려고 하는데 괜찮을까요?'라고 물으며 자신감을 내비치는 편이 좋다.

**25** 안 맞는 카드가 나왔다는 확신이 들 때는? ➡
마지막까지 읽어내는 '끈기'가 포인트다(p144)

## 지금의 자신, 조언 카드를 최대한 활용한다

최종 예상에 나온 것은 〈소드 7〉(역방향)이다. 이 카드가 역방향으로 나오면 좋은 뜻일 때가 많은데, 여기서는 '예상치 못한 발견'을 의미한다. 그것이 대체 무엇인지 힌트를 얻기 위해 조언 카드를 뽑아보니 〈소드 9〉(역방향), 악몽에서 깨어나는 카드가 나왔다. 사실 질문자는 많은 소드(지식이나 아이디어)를 가지고 있음에도 그것을 깨닫지 못하고 있다. 감정 전에 뽑은 '지금의 자신 카드'에서도 펜타클이 다섯 개나 있지만 그것을 눈치채지 못하고 그냥 지나치고 있다. 어둠 속에 빛나는 아홉 자루의 검과 다섯 개의 펜타클. 지금껏 자신에게 훌륭한 아이템이 있었지만 자신감이 없는 탓에 밖으로 드러내지 못하고 꽁꽁 감춰두고 있었는지도 모른다. 하지만 이렇게 새로운 프로젝트를 맡게 됨으로써 자신에게 얼마나 많은 재능이 있는지 발견하게 될지도 모른다. 그렇게 되면 〈완드 8〉의 의미도 정방향으로 돌아온다.

**21** 마이너 아르카나의 해석이 전부 비슷해진다 ➡
비슷한 카드를 비교하면서 정리하자(p136)

# LUA의 감정실에
# 초대합니다

## 실제로 이야기를 풀어가는 모습에서
## 전문가의 기술을 배우고 실력을 높이자!

타로는 대부분 개별 공간에서 점을 친다. 그 때문에 '다른 사람들은 대체 어떻게 리딩하고 있을까?', '내가 제대로 해석하고 있는 것일까?'라는 생각이 들 때가 있다.

타로에 정답은 없기 때문에 어떤 방법으로 해석해도 좋지만, 그래도 다른 사람이 점치는 모습을 보고 싶다는 호기심은 누구에게나 있을 것이다.

그래서 내가 실제로 감정할 때 상담자와 나눈 대화를 여기에서 그대로 소개하려고 한다. 나조차 깨닫지 못하고 무의식 중에 사용하고 있는 리딩 테크닉도 분명 담겨 있을 것이다. 상담자에게 질문하는 방법, 스프레드를 전체적으로 읽어내는 방법, 한 장의 카드에서 이미지를 확장시키는 방법, 조언 카드를 사용하는 방법 같은 세세한 테크닉은 지금껏 시중에 나와 있는 타로 관련 책에서는 좀처럼 볼 수 없었던 내용일지도 모른다.

일반적인 타로 이론에서 벗어나 있는 부분도 있겠지만 조언 카드를 뽑는 타이밍이나 카드를 읽는 순서 등 자신에 대해 점칠 때 사용할 수 있는 힌트도 담겨 있다. 실제 상황에서 전해지는 포인트에 주목하면서 읽어보길 바란다.

타로로 점친다는 것은 이토록 자유롭고 즐거운 일이라는 사실을 이 리딩을 통해 전달할 수 있다면 좋겠다.

**상담자 1**

# 어떻게 일을 해야 할지 고민하고 있어요 (A 씨, 28세)

상담자 A: 아이를 키우며 일하고 있습니다. 저는 일하는 걸 좋아해서 지금처럼 계속 일을 하고 싶은데, 업무가 많고 일이 늦게 끝날 때도 있어요. 남편은 퇴근 시간이 일정해서 집에서의 역할을 바꾸면 된다고 생각하고 있고요. 하지만 정말 그래도 괜찮을지….

LUA: 그럼 A 씨가 처해 있는 상황을 분석하기 위해서 켈틱 크로스 스프레드로 점쳐볼까요.

A: 타로점은 처음이에요! 처음엔 카드를 셔플하는 거군요. ➡ POINT 1

LUA: 맞아요. 신비한 세계에 빠져들어 가는 듯한 기분이 들 거예요. A 씨는 자신의 일에 의식을 집중해주세요.

**LUA's Reading Point**

**해석 비법**

∨

➡ **POINT 1**

카드는 골고루 넓게 펼쳐서 78장 모두 손길이 닿도록 한다. 손길로 인해 잠들어 있던 카드를 '깨우는' 듯한 이미지다.

➡ **POINT 2**

상담자는 질문에 대한 답을 알고 싶어 한다. 따라서 처음부터 '과거는…' 등 관계없는 이야기를 하기보다는 '결과는 이렇게 될 것 같다'를 전한 뒤 '그럼 자세히 살펴보자'라고 세세한 이야기를 하는 경우가 많다.

③ 질문자의 현재 의식
(생각하고 있는 것)
**완드 2(역방향)**

⑩ 최종 예상
**완드 7**

⑥ 가까운 미래
**소드 A(역방향)**

① 질문자의 상황
**매달린 남자**

⑨ 질문자의 소망
**심판(역방향)**

⑤ 과거
**세계**

② 방해가 되는 것
**소드 4**

⑧ 주변
(혹은 상대) 상황
**펜타클 5**

④ 질문자의 잠재의식
(느끼고 있는 것)
**운명의 수레바퀴**

⑦ 질문자가
처한 상황
**소드 7**

LUA: 가장 먼저 눈이 가는 것이 '⑩ 최종 예상'에 나온 〈완드 7〉. ➡

POINT 2 매우 활기가 넘치는 카드예요. 정상에 서 있는 것은 열심히 일하고 있는 A 씨네요. '⑧ 주변(혹은 상대) 상황'에 나온 〈펜타클 5〉는 남편을 나타냅니다. 돈을 버는 것에 열의가 없는 건지 '먹고 살려면 어쩔 수 없으니까'라는 느낌이네요. 그러니까 서로 맡고 있는 역할을 바꾸는 것은 좋은 아이디어가 아닐까 싶어요.

A: 남편은 일밖에 모르는 사람과는 거리가 멀죠.

LUA: A 씨를 나타내는 카드는 〈매달린 남자〉예요. 현실적으로는 꼼짝할 수 없는 상태이기는 하지만 '④ 질문자의 잠재의식'에는 〈운명의 수레바퀴〉가 돌아가고 있으니까 이미 마음은 정한 것 같네요. 아마도 직감적으로 '이렇게 하는 편이 좋다'라고 마음속으로 정해둔 건 아닌가요?

A: 그럴지도 몰라요. 그렇지만 아이도 있고, 이게 일반적인 일은 아니니까 갑자기 그렇게 할 수 있을지 어떨지….

LUA: '③ 질문자의 현재 의식'은 〈완드 2〉(역방향)로 선택지가 두 가지 있다는 것을 암시합니다. 이제껏 해오던 대로 할지, 변화를 줄지. 하지만 잠재의식 중에는 '변화를 준다'가 우세하네요. '⑦ 질문자가 처한 상황'으로는 〈소드 7〉. 뒤에서 일을 꾸미는 카드죠. 혼자서 생각하기보다는 남편분과 이 일에 대해서 더 많은 이야기를 나누면 어떨까요? 그렇게 하면 좋은 방법을 찾을 수 있을 거예요.

A: 그렇군요. 하지만 제가 너무 이기적이라는 생각이 들 때도 있어요. 업무 환경이 더 나은 회사로 이직을 해야 하나라는 생각도 들고요.

LUA: '⑤ 과거'는 〈세계〉, '① 질문자의 상황'은 〈매달린 남자〉, '⑥ 가까운 미래'가 〈소드 A〉(역방향). 다른 회사로 이동할 것 같지는 않아요. 그것보다는 자기 나름의 일하는 방식을 모색해서 개척해나가는 이미지예요. 그럼 지금 회사를 계속 다닐지, 같은 업계 회사로 이직할지, 두 가지 선택지에 하나 더 추가해서 프리랜서의 가능성도 점쳐볼까요. ▶POINT 3

A: 감사합니다!

LUA: 우선 '① 질문자의 태도'에 나온 것이 〈펜타클의 퀸〉이에요. 지금 업무에 보람을 느끼고 있고 점차 자신감이 생기고 있다는 것을 알 수 있어요. 다만 '② 지금의 회사'에 남아야 하는지는 〈여사제〉(역방향)로 고민 중인 듯하네요. 그렇다고 해도 유일한 메이저 아르카나인 데다가 그림도 현재 근무하는 업계와 맞으니까 기운이 강하다고 할 수 있죠. '③ 같은 업계 회사'로 이직하면 〈펜타클의 페이지〉(역방향). 이건 수행 중인 인물인데, 다른 회사로 이동하면 바닥부터 다시 시작하게 되고 상사의 괴롭힘 등 성가신 문제를 경험할 가능성은 있습니다. '④ 독립'의 경우 〈컵 7〉(역방향)로 선택지가 많이 있는 것 같지만 사실 그

◆POINT 3
양자택일이라고 하면 A인지 B인지 두 가지 선택지를 들기 쉽지만 다른 선택지는 없는지, 카드를 뽑기 전에 한 번 더 생각해보면 좋다. 새로운 선택지를 추가하면 시야도 한층 넓어진다.

⑤
지금의 회사를
고른 미래
완드 4

⑥
같은 업계
회사를 고른
미래
완드 7(역방향)

⑦
독립하는 미래
완드 9

②
지금의
회사
여사제(역방향)

③
같은 업계
회사
펜타클의
페이지(역방향)

④
독립
컵 7(역방향)

①
질문자의 태도
펜타클의 퀸

렇지도 않은 상황입니다. 상단에 있는 카드가 각각의 선택지를 고른 경우의 미래입니다. ➡POINT 4 ⑤ 지금의 회사를 〈완드 4〉로 즐겁고 편안한 분위기에서 지낼 수 있을 듯하네요. '⑥ 같은 업계 회사'는 〈완드 7〉(역방향)로 사내 경쟁이 심해서 마음이 편할 새가 없고, '⑦ 독립'은 〈완드 9〉로 호시탐탐 준비하는 카드. 개인적으로 추천하는 순서는 '⑤ 지금의 회사'에서 일하면서 시기를 보고 '⑦ 독립' 내지는 '⑥ 같은 업계 회사'로 이직하는 것이라고 말할 수 있겠네요. ➡POINT 5

A: 그렇군요. 지금 회사는 정말 인간관계가 좋아요.

LUA: A 씨는 〈펜타클의 퀸〉으로 전형적인 현모양처형입니다. 뭐든지 솜씨 좋게 해내죠. 이런 사람이 일을 그만두고 가정에 들어앉으면 본인이 잘 해냈던 만큼 남편에게 '야근하고 늦게 와도 좋으니 더 열심히 일해!'라고 말해버릴지도 몰라요. 그렇게 되면 남편분이 부담을 느끼겠지요. 그러니까 역할 교환은 정말 좋은 아이디어라고 생각합니다. 다만 첫 번째 켈틱 크로스 스프레드에서 〈심판〉(역방향)이 나왔었기 때문에 시기가 좋지 않은 것은 분명해요. ➡POINT 6 지금은 아직 결정할 단계가 아닐 수도 있고요. 그럼 마지막으로 룬으로 점쳐볼까요. 주머니 안에서 돌을 하나 꺼내주세요. ➡POINT 7

A: 뭐가 쓰여 있나요?

LUA: '에오로', 이것은 '친구'를 상징하는 룬인데 '인맥'이 중요한 듯합니다. 앞으로 동료를 많이 만들어두면 미래에 선택을 해야 하는 순간에 많은 도움이 될 거예요.

➡POINT 4
양자택일은 선택지 중에 선택할 만한 것이 없을 수도 있다. 그럴 때는 '지금은 아직 결정할 단계가 아니다'라고 받아들이면 된다. 이번에는 각각의 선택지를 고른 미래 카드도 추가하여 판단을 위한 재료를 늘렸다.

➡POINT 5
'개인적인 추천'이나 '개인적인 의견'을 전달할 때는 점과는 별개라는 사실을 분명히 말해두자. '점괘는 이렇게 나왔지만 개인적으로는 이렇게 생각한다'라고 구별하는 것은 점을 치는 데 있어서 매우 중요하다. 점은 그 결과를 바탕으로 당사자가 결단을 내려야 하기 때문이다.

➡POINT 6
첫 번째와 두 번째 감정이 같은 테마라면 둘 사이에 무언가 연결고리가 생겨나기 마련이다. 첫 번째에 어떤 카드가 나왔는지, 기억에 남는 카드가 있다면 메모하거나 기억해두자.

➡POINT 7
이번에는 마무리로서 룬을 사용했다. 룬은 디토라는 밀리그림이 없고 부정적인 의미를 담은 것이 나와도 긍정적인 표현으로 교체하기 쉽기 때문에 추천하는 방법이다.

# 상담자 2

## 이루어지지 않는 사랑을 그만두고 싶어요 (B 씨, 31세)

상담자 B: 좋아하는 사람이 있습니다. 하지만 이루어지지 않으니 그만두고 싶어요. 그 방법과 미래의 사랑, 마음가짐을 알고 싶습니다.

LUA: **이것저것 물어보고 싶은 것이 있는데요, 우선은 '지금의 자신 카드'를 뽑아볼까요.** ➡ POINT 1

지금의 자신 카드
**컵의 나이트(역방향)**

LUA: 나이트네요. 사실은 앞으로 나아가고 싶은데 자기 힘으로는 갈수 없어요. 하지만 컵이니까 속마음을 숨기고 있는 부분도 있는 것 같네요.

B: 그 사람 앞에서는 마음이 없는 척해요.

LUA: 그와는 사귀는 사이인가요?

B: 아뇨. 짝사랑이에요. 하지만 절대 돌아봐 주지 않으니까 이제 그만하고 싶어요.

LUA: 어째서 갑자기 그만두려는 건가요? 기혼자처럼 사랑하면 안되는 사람을 사랑하게 되었다면 이해가 되지만 그런 건 아니잖아요?

B: 네. 지금껏 행복한 사랑을 한 적이 없어서 자신이 없어요. 그러니까 이번에도 분명….

LUA: **일방적으로 사랑을 끝내버리기 전에 우선 그 사람이 B 씨를 어떻게 생각하고 있는지 하트 소나 스프레드로 점쳐볼까요?** ➡ POINT 2

B: 감사합니다!

LUA: '⑦ 질문자의 상황'을 나타내는 것은 〈악마〉예요. 머릿속에서는 이런저런 망상을 하는 듯 보여요. 처음에 말씀하셨듯이 갑자기 '그만할래!'라는 결정에 이른 것도 이것저것 망상을 한 결과군요.

➡ **POINT 1**

자기 자신에 대해 설명하는 것을 어려워하는 사람이 많다. 그럴 때 '지금의 자신 카드'를 뽑게 한다. 카드를 계기로 질문을 하면 그 사람의 현재 컨디션이나 성격 등을 파악하는 데 도움이 된다.

➡ **POINT 2**

고민하고 있을 때 사람은 시야가 좁아지게 마련이다. 던진 질문 자체가 어긋나 있거나 현실 파악이 제대로 되어 있지 않기도 한다. '이 사람이 정말 알고 싶은 건 뭘까?', '어떻게 하고 싶은 걸까?'를 생각하는 것이 중요하다.

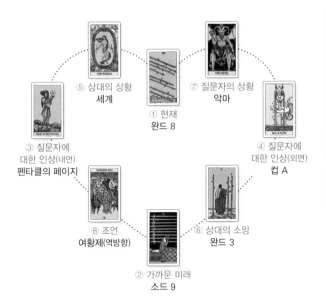

⑤ 상대의 상황
세계

① 현재
완드 8

⑦ 질문자의 상황
악마

③ 질문자에
대한 인상(내면)
펜타클의 페이지

④ 질문자에
대한 인상(외면)
컵 A

⑧ 조언
여황제(역방향)

⑥ 상대의 소망
완드 3

② 가까운 미래
소드 9

**◆POINT 3**

질문자가 카드를 보고 무언가 떠올리는 것은 매우 중요하다. 그 사람이 그렇게 생각하는 것에는 어떤 이유가 있기 때문이다. 그럴 때 B 씨가 '그는 인기가 많다'라고 생각한 것도 실제로 그런 생각을 하게 만드는 증거가 몇 가지 있을 것이다. 머리에서 부정하지 말고 우선 긍정하는 것이 중요하다.

**◆POINT 4**

카드의 그림을 보고 이야기를 뽑아내면 시각적으로 이해도 쉽고 설득력이 확연히 높아진다. 카드 본래의 의미에 얽매이지 말고 그림 연극을 하듯 상상력을 발휘하여 이야기를 전개해보자.

B: 그럴지도 몰라요.

LUA: '⑤ 상대의 상황'은 〈세계〉예요. 전형적으로 서로 사랑하는 사이를 나타내는 카드입니다. 어쩌면 그도 B 씨를 좋아하고 있는 건 아닐까요?

B: 제 눈에는 그 사람 주변에 네 명의 여성이 있는 그림처럼 보이는데요….

LUA: 대단한 상상력이네요. **하지만 B 씨가 그렇게 느낀다면 그럴 가능성도 있죠.◆ POINT 3** 인기가 많은 것은 틀림없는 것 같아요. 시간 순으로 보면 '① 현재'가 〈완드 8〉, 둘의 관계는 지금 기세 좋게 전진하고 있는 듯 보입니다. 그리고 '④ 질문자에 대한 인상(외면)'은 〈컵 A〉, 아름다운 것을 사랑하는, 애지중지하는 카드이므로 상대가 봤을 때 B 씨는 말하자면 이상형이라는 말이죠. 그리고 '③ 질문자에 대한 인상(내면)'이 〈펜타클의 페이지〉니까 서툴지만 순수하고 성실하며 거짓말을 하지 않는, 신뢰할 수 있는 사람이라고 생각하고 있네요. **'⑥ 상대의 소망'은 〈완드 3〉으로 다음 단계로 나아가려고 배를 기다리고 있는 느낌. 즉 B 씨가 배인 거죠.◆ POINT 4**

B: 설마요!

LUA: '⑧ 조언'은 〈여황제〉(역방향)이므로 좀 더 알기 쉽게 상대에게 의지해도 좋지 않을까요? 그런데, 이렇게 좋은 카드가 나와 있는데 '② 가까운 미래'는 〈소드 9〉네요.

B: 슬퍼하면서 울고 있네요. 사랑이 끝난다는 뜻일까요.

LUA: **지금 같은 상태라면 그럴지도 모르죠.** ➡ POINT 5 모처럼 최고의 상태에 있는데 미래의 위치에 〈소드 9〉가 나오는 것은 B 씨가 '역시 안 된다'라며 부정적인 패턴을 반복하고 있을 가능성이 크기 때문이죠. '그때, 그렇게 좋은 결과가 나왔는데 왜 행동에 옮기지 않았을까'라고 눈물을 흘리는 모습이랄까요.

B: 그렇네요…. 〈완드 8〉과 〈소드 9〉는 겉보기에도 비슷해 보여요.

LUA: 〈완드 8〉은 '마음이 통한다'라는 것을 의미하므로 지금이 그야말로 행동해야 할 적기. 그런데도 '나를 좋아할 리가 없어'라고 멋대로 생각하고 포기하는 것은 〈소드 9〉 그 자체예요. 그것은 자기 연민 카드이기도 합니다. 지금의 흐름을 타지 않으면 '좋았던 관계가 끝나고 말았다'라며 후회하게 될지도 몰라요.

B: 저는 어떻게 해야 좋죠?

LUA: 그럼 해결책을 찾기 위해 B 씨가 왜 이렇게 스스로 자신감을 잃었는지 켈틱 크로스로 점쳐보죠. **다시 셔플을 할게요.** ➡ POINT 6

LUA: ⑦ 질문자가 처한 상황'에 나온 〈소드의 퀸〉이 인상적이네요. '나는 연애 같은 건 안 해'라는 태도는 B 씨의 본질이 아니라 그런 척해야만 하는 상황이기 때문일까요. '⑧ 주변 상황'에 타인과의 교류를 나타내는 〈절제〉가 나와 있어서 기회는 있지만 스스로 칼로 베어버리

➡ POINT 5
미래에 원치 않는 결과가 나왔을 때 그것을 어떻게 전달할 것인가는 매우 중요하다. 이 경우는 B 씨의 사고가 매우 부정적이므로 '지금 이대로라면 그렇게 돼버린다'라는 식으로 전하고 있다.

➡ POINT 6
이번에는 같은 질문자에게 같은 질문을 반복하고 있으므로 반시계 방향으로 셔플하지는 않는다. 굳이 카드를 반대 방향으로 섞지 말고 마음과 에너지를 담아 셔플한다. 다른 질문이라면 한번 리셋하는 편이 좋다.

③ 질문자의 현재 의식
(생각하고 있는 것)
**컵 6(역방향)**

⑩ 최종 예상
**여황제(역방향)**

⑥ 가까운 미래
**여사제**

① 질문자의 상황
**힘(역방향)**

⑨ 질문자의 소망
**운명의 수레바퀴**

⑤ 과거
**황제(역방향)**

② 방해가 되는 것
**매달린 남자**

⑧ 주변
(혹은 상대) 상황
**절제**

④ 질문자의 잠재의식
(느끼고 있는 것)
**소드 3(역방향)**

⑦ 질문자가
처한 상황
**소드의 퀸**

고 있는 느낌. '⑤ 과거'를 나타내는 〈황제〉(역방향)도 연애를 거절하고 있는 듯하고 '⑥ 가까운 미래'의 〈여사제〉는 처녀성을 나타내는 카드이므로 '나에게 연애 따위…' 하고 있으면 앞으로도 애매한 상태로 끝나고 말 거예요.

B: 선생님…. 저도 행복한 사랑을 하고 싶어요.

LUA: 그럼 B 씨의 내면을 살펴볼까요. **켈틱 크로스는 세로축이 그 사람의 속마음을 나타내고 있습니다.** ◆ **POINT 7** '③ 질문자의 현재 의식'은 〈컵 6〉(역방향)으로 이 그림이 나타내는 듯한 상황, 즉 '마음을 전하고 싶다, 마음을 받아줬으면 좋겠다'라고 바라고 있지만 그것을 직접적으로 표현할 수 없는 상태입니다. '④ 질문자의 잠재의식'에도 실연에 대한 강한 두려움이 나와 있네요. 눈에 띄는 것이 '① 질문자의 상황'의 〈힘〉(역방향)과 '② 방해가 되는 것'의 〈매달린 남자〉, 이 두 장은 11 타로가 되죠. **이건 동적인 것과 정적인 것을 나타내는 세트예요.** ◆ **POINT 8** '사랑을 하고 싶은 자신'과 '상황을 악화시키고 있는 자신'이 팽팽하게 맞서고 있어요. 그 점을 자각하고 있다면 바꾸면 되는데, 지금 스스로 바꾸지 못하고 있는 게 아닐까요?

B: 저 자신에게 이상한 저주를 걸고 있는 걸지도 모르겠네요.

LUA: 그렇게 하면 앞으로도 계속 혼자일 거예요. 스스로 마법을 푸는 것이 좋겠어요.

B: **그럼 어떻게 해야 좋을까요?** ◆ **POINT 9**

추가: 조언
**소드 4**

LUA: 휴식 카드네요. 우선 자기 자신을 돌아보는 시간을 갖는 것이 좋을 듯해요. 지금 이대로는 사랑을 하고 있어도 그것을 부정하고 싶은 자신이 존재하고, 정적인 것과 동적인 것이 서로 부딪혀서 모든 것을 상쇄시켜버리니 결국 아무 일도 일어나지 않는 것일 테니까요.

B: 저는 왜 이렇게 사랑에 자신이 없는 걸까요.

◆ **POINT 7**
이번 감정은 전체적으로 메이저 아르카나가 많은 것이 특징이다. 마이너 아르카나의 핍 카드는 자신의 의식을 나타내는 세로축 두 곳뿐이다. 주변 환경은 정리가 되어 있으므로 본인이 사소한 문제에 휘둘려 비굴해지지 않으면 된다고 해석할 수 있다.

◆ **POINT 8**
11 타로가 알기 쉽게 나온 예시다. 11 타로는 하나의 테마에 대해 상반되는 두 개의 힘이 한 세트를 이룬다. 여기에서는 그 힘이 대립하고 있으므로 아무 일도 일어나지 않는다고 해석한다.

◆ **POINT 9**
질문자가 자발적으로 질문을 하는 것은 매우 좋은 흐름이다. 자신에 대해 생각하기 시작했다는 증거이기 때문이다. 여기서부터는 새로운 스프레드를 전개하지 않고 B 씨가 떠올리는 궁금증에 대해 차례차례 답해가는 방법을 선택했다.

추가: 조언
**연인(역방향)**

➡ POINT 10
구도에서 공통점을 발견하고
그것에서 해석을 확장시킨 예
시다. 겉보기가 닮아 있다는
점에서 이런저런 힌트를 얻을
수 있다는 것을 보여준다.

LUA: 〈연인〉이 역방향이므로 어떤 의미에서는 낙원에서 홀로 살고
있는 듯한 느낌이에요. 머릿속 낙원에서 지나치게 망상을 확대해가고
있는 거죠. 그것이 좋은 망상이면 몰라도 부정적인 망상인 게 문제예
요. 첫 번째 하트 소나 스프레드의 '⑦ 질문자의 상황'에서 〈악마〉가
나왔잖아요? 〈연인〉과는 **삼위일체라는 구도가 같죠.**➡ POINT 10
**삼위일체는 균형이 잡혀 있어서 자기 혼자 결론을 내리기 쉽고 '혼자**
**망상을 잘한다'라는 뜻이 됩니다.**➡ POINT 11
B: 이 망상증을 고치려면 어떻게 해야 좋을까요?

➡ POINT 11
책에 나온 듯한 키워드나 딱
딱한 표현에 얽매이지 말고
'혼자서 망상을 잘한다'처럼
자신에게 와닿는 표현을 사용
하면 리딩에 깊이가 생긴다.

추가: 조언
**마법사(역방향)**

➡ POINT 12
이번에는 B 씨가 스스로 해석
을 했다. LUA식으로 해석하
면 〈마법사〉가 정방향일 때
'자신감을 갖는다'라는 조언이
되지만 역방향이므로 '반이
채 안 된다'라고 해석했다. 그
러면 '적어도 자신을 평범한
인간이라고 여겨야 한다(자신
감을 가져라)'라는 조언이 된다.

B: 〈마법사〉(역방향). 역시, 저 **자신에게 걸고 있는 이상한 마법을 풀**
**어야 하나 봐요.**➡ POINT 12
LUA: 맞아요. 카드를 보고 스스로 그 점을 깨닫다니 훌륭해요. 앞으
로 B 씨에게 행복한 사랑이 다가오기를 바랍니다.

# 상담자 3

# 부모님 사이가 좋지 않아요. 저는 어떻게 해야 좋을까요? (C 씨, 25세)

LUA: C 씨는 이번이 두 번째 감정이네요. 첫 번째는 '독립하고 싶은데 부모님께서 허락을 해주지 않는다'라는 문제로 상담했었죠. 그때 C 씨 가족을 점쳤던 결과가 이랬고요.

⑤ 상대(가족)의 마음
여황제(역방향)

① 과거
컵의 나이트

⑥ 질문자의 마음
컵 10(역방향)

⑦ 최종 예상
완드의 퀸(역방향)

③ 가까운 미래
펜타클 3

④ 조언
정의

② 현재
소드의 킹

### ➡ POINT 1

저번 결과: 조언
완드 6

저번 감정에서 C 씨의 언니를 점쳤을 때 나왔던 카드는 〈완드 6〉, 일명 '개선 카드'였다. 말을 타고 의기양양 나아가는 모습을 보고 '언니가 먼저 독립해버리면 C 씨는 집에서 나가기 어려워질지도 모른다'라고 말했는데, 그것이 적중하고 말았다. 여러 차례 감정했다면 과거 감정 결과도 리딩에 활용할 수 있다.

질문자 C: 네. 사실은 LUA 선생님 감정 결과대로 언니가 먼저 독립했어요.➡POINT 1 그래서 저는 아직 집을 나오지 못하고 있고요. 당시 언니인테 남자친구가 생겼는데 아빠가 반대하시는 바람에 거의 의절한 상태로 집을 나가버렸거든요. 그 후로 아빠는 계속 화만 내고 계시고 엄마는 스트레스를 많이 받으셔서 집안 분위기가 너무 안 좋아요. 저는 어떻게 해야 할까요?
LUA: 그렇군요. 그럼 다시 한번 헥사그램 스프레드로 점쳐볼까요. 이번에는 '⑤ 상대의 마음'에 아버지, 어머니의 마음을 나타내는 카드를 놓는 변형 버전이에요.➡POINT 2

### ➡ POINT 2

문제에 여러 명이 관련된 경우 '상대의 마음' 위치에 여러 장의 카드를 전개해보자. 각각의 상태나 생각을 쉽게 알 수 있다. 이처럼 스프레드는 점치는 테마에 따라 자유롭게 변형해도 된다.

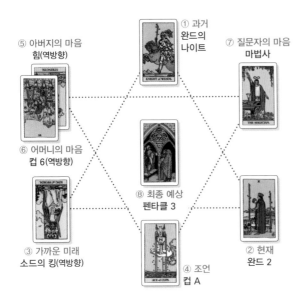

⑤ 아버지의 마음
힘(역방향)

① 과거
완드의
나이트

⑦ 질문자의 마음
마법사

⑥ 어머니의 마음
컵 6(역방향)

⑧ 최종 예상
펜타클 3

③ 가까운 미래
소드의 킹(역방향)

② 현재
완드 2

④ 조언
컵 A

◆ POINT 3
스프레드에서 메이저 아르카
나의 정방향은 강한 영향력을
갖는다. 역방향이라도 메이저
아르카나는 기운이 강한데,
여기에서는 아버지의 영향력
이 강하다는 것을 암시한다.
그것을 축으로 삼으면 해석을
하나의 이야기로 정리하는 데
용이하다.

◆ POINT 4
이번 감정에서도 저번과 같은
카드가 여러 장 나와 있어서
해석하는 데 힌트가 되고 있
다. 이럴 경우를 대비하여 과
거의 스프레드는 사진으로 찍
어두는 등 기록해두면 다양한
상황에서 많은 도움이 된다.

LUA: 가장 먼저 눈에 띄는 건 C 씨를 나타내는 '⑦ 질문자의 마음'에
〈마법사〉가 정방향으로 나와 있다는 점이에요. **전체적으로 여기가 가
장 두드러집니다.** ◆ POINT 3 그에 비해 아버지는 〈힘〉(역방향), 어머니
는 〈컵 6〉(역방향) 두 장 모두 역방향이고 현재 곤혹스러워하고 계시다
는 것을 알 수 있어요. 시간 순서대로 보면 '① 과거'가 〈완드의 나이
트〉, '② 현재'가 〈완드 2〉. **저번 감정에서 언니를 나타내는 카드에 말
을 타고 나아가는 〈완드 6〉이 나왔었는데, 이번에도 말을 타고 의기양
양하게 전장을 향하는 〈완드의 나이트〉가 언니를 상징하고 있는 듯하
네요.** ◆ POINT 4 그리고 〈완드 2〉는 그 뒷모습을 배웅하고 있는 현재
상태고요.

C: 정말, 그림에 그렇게 보이네요.

LUA: 아버지는 지금 자포자기해서 제어할 수 없는 상태. 그리고 어
머니는 언니까지 네 가족이 사이좋게 지냈던 추억에 잠겨 있으면서도
그것이 역방향으로 나온 점에서 '이제 그만 현실을 직시해야 한다'라
고 생각하고 있는지도 몰라요. '④ 조언'으로 나온 것이 〈컵 A〉예요.
마음을 나타내는 슈트이므로 사랑으로 대하는 수밖에 없다는 뜻이겠
죠. 언니가 없어서 쓸쓸해진 마음을 함께 공유하면 좋을 것 같아요.
'아빠, 쓸쓸해요? 저도 그래요.' 하면서 서로 이해하는 거죠.

C: 그런 말을 해본 적이 없는데, 제가 할 수 있을까요.

LUA: '그런 자신을 연기한다'라고 생각하면 할 수 있어요. 누가 뭐래도 C 씨는 기적을 일으키는 〈마법사〉니까요.

C: 하긴. 아빠는 엄격하고 무서운 분이긴 하지만 사실은 외로우신 게 아닌가 싶을 때도 있거든요. 그런데 집을 나가 있는 언니는 어떤 상태인가요?

LUA: 그럼 언니를 나타내는 카드도 뽑아봐요.

추가: 언니의 상황
컵 9(역방향)

LUA: '소원 카드'라고 불리는 행운의 카드인데, 역방향으로 나왔네요. 남자친구와 함께 지내고 있으니 소원은 반 정도 이루어졌지만 뭔가 완전하지 않은 느낌이랄까. ➧ POINT 5

C: 아빠가 아직 인정해주지 않으셔서 그런가 봐요.

LUA: 중간 다리 역할을 할 수 있는 사람은 C 씨일지도 몰라요. 전체적으로 봐도 가장 강한 의미를 지닌 카드가 〈마법사〉니까 C 씨가 핵심 인물인 거죠.

C: 맞아요. 저는 집에서 윤활제 같은 역할일 때가 많아요.

LUA: 저번 감정에서는 어머니가 〈여황제〉(역방향)로 사랑이 지나치게 많은 타입이고, 아버지는 〈소드의 킹〉으로 엄격한 타입인 반대되는 성향의 부부였죠. 그리고 저번에 '③ 가까운 미래'의 위치에 나왔던 〈펜타클 3〉이 이번에는 '⑧ 최종 예상'에 나왔네요. 어쩌면 아버지는 언니의 결혼을 인정해줄지도 몰라요. 이 카드에는 교회 입구가 그려져 있으니까요. ➧ POINT 6 하지만 그 전에, 이미지를 싱징하는 〈소드의 나이트〉의 역방향이 의미하는 것처럼 한바탕 소동이 일어날 수 있어요. 어쩌면 언니의 남자친구가 부모님께 인사드리러 올 가능성도 있지 않을까요?

C: 지금부터 마음의 준비를 해둘게요.

LUA: C 씨가 〈마법사〉로서 사랑으로 중재해서 가족 모두가 아름다운 마법에 걸렸으면 좋겠네요.

➧ **POINT 5**
역방향을 '정방향의 상태에 이르지 못한다'라고 읽는 예시다. 여기에서는 〈컵 9〉의 정방향을 '컵 가득 찰랑거리는 행운'으로 생각하고 역방향을 '컵 절반 정도의 행운'이라고 해석했다.

➧ **POINT 6**
〈펜타클 3〉에 직접적으로 '결혼'이라는 의미가 있는 것은 아니지만, 그림을 힌트로 하여 읽으면 이런 해석도 성립한다. 그림을 보면서 유연하게 생각의 폭을 넓혀보자. 생각지 못한 키워드를 발견해낼지도 모른다.

# 새로운 매장의 오픈을 앞두고 있는데, 동료와의 관계가 조금 불안해요 (D 씨, 40세)

상담자 D: 한 매상의 오픈 사업을 맡게 되었는데, 함께 일하는 팀원 한 명과 매사에 의견이 부딪칩니다. 성격이 정반대라고 해야 하나. 하지만 정말 재능이 많은 사람이라 앞으로 어떻게 함께 해나가야 할지 고민이 됩니다.

LUA: **궁합을 보기에 좋은 방법이 있으니 우선 그걸 해볼까요. 코트 카드 궁합점입니다.** ▶ POINT 1

상대
컵의 나이트

질문자
컵의 퀸(역방향)

LUA: 두 장 모두 컵이 나왔네요. 상대는 〈컵의 나이트〉로 매우 솔직한 사람인 듯 보입니다. 그에 비해서 D 씨는 〈컵의 퀸〉(역방향). 이 두 장을 나란히 놓고 보면 D 씨가 등을 돌린 채 마음을 닫고 있는 것처럼 보이죠. 같은 팀으로 일하는 건 이번이 처음인가요?

D: 네. 알고 지낸 지 반년도 채 안 되었어요.

LUA: '정말 할 수 있을까'라는 불안 때문에 D 씨는 등을 돌려버렸을지도 몰라요. 그에 비해서 상대는 매우 순수하고 긍정적인 느낌이네요.

D: 그럼 제가 그 사람을 더 믿어야 하겠군요.

LUA: 맞아요. 너무 폐쇄적으로 대하면 모처럼 마주해준 사람을 등져버릴지도 모르니까요.

D: 그건 그래요. 하지만 성격이 너무 달라서 사사건건 의견이 갈려요. '두 개의 안건 중에 어느 쪽을 선택할까?' 같은 상황에서 항상 반대로 갈립니다. 이래서 무사히 매장을 오픈할 수 있을까 싶어요.

▶ **POINT 1**

코트 카드 궁합점에서는 현재 두 사람의 관계, 힘의 균형, 의사소통의 정도 등을 알 수 있다. 인간관계를 점치기 전에 미리 코트 카드 궁합점을 봐두면 다양한 해석을 끄집어내기 쉬워진다. 한 장의 그림으로서 바라본다면 반드시 무언가를 발견할 수 있을 것이다. 점성술의 요소를 더해 궁합을 볼 수도 있다. 점성술에서 중요한 것은 태양 별자리·달 별자리지만 조합에 따라 코트 카드의 캐릭터를 파악할 수 있다.

**태양 별자리**
　슈트: 완드·펜타클·소드·컵
**달 별자리**
　계급: 페이지·나이트·퀸·킹

**12 성좌**
불: 양자리·사자자리·사수자리
땅: 황소자리·처녀자리·염소자리
바람: 쌍둥이자리·천칭자리·물병자리
물: 게자리·전갈자리·물고기자리

D 씨는 태양 사수자리·달 게자리이므로 타고난 기질은 '완드(불)의 퀸(물)', 상대는 태양 물병자리·달 양자리로 '소드(바람)의 킹(불)'이라고 여겨진

LUA: 그럼 신규 매장 오픈을 무사히 해내기 위해서는 어떻게 해야 좋을지 운세의 흐름과 조언을 알 수 있는 호스슈 스프레드로 점쳐볼 게요.

① 과거
컵 8(역방향)

⑦ 최종 예상
펜타클 5(역방향)

② 현재
소드의 킹
(역방향)

⑥ 방해가
되는 것
연인(역방향)

③ 가까운 미래
죽음(역방향)

④ 조언
별

⑤ 주변 상황
소드 8

다. 이것을 두 사람의 기본 성격으로 보고 궁합을 살펴본다면(p98) 또 다른 발견을 할 수 있다.

➡ POINT 2
역방향이 많은 스프레드는 해석 방법이 헷갈리는데, 그 가운데 정방향으로 나온 카드는 특히 중요한 메시지를 갖고 있을 때가 많으므로 신중하게 파악한다.

D: 전체적으로 역방향이 많이 보이는데, 괜찮은 건가요? ➡ POINT 2
LUA: D 씨의 불안감이 나타나 있는 걸지도 몰라요. '⑤ 주변 상황'에 나온 〈소드 8〉이 그 점을 여실히 드러내고 있어요. 내 편이 없다, 고독하다고 느끼고 있네요. 정방향으로 나온 만큼 '누군가의 도움이 필요하다'라고 말하고 있어요.
D: 혼자서 어떻게든 해내야 한다고 생각하는 마음은 있어요.
LUA: 그럼 시간 순서로 살펴볼게요. '① 과거'는 〈컵 8〉(역방향)으로 과거에 남겨둔 무언가에 착수한다는 의미입니다. 과거에서 계속 이어지고 있는 무언가를 떠안고 있는 느낌. 포기하고 있었던 것에 다시 도전한다는 의미도 있어요.

D: 진짜요?! 사실은 이번에 오픈하는 매장은 과거에 한 번 실패했었던 적이 있어요.

LUA: '② 현재'가 〈소드의 킹〉(역방향)으로 그다지 우호적인 상태가 아닌 것이 마음에 걸리네요. 관계가 불편하고 자신과 의견이 다른 것을 잘라버리려는 심리가 작용하고 있는 듯해요.

D: 요즘 제 모습이네요….

LUA: 그리고 '③ 가까운 미래'가 〈죽음〉(역방향)이에요. 과거에 얽매여서 괴로움이 계속되는 상태입니다. 과거의 일을 이어가면서도 그것에 얽매여 있으면 앞으로 나아갈 수 없다는 뜻일지도 몰라요.

D: 그러고 보니, 저는 지금껏 해오던 방식, 그동안의 브랜드 이미지를 답습하려는 부분이 있어요. 그것에 대해 동료는 혁신적으로 바꾸려고 해서 서로 안 맞는다고 느끼나 봐요.

LUA: 역시, 이 사업의 성공 여부는 그분과 어떻게 지내는가에 달렸네요. '④ 조언'으로 나온 것이 〈별〉이므로 과거에 연연해서 새로운 의견을 무턱대고 배제하지 말고 좀 더 희망적으로 '이렇게 하면 좋겠다'라는 식의 대화를 나누면 좋지 않을까요?

D: 그렇네요. 유연하게 이런저런 이야기를 해보는 게 좋겠어요.

LUA: 어쩌면 D 씨가 충분히 이야기를 해주지 않아서 동료분이 '이렇게 하면 어떤가?'라고 이것저것 말해주고 있을지도 몰라요. 그것을 D 씨는 공격으로 받아들이고 있는 거고요.

D: 정말 그런 것 같아요.

LUA: '⑥ 방해가 되는 것'에 〈연인〉(역방향)이 나와 있는데 두 사람의 의사소통이 잘 되면, 그러니까 〈연인〉이 정방향의 상태로 돌아가면 다른 역방향 카드도 바뀔 거예요. '⑦ 최종 예상'으로 나온 것은 〈펜타클 5〉(역방향). 굶주림이 눈에 띄는 카드지만 역방향이 되면 도움의 손길이 다가온다는 의미가 됩니다. 특히 힘이 있는 사람, 스폰서가 되어주는 사람을 발견할 가능성이 있어요. 이대로라면 '나 혼자서 해낸다'라며 고군분투하겠지만 **역방향이 되면 돈을 가지고 있는 사람, 여유가 있는 사람에게 지원을 받게 됩니다.** ◆POINT 3

D: 알겠습니다. 그럼 저는 구체적으로 어떻게 하면 좋을까요?

LUA: 그럼 마지막으로 한 장 뽑아볼게요.

D: 이건 누군가의 마음에 들고 싶어 하는 카드죠? 자기 자신을 잘 보이려고 하거나 자신의 지위에 연연하고 있는 것처럼도 보이고.

LUA: **〈펜타클 9〉는 '애인 카드'이기도 하지만 조언으로 뽑았기 때문에 조금 다른 해석이 됩니다.** ◆POINT 4 이 여성은 두건을 씌운 매를 **손에 들고 있어요.** ◆POINT 5 즉 이 사람은 매사냥꾼입니다. 두건을 벗기면 매가 날아가서 사냥감을 잡아 오죠. D 씨가 이 여성처럼 되는

◆POINT 3
〈펜타클 5〉는 정방향일 때 주변에서 도움을 주려고 하지만 자존심 때문에 굳이 힘든 일을 겪는다는 의미가 된다. 이번에는 역방향이므로 도움을 받는다. 즉 스폰서를 발견한다는 해석이 된다.

◆POINT 4
조언 카드는 어디까지나 조언이다. 이렇게 하면 좋다, 라고 읽는 카드이므로 좋다·나쁘다를 판단하지 않도록 한다. '결과'인지 '조언'인지 정확하게 읽어내는 것이 중요하다.

◆POINT 5
카드를 만든 웨이트의 설명에는 'bird'라고만 나와 있지만 머리에 두건을 씌운 매라고 해석하는 타로 전문가들이 많다. 손에 낀 장갑과 새의 크기를 봐도 매라는 추리가 성립한다. 이런 추리는 새로운 해석의 힌트가 된다.

추가: 조언
**펜타클 9(역방향)**

건 어떤가요? 정방향에서는 상대를 붙잡아두는 느낌이 들지만, 지금은 역방향이니까 '자, 다녀와라'라는 의미로도 볼 수 있겠네요. ➡

**POINT 6**

D: 그렇군요. 멋진 해석이네요!

LUA: 이야기를 듣다 보니 상대는 일에 의욕적이고 매우 즐겁게 일하고 있는 것 같아요. 조만간 뭔가 좋은 일이 일어날지도 모르죠. 처음 코트 카드 궁합점에서도 상대는 〈컵의 나이트〉였잖아요. 말에 올라 돌진하는 기세가 대단했죠.

D: 정말 고개가 끄덕여지네요. 저는 매사냥꾼이 되어야겠어요.

LUA: 매를 날리는 전문가가 되면 D 씨는 지금껏 할 수 없었던 일도 할 수 있게 될 거라고 생각해요. 그것이 미래의 결과를 바꾸게 될 거고요. 오랫동안 이어져 오는 것을 소중히 여기면서도 낡은 방식까지 답습할 필요는 없으니 새로운 방식에 도전해보는 것도 좋지 않을까요? 그것이 '④ 조언'으로 나온 〈별〉의 메시지입니다.

➡ **POINT 6**

여기서 D 씨와 동료의 관계를 매사냥꾼과 매의 관계에 빗댄 이유는 코트 카드 궁합점에서 상대 〈컵의 나이트〉 투구에 날개가 달려 있기 때문이다. 그것을 보고 '날개'와 '매'를 연결 지은 것이다. 이처럼 때로는 의외의 부분에서 해석을 확장시키기도 한다.

78장의 타로카드로 점치는

# 가장 친절한 타로 리딩 북

1판 1쇄 발행 | 2020년 4월 9일
1판 6쇄 발행 | 2024년 8월 2일

지은이 LUA
옮긴이 구수진
펴낸이 김기옥

실용본부장 박재성
마케터 서지운
지원 고광현, 김형식

디자인 푸른나무디자인
인쇄·제본 민언프린텍

펴낸곳 한스미디어(한즈미디어(주))
주소 121-839 서울시 마포구 서교동 392-34 강원빌딩 5층
전화 02-707-0337 | 팩스 02-707-0198 | 홈페이지 www.hansmedia.com
출판신고번호 제 313-2003-227호 | 신고일자 2003년 6월 25일

ISBN 979-11-6007-475-8 (13180)

책값은 뒤표지에 있습니다.
잘못 만들어진 책은 구입하신 서점에서 교환해 드립니다.